西南联大在叙永

叙忆小城弦诵
永铭家国情怀

王立 等 —— 著

Southwest Associated University
1940-1941

团结出版社

©团结出版社，2025年

图书在版编目（CIP）数据

西南联大在叙永：1940-1941/王立等著. -- 北京：团结出版社，2025.8. -- ISBN 978-7-5234-1866-6

Ⅰ.G649.287.41

中国国家版本馆CIP数据核字第2025R8F447号

责任编辑：张　茜
封面设计：谭　浩

出　　版：团结出版社
　　　　　（北京市东城区东皇城根南街84号　邮编：100006）
电　　话：（010）65228880　65244790（出版社）
　　　　　（010）65238766　85113874　65133603（发行部）
　　　　　（010）65133603（邮购）
网　　址：http://www.tjpress.com
电子邮箱：zb65244790@vip.163.com
经　　销：全国新华书店
印　　装：三河市东方印刷有限公司

开　　本：170mm×240mm　　16开
印　　张：21.5　　　　　　　　字　　数：295千字
版　　次：2025年8月 第1版　　印　　次：2025年8月 第1次印刷

书　　号：978-7-5234-1866-6
定　　价：68.00元
　　　　　（版权所属，盗版必究）

目 录
CONTENTS

代序　叙忆往昔　永铭怀想　向清三 / 1
前言　簧府弦歌叙永城　王　立 / 1

弦歌春秋

国立西南联合大学叙永分校大事记 / 34
樊际昌关于叙永分校校舍致梅贻琦、蒋梦麟函 / 37
忆叙永　苏良赫 / 40
叙永杂谈　辰　伯（吴　晗）/ 44
在叙永的西南联大　欧阳青 / 51
在叙永一年　赵景伦 / 53
码　头　彦元甲（韩明谟）/ 55

岁月回响

"到橘子林去"　李　岫 / 60
童年记忆中的叙永之行　袁　刚 / 68
父亲袁复礼的西南联大情结　袁　方 / 77
终生难忘的西南联大　孙捷先 / 90

追念五位在西南联大工作或学习过的长辈
　　——从联大叙永分校说起　朱庆之 / 104
永宁河记忆——朱自清先生叙永逸事　朱小涛 / 112
巴山蜀水行路难——记梅贻琦、郑天挺、罗常培1941年的川渝之行
　　郑　光 / 120
志业长昭　乐育垂绩——追忆我的祖父樊际昌　樊文渊 / 138

薪火相传

我的伯父——著名社会学家王康先生　　王　立 / 150
我的母亲彭兰先生　张晓岚 / 175
我国单模光纤之父黄宏嘉院士　王　立　吴　嘉 / 183
揖别朝天门　南下叙永城
　　——忆父亲黄宏嘉的联大求学路　黄　柯 / 194
迈入高等学府　张咸恭 / 210
走向远山——回忆父亲张咸恭　张　磊　王　薇 / 221
刚毅坚卓　矢志不渝
　　——追忆"叙永哥"蒋大宗的家国情怀　蒋本珊 / 226
联大叙永分校生活琐记　吴铭绩 / 245
平凡的一生体现出刚毅坚卓的精神

——悼念父亲吴铭绩　吴慧文　吴慧立 / 253
杂　忆——叙永求学，印缅从军　卢少忱 / 257
抗战老兵卢少忱先生　王　立　吴　嘉 / 267
抗日战争时期西南联大学生参加空军纪实　马　豫 / 277
从西南联大走出的抗战飞行员
　　——我的叔叔马豫　马庆芳 / 279
投笔从戎　血染长空
　　——我的二叔李嘉禾　李　安 / 288
红岩烈士刘国鋕　刘以治 / 300

后记　联大弦歌永不辍　王　立 / 322
参考文献 / 331

叙忆往昔　永铭怀想(代序)

向清三[①]

国立西南联合大学,是我父母曾经求学和工作的地方。他们都是清华12级的学生(父亲向仁生,母亲曹宗巽),1936年入学。1937年暑期发生了七七事变,再开学时学校就南迁到了湖南长沙,与北大、南开合并组成长沙临时大学。几个月后,三校联校再度远迁至云南昆明。1938年4月,正式改称国立西南联合大学。1945年抗日战争胜利之后,三校才陆续迁返北京和天津的原校址。

在我以往的印象中,提起西南联大,马上就会想到云南昆明。直到不久前,我受邀加入了王立女士主持的一个微信群,才注意到与联大相关的一个更加边远的地方——四川省的叙永县。这里距昆明约600公里,是联大曾经计划再次迁移的目的地。1940年至1941年,联大建立了叙永分校,并在那里集中对当年入学的新生授课。

我母亲作为年轻教师,曾跟随恩师李继侗先生,经艰苦长途跋涉,赴叙永任教。据多年前我母亲缅怀李先生的文章叙述,"当时由昆明到叙永的交通工具只有随时可能抛锚的长途汽车。记得在贵州毕节我们等了一个星期之久才上了车"。叙永的办学条件,比昆明还要艰苦一些,但师生们的学习工作和生活却是那般充实而有意义!

在联大叙永分校的教师名录中,我还看到了郑华炽先生。郑先生是中国物理学

[①] 向清三:向仁生、曹宗巽先生幼子,加拿大英属哥伦比亚大学荣休教授。

界的老前辈。他曾负责叙永分校的收尾工作。1982年我大学毕业之际，曾在北京师范大学拜见过他老人家。

西南联大，除了位于昆明的本部，还有包括叙永在内的分部，如同璀璨的群星，高悬在祖国的西南方向。这一中国乃至世界教育史上的奇迹，令人惊叹，永铭怀想。据此，写下几句感言。

2025年2月23日于加拿大温哥华

在那远去的西南方向

向清三

在那远去的西南方向，
有一座神奇的殿堂。
茅舍简陋，业绩辉煌。
承载着中华文脉，
造就了社会栋梁。

在那远去的西南方向，
是名垂青史的绝唱。
群贤毕至，气概高昂。
无暇雅顾流觞曲水，
担负起天下的兴亡。

在那远去的西南方向,
感人故事不同凡响。
物换星移,岁月沧桑。
南渡北归命运曲折,
建功立业不朽篇章。

在那远去的西南方向,
群星璀璨相映闪亮。
叙忆往昔,永铭怀想。
优秀基因血脉延续,
薪火相传再放光芒。

2025年1月30日

黉府弦歌叙永城(前言)

王 立[①]

川南小城叙永有一座春秋祠,春秋祠中矗立着一块"国立西南联合大学叙永分校纪念碑",纪念碑阴面碑文为:

自鸦片战争启端船坚炮利之帝国主义莫不思以中国为鱼肉大则侵蚀边疆小则强行租界终至贪蛇吞象妄图亡我中华九一八事变后日寇频频入侵不十年间我国精华之铁路通达之区几全遭蹂躏沦陷敌手工厂学校纷纷内迁中华民族已临危急存亡之边缘北京大学清华大学天津南开大学遂联合组成西南联合大学在侵略进逼之下始迁长沙再迁昆明三迁一年级新生于蜀南山城叙永七百学子来自全国或不甘沦陷万里流亡或海外归来忍辱负重共赴国难汇集于高等学府中古庙油灯下叩终生知识之门求振兴中华光复国土之路时序如流朱颜不驻当年娃儿今已古稀皓首重聚永宁河畔抚今追昔喜半个世纪国家进步放眼未来感民族重任未可息肩饮水思源谢叙永父老哺育情深桃李成荫念启蒙老师辛勤教诲历史见证爰记留馨

国立西南联合大学叙永分校同学　共立
公元一九九〇年五月二十日

[①] 王立:江汉大学人文学院教授,已退休。

这块由中共叙永县委、叙永县人民政府、国立西南联合大学叙永分校共立的纪念碑侧横卧的"国立西南联合大学叙永分校师生题名碑"上，镌刻着曾经在西南联大叙永分校执教和求学的师生们的名字。这700多位西南联大"叙永人"，尽管鲜有人知，却也是青史留名的一代人杰。他们之中，有血洒碧空的飞行员，有浴血沙场的翻译官，有为新生的中华人民共和国英勇献身的革命英烈，有为民主自由挺身疾呼的专家学者，有为新中国崛起毅然归国的留学精英，更多的是在教科文卫各条战线默默奉献、成绩卓著的建设者。

叙永春秋祠中的国立西南联合大学叙永分校纪念碑，刘朝勇摄于2024年12月

我是在伯父王康（字子寿）和他西南联大同学的忆往中，知道了川南永宁河永岸运道的叙永城，知道了西南联大叙永分校，知道了西南联大的"叙永哥""叙永姐"。

1940年秋，伯父王康和他的几位由国立三中考入国立西南联合大学的同学，从贵州的山窝里奔来昆明，满心憧憬着在"五百里滇池奔来眼底"的湖光山色和花木茂密、青葱秀丽的翠湖春晓中度过四年大学时光，却被告知全体一年级新生前往刚筹设的叙永分校就读。于是伯父和他的同学们重拾行装，向川南叙永进发。此时，大多数新生均收到前往叙永分校报到的通知，于是西南联大1940级新生，从全国各地乃至南洋，千里迢迢、水陆兼程负笈叙永，其中还有新生骑着单车或挑着担子前往叙永赴学。

一

1940年6月，法国败降德国，维希法国政府向日本妥协，法属印度支那当局关闭了中越国际交通运输线。9月，日军占领越南河内、海防等地，不但彻底封锁了中国通过滇越铁路获得的国际援助，而且随时可能假道越南攻滇，以加速侵华战争。昆明毗邻越境，威胁堪虞，抗战初期迁至昆明的学校和研究院所纷纷设法寻觅新址迁离昆明。如国立上海医学院由昆明白龙潭迁往重庆歌乐山，国立中山大学由澄江迁回粤北韶关坪石，同济大学、中央研究院历史语言研究所和社会科学研究所、中央博物院迁至四川宜宾李庄。

6月底，教育部电令西南联大做万一之准备，宜向川南一带觅址迁移。但由于西南联大是由北大、清华、南开三所大学所组建，学校规模大、人员多，且由长沙入滇两年，新校舍启用一年，学校好容易安定下来，如果全校同时迁移，困难极大，尤其是经费短缺。为应时局变化，联大常委会议决先就学校安全寻求一个妥当的疏散办法。恰逢中山大学决定迁回广东，其所遗之澄江校舍及一部分设备，可供联大疏散之用。7月26日至29日，梅贻琦常委与樊际昌教务长、毕正宣事务主任亲赴澄江察看，并与各方商洽，决定将秋季入学的一年级及先修班学生转移到澄江上课。联大将此计划上报教育部，8月中旬，教育部仍主张联大迁川为宜。下旬，联大一面请樊际昌教务长赴澄江筹备分校事宜，一面推定叶企孙、周枚荪、杨石先三位先生赴川勘察校舍，以备迁校之用。

确因联大迁川事大费巨，涉及勘寻校址、修缮校舍、人员设备运输等各项费用等诸多问题，8月31日，联大常委蒋梦麟、梅贻琦就迁校事电复教育部顾毓琇次长，其中就迁校费用做一具体预算，仅以迁至宜宾为例，以时价计，图书仪器运费72万元，员生行李运费40万元，员生沿途食宿费每人每日3元以5000人50日计算约需75万元，杂费约10万元，共约200万元。由宜宾至指定地点费用尚不在内，至川后校舍修理及购置必要设备恐需百万元以上。

9月8日，教育部派员来西南联大商洽迁校具体事宜。9月9日，联大常委会开会研究决定一年级新生本年即在川境内择定之新校址内上课。学校设立迁校委员会，筹划此次迁移事宜，委员人选由常委会指定聘请。学校发给离滇职教员同人眷属川旅津贴，父母及妻子各200元，子女每名各100元。

9月10日，教育部顾毓琇次长打电话给蒋梦麟常委，告知行政院会议议决关于西南联大迁川的各点指示。次日，联大即成立迁校委员会，主席为陈序经，委员有郑天挺、查良钊、吴有训、施嘉炀、黄钰生、杨石先、严文郁、毕正宣。

9月12日，西南联大急电教育部，报告联大拟在叙永、叙永兴隆场、李庄张家苑子、宜宾三峨山、峨眉西坡寺、白沙、乐山牛华溪等地择定校址，请教育部商请这些地方的主管机关将现有适用空房拨借给联大。关于迁川顺序，拟先迁一年级生，次理工文法师各院。

9月18日，教育部密电西南联大关于迁校及物资转移事项：准一年级新生在川设立分校，不用之物可暂存澄江中大原校舍。联大的善本图书及精良仪器应尽先迁移，笨重机械可就地利用。关于迁校经费，因中央财政困难，拨给联大迁建费100万元，已汇34万元，剩余66万元再汇。希望联大尽快迁校，并速报迁校相关安排。接此电后，蒋梦麟常委遂赴教育部洽商迁校具体事宜。

9月25日，联大接到四川省政府来电，热情欢迎联大迁川，建议校址以泸县、宜宾、叙永一带为宜，省政府已电告这几地的行政督察专署及县政府予以协助。得此消息，10月2日，联大派沈履、樊际昌、黄钰生三先生在叙永、泸县一带勘察校舍。

数日后，根据沈履、樊际昌、黄钰生三位先生勘察结果，联大常委会议决在四川叙永城内设立分校，即派樊际昌教务长等先期赴叙永筹办校舍等一应事宜。

校址既定，西南联大常委会遂聘请杨振声为联大叙永分校主任，设立叙永分校校务委员会处理分校事宜，校务委员会主席杨振声，委员陈嘉、郑华炽、蒋硕民、吴之椿、李继侗。聘请李继侗为大学先修班主任，于春浦为叙永分校校医。

联大随即通知一年级及先修班学生于12月10日前到叙永分校报到，并在泸州设立叙永分校新生接待站，由黄中孚老师负责新生接待及安排学生搭乘去叙永县城的便车，发给乘车票。

迁校委员会经与叙昆路局和各运输公司接洽，安排师生及眷属乘坐过路的货车前往叙永。川旅津贴较前次规定提高了100元，此次因公前往叙永分校的职教员同人，每人一律改给300元，其已照前定津贴数目领去200元或业已动身前往者，仍由学校照数补发。

叙永那边的校舍，樊际昌教务长商请当地政府及各界人士，加紧修缮春秋祠、文庙、城隍庙等六座祠庙，作为教室、办公室、学生宿舍，具体情形详见本书第一部分《樊际昌关于叙永分校校舍致梅贻琦、蒋梦麟函》。

筹办校舍时，遇到不少困难。由于邮路不畅，西南联大校本部的汇款不能及时到账，分校开学在即，修缮房屋、定做桌椅等急需用款。11月27日，联大樊际昌教务长紧急向叙永县政府求助，拟请该县财委会暂为拨借国币5000元，以资周转。第二天，叙永县县长张大明紧急批准县财委会借予西南联大叙永分校国币5000元，解叙永分校燃眉之急。得益于当地政府及相关人士的鼎力相助，叙永分校得以开学上课。

因迁校耽误不少时日，为完成教学计划，叙永分校当年没放寒假，只在第一学期考试之后放假4天，算作与第二学期的衔接。其间查良钊训导长、梅贻琦常委同郑天挺、罗常培三位先生曾前后两次到校视察。

叙永分校的各项工作按部就班地进行着，关于叙永分校的存续，却一直是联大常委需要做出抉择的问题。1941年3月底的校务会议上，议论到下一学年度叙永分校应否继续设置时，赞成办下去和不赞成再设置的意见各占一半。

5月中下旬，梅贻琦赴教育部商请联大经费划拨、毕业总考、研究经费、留美学生招考等事宜，前后两次拜见陈立夫部长。陈部长两次问及联大分校问题是否有决定时，梅贻琦均表示，如夏间时局无大变化，拟将分校结束，学生全回昆明上课，叙永房舍仍设法保留。

6月10日，梅贻琦常委与郑天挺、罗常培到叙永分校视察。其间，梅贻琦略听分校同人聊了聊关于分校的去留问题，在他向分校师生报告最近联大情形时，谈及分校下学年将迁回昆明，"助教多愿回昆，学生闻返昆讯皆大高兴"。[①]

鉴于诸多现实问题，权衡利弊后，西南联大校方最终决定撤销叙永分校。1941年7月16日联大常委会议决，设置叙永分校迁校委员会，筹办分校迁移教员学生返昆及迁归后叙永方面善后等事宜。霍秉权为迁校委员会召集人，委员有李继侗、郑华炽、褚士荃、黄中孚、刘本钊、刘钧、罗岐生。

有关从叙永迁回昆明所需车辆及运输等事宜，迁校委员会委派总务处毕正宣先生负责主持办理。经毕先生与西南运输处商洽，谈妥由该处返昆便车自叙永运至曲靖，每人票价仅折收原定价三分之一，每票计国币50.48元。但必须有本人照片，以备沿途检查站之查对。自曲靖至昆明段可乘坐火车。

有关迁归昆明人员的川旅津贴，由学校发给，其中，单身教职员迁归者每人发给川旅津贴国币500元；有眷属随同迁归者，除发给本人川旅津贴国币500元外，配偶400元，子女每名各200元。学生除由校设法觅定车辆予以免费乘坐外，另由校发给每人川旅津贴国币各70元。

就联大做出撤销分校的决定，蒋梦麟常委赴渝向教育部报告。蒋梦麟常委回校后传达了教育部主张联大叙永分校本学年应仍继续设置的意见，但联大认为，已经做出的撤销叙永分校的决定，是从联大的具体情况出发的，毋庸再议。8月13日，联大校务会议决，本学年继续在叙永开办先修班，所有叙永分校校产及校具均交先修班使用。

8月14日，昆明联大校舍遭日机轰炸，炸毁房屋约200间，联大校方当天即给叙永分校拍发电报，请分校师生暂缓启行。鉴于此，叙永学生回昆时间稍作后延，至10月底，一年级学生才全部离叙迁归昆明。

[①] 梅贻琦著，《梅贻琦日记》，张昌华编，北京：商务印书馆，2019年5月第1版，第28页。

12月中旬，负责叙永分校善后事宜的郑华炽先生安排先修班学生、教职员分批返昆，图书仪器随运迁回归并校本部。年底，存在了一年的西南联大叙永分校顺利结束。

二

叙永，长江右岸永宁河峡谷中段的小小山城。发源于川滇黔三省交界处的永宁河穿城而过，将叙永分为东、西两城，全凭永宁河上的两座石桥——蓬莱桥（上桥）和永和桥（下桥）连接交通。当年在叙永分校教授地质学的苏良赫先生描述："因为城的主部分是建在河两边的阶地上，所以在河的东西岸各成一城，叙永有如布达佩斯一样，是一座双城。"讲授《中国通史》的吴晗先生考证了叙永双城的建制沿革："原来这地方在清康熙四年（1665）时分属四川贵州两省，西城隶四川叙永同知；东城隶贵州威宁府，两城中间的永宁河是两省的交界。到雍正五年（1727）才合并为永宁县，属四川叙州府。到光绪三十四年（1908）又把永宁分作二县——叙永和永宁。原永宁县治城区改为叙永，却把永宁县迁到古蔺。永宁后来又改为古蔺县。两县的分法是把那和贵州接壤的部分划给古蔺，和云南接壤的隶属叙永。"因而"一般城市里的主要建筑，在这里大概都是双份，例如文庙，西城有一个，东城也有一个"。

叙永素有"永岸运道"之称，概因其"是永宁河航运尽头，从纳溪溯河上行，载货的船只到了叙永，就被河中的石滩、急流所阻，不能再前，货物必须舍舟登陆，改用驮马或人力搬运，从贵州方面来的驮运货物，到了叙永，亦于此处改装船只，运下纳溪，而达长江运下各埠"。永宁河上的船工纤夫、青石路上的马帮驼队，将货物运送到这"鸡鸣三省"之地集散交易，此地于是商贾云集，生意兴隆。

1940年秋，孔道重镇的叙永，以其六座祠庙，接纳了西南联大叙永分校的700多名师生，小城一时祠庙变黉宫，联大弦歌骤起。

这六座祠庙，散落在东西两城。东城两处：县文庙和帝主宫；西城四处：春秋祠、南华宫、府城隍庙和天上宫。

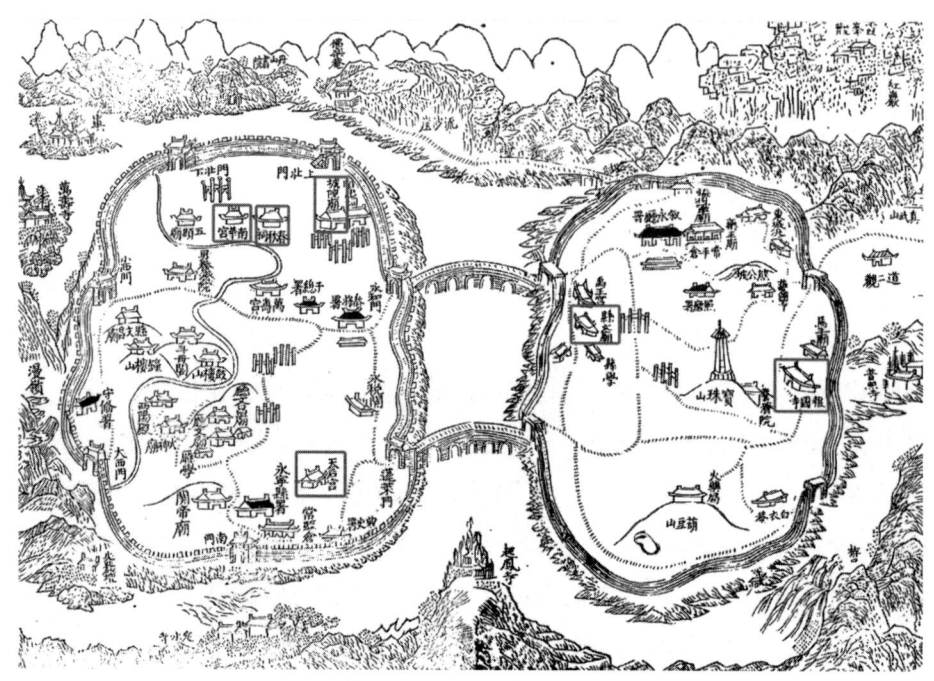

西南联大叙永分校校舍分布示意图

　　叙永分校校部设在东城的县文庙，文庙向来是士子聚集之所，用作办公室和教室当属物尽其用。文庙的正殿、东西庑等据其大小，分别作大中小教室，正好满足各院系日常教学之需，其中大成殿可供百余人上课之用。

　　叙永分校的女生，不分院系，其食宿全部安排在距县文庙不远的帝主宫。帝主宫旧称护国寺，为在叙永经商的黄州商人修建的黄州会馆，因供奉蜀先主昭烈帝刘备而名帝主宫。

　　东城原是繁华之地，自清雍正年间在叙永设立川盐四个岸口之一的"永岸"后，这一带就热闹起来。连接码头的道路两旁，商户、民舍、烟馆、茶铺、酒店、客栈鳞次栉比，商贩、市民、纤夫、马帮，人来货往，一派繁忙。然至抗战初期，川滇公路横贯西城，原来聚集东城的商号，要么整体移至西城，要么在西城设立分号，终致叙永西肥东瘦。

　　西城的春秋祠是清光绪年间由山西、陕西两省盐商修建的山陕会馆，供奉关圣帝君，因传说关羽喜读《春秋左氏传》而得名。春秋祠的四进大院依次是乐楼、大厅、正殿、三官殿，整座建筑由廊楼、天井连成一体，檐牙高啄，朱甍碧瓦，雕梁画栋，工艺极为讲究，木雕尤其精湛，戏台两侧廊楼的八块装板上，雕有著名的"叙永八景"——万寿朝霞、双桥夜月、铁炉晚照、定水晓钟、红岩霁雪、漫岭腾云、宝珠春眺、流沙悬练，且配有即景诗句。正殿前壁的八扇木窗，镂刻有百只立于梅花枝上千姿百态的喜鹊，是为"百鸟窗"。这座气势恢宏的建筑，住下了文学院、师范学院、法商学院、理学院的几百个男生和部分教职员。以至于"到春秋祠拜访各位同仁"的罗常培先生不禁感叹"拿它来做宿舍未免有点儿可惜"。

西南联大叙永分校当年的校舍叙永春秋祠，周世华摄于1990年5月

紧邻春秋祠的南华宫，是早年修建的广东客家会馆，楼下的戏台、大厅，楼上两侧的廊道，均供传经、布道、演戏之用。南华宫虽年代久远，屋宇破旧，却是工学院男生们的安身立命之地。双人床挨挨挤挤地占据了楼上的两侧廊

道，楼下的戏台自是讲台，大厅里摆满了课桌凳，足以容纳200多人上大课。霍秉权教授的《普通物理》、滕茂桐的《经济概论》、吴晗的《中国通史》均在此间授课。晚间的南华宫则是全校最大的自修室，学生们每人点亮一盏桐油灯，如豆的灯光犹如穹顶之下的点点繁星，谁能想到这寂静的夜空中，竟有几百名学子埋头苦学。

当然，工学院的男生们也会近水楼台先得月，遇到吴晗先生上《中国通史》大课，他们坐在床上便可听讲，不仅省去了自己抢占座位的烦恼，而且还有其他学院的同学挤上床来蹭座。这门一年级600多名新生的必修课，听讲的人很多，抢不到座位便只能站着听讲，手里拿本书垫着记笔记。

吴晗教授1939年在云南大学教授临时宿舍门前

吴晗讲《中国通史》颇有特点,他把从上古夏商周到民国的历史,综合为农业(农田水利)、手工业(历代发明)、工商业、官制、法制、兵制、农民起义、文化教育、财政、税收、交通运输、抗战建国这12个专题来讲,着重论述历代制度,内容新颖,既做分析又有评论,引经据典,引人入胜,深受学生欢迎。吴晗批作业、阅试卷极为严格,打分很紧,还真有学生挂了科。

叙永天上宫内当年联大叙永分校的实验室、图书馆,周世华摄于1990年5月

天上宫在西城南门内,清乾隆年间,福建商人将位于小街子的章氏祠堂扩建为天上宫,供奉天后圣母。叙永分校的图书馆、阅览室,以及生物、物理、化学实验室设在此处。

西城有两个城隍庙,学校将北门内的府城隍庙稍作修葺,即为男生们的一日三餐重地。

几百个男生每日从住宿的西城春秋祠、南华宫,赶到东城的县文庙上课,再赶回西城的府城隍庙吃饭。同样,住在东城帝主宫的女生们也要到西城的南华宫上大课,到天上宫做实验。学生们每日数次穿梭往来于东西两城,于是,双桥上日日潮起潮落的学生流,成为"叙永八景"之外的又一壮观景色。

三

西南联大真没辜负学子们的期望，联大叙永分校虽然远离昆明本部，然授课教师阵容仍十分强大。六七十位教师中，不少教授乃学界名宿：教国文的杨振声教授和李广田老师，教微积分的蒋硕民、刘晋年、程毓淮、曾远荣教授，教普通物理学的郑华炽和霍秉权教授，教普通地质学的袁复礼教授，教化学的孙承谔、刘云浦教授，教生物学的李继侗教授，教社会学的吴之椿教授，教机械制图的褚士荃教授，教中国通史的吴晗先生等等。教政治学概论的龚祥瑞和教经济学概论的滕茂桐则是刚从海外归来的年轻教师。

国文、英文、微积分是一年级的公共必修课，均为小班授课，每门课由几位教师同时执教，因而叙永分校中文、外文、算学系教师较多。国文和英文开出A-L各12组，其中A组教师为杨振声和陈嘉，学生为中文和外文系本系学生，其他各组多由青年教师授课。西南联大很多专业课使用的是国外原版教材，教师授课也用英语，英文不好，专业课便难以学好。叙永分校英文教员最多，其中如李赋宁、王佐良、杨周翰、王还、叶柽、查良铮等都是毕业留校任教不久的青年教师，他们基础扎实，教学认真，很得学生喜欢，这些新秀日后皆成为知名的诗人、专家、学者。

学生学得下功夫，教员教得也认真，不管大班课还是小班课，要想考过都不容易，特别是小班课，随堂考是小菜一碟，周日考是家常便饭，大考小考都记成绩，谁也不敢掉以轻心。正是如此，才使得叙永分校硬生生地夺回了因迁校耽误的几个月时间。

西南联大坚持通识教育以夯实学生的学业基础，除学校规定的国文、英语、中国通史、世界通史等公共必修课外，文科学生需要选修一两门自然科学课程，理工科学生需要选修一两门社会科学课程。我的伯父王康是法商学院社会学系学生，他对自然界的地质地貌、矿藏资源极有兴趣，又想着学习物理、化学、生物太麻烦，还得来来回回去实验室做实验，不如出野外考察有趣，于是选修了袁复礼教授讲授、苏良赫老师助教的"普通地质学"这门理科课程。

果然如王康所愿，惊蛰过后，苏良赫老师便带领他们去城外二三十里的丹山进行地质考察。丹山，因红色砂岩沉积，通体色呈赭红，赤石天成，故称红崖，是典型的丹霞地貌，沿途有三叶虫、蛤类等好多动物化石。一路上，他们边听苏老师讲解，边用随身携带的地质锤，小心翼翼地将化石敲下来带回去做样本。红崖以"叙永八景"之一的"红岩霁雪"闻名，山上奇峰峭壁，多处摩崖石刻，林木葱茏苍翠，且建有道观佛庵。进得山门上行，便见祖师殿、武侯祠、玉皇殿等庙宇，那些奇形怪状的巨石上文人墨客留题的"霁雪""灵石苍然""红霞捧帝"等让王康他们大饱眼福，其中对北宋米芾所书"第一山"的印象尤其深刻。师生们开心极了，他们不仅完成了野外考察，还游览了名胜古迹。

尽管课业安排如此紧张，游泳、远足、出壁报、泡茶馆、打桥牌……学子们照玩不误。"叙永姐"穿着泳衣下到永宁河游泳，招来各种惊异、好奇的目光以至非议。恰巧那年夏天叙永40多天没下雨，城中传言女人下河惹怒了龙王爷。然"叙永姐"开小城风气之先，为闭塞的叙永平添一抹清新亮丽，于是城里几个胆大的女孩子，跟着"叙永姐"们走下了永宁河。

有趣的是，这些女大学生们竟无一人察觉与她们一同游泳的凌爱球怀有身孕。大家不知道凌爱球在家已经结婚，突然一天夜里，睡在下铺的许英华突然觉得床铺摇动不已，且听上铺有哭泣声，急忙起身看视，方知凌爱球的婴孩已经出世，慌乱中许英华只得临时帮忙接生，幸好母子平安，这也算女生宿舍的一大喜事。大家急忙找到舍监，天亮后，匆匆在外面租了一间民房，安置好母子俩，满月后母子俩被送回广州。多年后，同学相见忆及此事，都夸许英华这位篮球队长胆大镇定，英华却说，她当时吓得手抖脚软，一身冷汗，差点儿没晕过去。

那年的暑天酷热难耐，千里迢迢从菲律宾负笈联大求学的许玉卿同学没能抵抗住叙永的炎夏，不幸中暑，因救治不力，病逝叙永。上天有灵，久旱不雨的叙永，当天竟下起了滂沱大雨，洒泪泣奠这位永远留在山城的"叙永姐"。

1941年7月30日许玉卿同学灵柩出殡留影，由许冀敏提供

叙永县城郊中学校内悼念许玉卿校友，
周世华摄于1990年5月

      1990年5月，重返小城参加西南联大叙永分校建校50周年纪念活动的同学们，找到仍在叙永城郊中学校园内的许玉卿墓，前往祭拜这位在祖国危急存亡之秋，毅然返国求学，永远留在叙永的海外赤子。参加悼念许玉卿的有四川省政协、泸州市、叙永县的领导和群众以及城郊中学师生千余人。为纪念这位长眠在此的"叙永的女儿"，校友们建议在校园内择址建碑，得到县政府的积极支持。日后，许玉卿雕像亭亭玉立在校园内，背依红岩山，俯瞰永宁河，款款深情于叙永。

      1992年6月，许玉卿胞弟、菲律宾

著名华人企业家许天津先生捐赠1万美元为城郊中学设立"许玉卿奖学金"。1998年,许天津先生得知关英等几位"叙永姐"在京发起捐建希望小学的倡议后,即刻捐赠人民币20万元在叙永县后山镇修建了"西南联大许玉卿希望小学",并于1999年9月亲临叙永城郊中学和许玉卿希望小学看望师生。

叙永城郊中学校内许玉卿纪念园,曾彬摄于2025年5月

2002年许天津先生不幸病逝,临终前念念不忘叙永的教育事业。2004年10月,叙永校友毕业60周年之际,许天津先生的4个女儿来到叙永,再次向城郊中学捐赠1万美元,向许玉卿希望小学捐赠10万元人民币,分别在两校设立"许玉卿–许天津奖学金"。在捐赠仪式上,许天津先生的大女儿宣读了母亲许林碧娥女士的书面致辞:

捐助叙永学校,是先夫生前一个最大的愿望,因为叙永学校和叙永县都和他有一份浓厚、不可割舍的感情,甚至到他生病,身体衰弱之际,他还念念不忘叙永的一切人和事物,特别是叙永学校的发展,所以今天我就带着先夫这份爱叙永,关怀叙永,惦记叙永的遗念,重新回到叙永来啦!

我把四个女儿一起带来了,就是要她们看看,父亲生前经常向她们提起的叙永县和叙永学校究竟在祖国的什么地方,这样一个穷乡僻壤为什么会让他那么牵挂。也借此让她们进一步体会父亲爱国家、爱民族、爱同胞的真纯感情,要以父亲为荣,就像我以有这样一位夫婿为荣一样。

祖国现在各方面突飞猛进，国际地位大大提高，我们身为中国人身价也随之提升了许多。但是我们祖国土地广大，人口众多，还有很多困难，政府难以普遍兼顾，有待于全体人民继续努力，共同建设，共同开发。我们虽然身居海外，也不能袖手旁观。特别是，发展教育是国家百年兴衰的大计，只有让中华儿女都受到良好的教育，国家和民族才能长盛不衰。所以我和先夫选择了赞助希望工程，并希望所有海外同胞也都发此爱心，使祖国更加充满活力，更加强盛伟大。[①]

2007年适逢西南联大建校70周年，许林碧娥女士有感于联大之光辉业绩，慨然再捐资人民币20万元设立"西南联大许天津奖励基金"，以鼓励青年学子努力学习，完成振兴中华之历史任务，许夫人称："此亦所以续先夫、先内姐生前之心志。"

四

因着对叙永双城的深深眷恋，1990年夏，曾在西南联大叙永分校执教和求学的部分师生，尽管已经霜染鬓发，毅然相邀重返抗战期间荫庇他们的叙永双城，走进曾经学习生活过的祠堂庙宇，隆重纪念联大叙永分校设校50周年。

此后的十五六年间，他们的笔端留下了"簧府弦歌叙永城"的日日夜夜，他们将这发自肺腑的心声结集成《国立西南联合大学叙永分校建校五十周年纪念集》《国立西南联合大学1944级毕业五十周年纪念集》《国立西南联合大学八百学子从军回忆：西南联大1944级》以及数册《国立西南联合大学1944级通讯》，叙永双城、联大分校，有他们的青春、热血和激情，有他们的泪水、苦难和艰辛，也有他们的笑声、欢乐和希望。而今，他们已离我们而去，那段历史随之渐行渐远。

---

① 李忠、关英、郑用熙：《赤子之情》，《西南联大北京校友会简讯》第37期，2005年4月，第72–73页。

叙永春秋祠中的国立西南联合大学叙永分校纪念亭

所幸，我们这些联大叙永人的后代亲属，在联大精神感召下，从世界的不同地方汇集到一起，为铭记西南联大历史，传承西南联大精神，携手追忆那段西南联大在民族危亡时担负起抗战建国的教育重任，在极端艰苦的条件下，赓续中华民族文脉的历史。

本书是西南联大叙永学人后代对联大先贤的追忆，记叙前辈们在战火纷飞的年代里，胸怀教育救国、科学救国之志，救亡图存的艰难历程。本书的作者，都已不再年轻，尤其几位曾随父母亲历叙永生活的耄耋长者提笔书写，更是难能可贵。本书呈现的西南联大前辈们求学、工作、生活的经历，虽是微澜，却也涌动在西南联大宏大历史叙事的长河中。

本书以向清三的一文《叙忆往昔 永铭怀想》、一诗《在那远去的西南方向》开篇，权且代序。向清三的父亲向仁生、母亲曹宗巽都曾在西南联大求学和任教。他们于1945年留学美国，分别获拉特格斯大学的物理学博士和威斯

向仁生、曹宗巽夫妇于美国，约1950年，由向清三提供

向仁生、曹宗巽夫妇和子女，约1975年摄于北京
后排左起向清三、向晞燕、向旭伍，由向清三提供

康星大学的生物学博士，并同时受聘为亚特兰大大学副教授。向仁生、曹宗巽夫妇于1951年回国，分别长期任中国科学技术大学和北京大学教授，为祖国的科技和教育事业辛勤付出与贡献。曹宗巽先生1940年毕业于西南联大生物学系，跟随恩师李继侗先生前往叙永分校任教。

向清三是1977年恢复高考后的首届大学生，1982年于北京师范大学物理系毕业并赴美留学，获加州大学物理学博士。多年任教于加拿大英属哥伦比亚大学，2024年成为该校荣休教授。

本书第一部分"弦歌春秋"对西南联大叙永分校以及叙永双城做了简要介绍。

《国立西南联合大学叙永分校大事记》以及西南联大教务长樊际昌先生当年就筹办联大叙永分校校舍致西南联大梅贻琦、蒋梦麟二位常委的函，有助于读者了解西南联大叙永分校的基本轮廓。

本部分刊载的5篇作品均系联大叙永分校师生所作，首发在1940年代初的民国报刊上。

地质学家苏良赫先生和历史学家吴晗（字辰伯）先生，当年都在叙永分校任教，他们分别从各自的学科介绍了叙永的地质地理状况和历史发展脉络，使读者从空间和时间两个维度加深对叙永双城的了解。

苏良赫老师是袁复礼教授的助教，《忆叙永》是他考察了叙永的地质地貌后完成的，发表在《地学集刊》创刊号上。吴晗老师则从历史角度对叙永双城的变迁进行了考证，写成《叙永杂谈》发表在《星期评论》上，讲述了叙永双城的来龙去脉以及他初到叙永的所见所闻。

发表在《学生之友》上的《在叙永的西南联大》一文的作者是叙永分校工学院学生，"欧阳青"为其笔名。该文写作时间应是1941年元月中旬，为目前看到的较早一篇记叙西南联大叙永分校的文章。该文篇幅不长，内容朴实生动，作者近似白描地讲述了他们初到叙永时学习生活等多方面的情景，字里行间体现出西南联大学子的朝气和自豪。

赵景伦是西南联大法商学院经济学系的学生，《在叙永一年》写于联大叙永分校期终考试结束之后，发表在1941年10月的《大公报》上。从"橘红满目，但却是阴雨连连"的学期开始，到"烈日当空，想把这座小城烧焦"的期考结束，是他从抵达叙永到即将离开叙永的近10个月的学习生活的真实记录。今天的读者，仍能跟随他的笔端，体会到从冬到夏的叙永四季，以及从大都市到小山城的西南联大新生的生活状况。

《码头》以彦元甲的笔名发表于1942年3月13日的《大公报》上，作者是法商学院社会学系学生韩明谟。作者没有记叙自己在叙永的学生生活，而是透过细致的观察，以对小城码头的描写，铺陈了一幅叙永百姓的生活画面：山城只有这么一条河通到北方老远的一座大城，乌篷船、码头、茶馆、酒店，就是山城民众物资和信息的集散地。作者以独特的视角，写出了叙永百姓对母亲河的依赖，写出了普通民众的日常生活，今日读来仍能感受到当年闭塞的山水小城浓浓的烟火气息。

五

本书第二部分"岁月回响",是"叙永师"后代的书写。八位作者中,袁复礼教授的女儿袁刚、儿子袁方,李广田先生的女儿李岫,孙承谔教授的儿子孙捷先,都曾在叙永生活过,他们笔下的亲身经历十分感人。其他四位作者分别是算学系刘诉年老师之子朱庆之,以及郑天挺、朱自清、樊际昌三位先生的孙辈。

李广田先生是中国现代著名诗人、学者,曾任西南联大、清华大学教授,云南大学校长,"文革"中惨遭不幸。先生留下的大量文学作品,为世人瞩目。1941年初,经卞之琳介绍,李广田到叙永分校任国文教员,教授作文课。李先生教学十分认真,每两周布置学生写一篇作文,逐篇批改,不仅对错别字、错用的标点符号和不通的词句加眉批,文后还有总批,并在课堂上对每一次作文进行讲评。课外常和爱好文学的学生讨论写作问题,帮他们修改文稿,有好的文章还推荐给报刊发表。

叙永盛产柑橘,学生们常常结伴畅游柑园橘林,先吃后买,满载而归。有一次,李老师布置学生写一篇作文,题为"橘林",他自己也以《到橘子林去》为题写了一篇散文,收入散文集《回声》中,成为现代散文史上的名篇。李广田先生的夫人王兰馨是民国著名女词人,抗战初期在泰安一所中学教书,因不堪日寇欺压蹂躏,只身带着未满周岁的女儿李岫逃出沦陷区,到大后方寻找丈夫。李广田的小说《引力》便是以母女俩历尽千辛万苦逃离日寇统治区的亲身经历为素材创作的。

李广田先生的女儿李岫承袭了父母的文学基因,是著名的现代文学研究专家,北京师范大学文学院教授、博导,出版《茅盾比较研究论稿》《20世纪文学的东西方之旅》《岁月、命运、人——李广田传》等多部著作。1941年,3岁的李岫随父母在叙永生活了八九个月,对叙永的生活有些许印象。本书收录李岫教授的《"到橘子林去"》,节选自2023年出版的《逝水东流》一书。这父女两代人的同题散文，这"受命不迁"的橘魂，成为两代人对时代、历史使命和人生价值的思索及答卷。

1940年深秋，西南联大地质地理气象系教授袁复礼携全家赴叙永分校任教，他们经陆路和水路艰难跋涉抵达叙永，住在春秋祠对面的大院中。当年袁复礼教授的次女袁刚已上小学，对那段艰苦的经历记忆深刻。作为亲历者，她的《童年记忆中的叙永之行》一文，真实生动地记录了全家9口从昆明到叙永，再从叙永返回昆明的艰难行程，以及在叙永和昆明的生活情形，充分体现了全国人民同赴国难共度时艰的不屈精神。在叙永那般艰苦的条件下，袁复礼教授能够一心一意传道授业，全靠夫人廖家珊这位知识女性相夫教子，料理家务。教授夫人们撑起的半边天，共同铸就了西南联大的"刚毅坚卓"精神。

《父亲袁复礼的西南联大情结》是袁复礼教授次子袁方所作，讲述了父亲袁复礼对我国地学和考古事业的卓越贡献，抗战期间袁先生在西南地区找矿探矿，为开发大西南殚精竭虑。袁复礼教授还是一位卓越的地学教育家，六十余载的教学和科研，为国家培养了几代地质学家，且袁先生鼓励子女学习地质学，其子女中，就有袁扬、袁方、袁鼎三位毕业于北京地质学院。

袁先生的子女都曾在叙永生活过，回到昆明后，他们分别就读于西南联大、联大附中及附小。长女袁疆，1944年从联大附中毕业后，考取西南联大外语系，1949年毕业于清华大学西语系，考入清华研究院，师从钱钟书先生。1952年研究生毕业，即进入新华社工作，为新华社对外部高级编辑，终审发稿人，资深翻译家。袁家其他四姐弟，抗战期间在昆明全部就读于西南联大附中和附小。1946年袁复礼先生复员回到北平清华大学，四姐弟即进入清华成志学校就读。次女袁刚，1952年考取北京大学化学系，1959年至1963年就读于列宁格勒化工学院研究生，获化学副博士学位。后为中石化北京化工研究院教授级高工，享受国务院政府特殊津贴。三女袁扬，1956年北京地质学院毕业，留校任助教。1958年参加国家登山队，1959年成为中国女子登山队首任队长，中国登山协会副主席。1962年调国家体委任处长。次子袁方，1957年北京地质学院毕业，任北京地质学校教师，1962-1965年为北京地质学院研究生，毕业后，先在西安地质学校（院）任教师，后任地质出版社编辑、编审、副总编。幼子袁鼎1960年于北京地质学院毕业后，远赴新疆，在地质队工作22年，于中国地质大学高级工程师任上退休。

1940年秋，西南联大化学系教授孙承谔先生被学校派往叙永分校执教，夫人黄淑清毫不犹豫地带着1岁多的儿子孙捷先随丈夫一起踏上了这段艰难的旅程。孙捷先是当年生活在叙永的年龄最小的联大子弟，袁刚回忆，那会儿她很喜欢带着这个小弟弟一起玩儿。孙捷先的《终生难忘的西南联大》，讲述了父母及他与西南联大的缘分。

1935年，孙承谔满怀科学救国的雄心壮志回到祖国，成为当时北大最年轻的教授。抗战期间，孙承谔执教西南联大，直到1946年随联大复员回到北京大学。1947年赴美研学，1949年1月11日，他乘坐一架几乎没有乘客的飞机降落到北平南苑机场，回到北京大学，迎接新中国诞生。1951年担任北大理学院化学系主任，执教北大五十余年，桃李满天下。夫人黄淑清在北平中法大学经济系读书期间，获得第17、18两届华北运动会女网冠军，被列入《全国女运动员名将录》。到昆明后，黄淑清应聘为西南联大附小体育教员。1944年，孙捷先刚5岁，就在联大附小上了一年级。1961年，孙捷先从清华大学毕业后分配到山西太原重型机械学院任教，1981年公派赴美做访问学者，1983年回国，担任教授及研究生导师，是山西省政协第六届委员会委员。1999年在首都钢铁公司退休。

《追念五位在西南联大工作或学习过的长辈》的作者朱庆之是文学博士，曾任四川大学中文系教授、北京大学中文系教授、元培学院院长，香港教育大学中国语言讲座教授、中国语言学系主任，2024年退休。作者讲述了母亲、舅舅、姨妈、姨父等五位长辈与西南联大的渊源，其中大舅刘晋年教授与母亲刘䜣年当年同在叙永分校理学院算学系执教，十姨刘森和和姨父陈荫枋则在叙永分校求学。文中特别提到，1946年三校复员前夕建起的"国立西南联合大学纪念碑"阴面的"西南联合大学抗战以来从军学生题名"由大舅刘晋年教授书丹，除了"大舅写得一笔好字"，"不知道这样的人选安排有没有其他什么特殊的含义"。我也曾有过这样的揣测，而后自然而然地想到，这西南联大八百从军学子中，有一半以上是"叙永哥"。西南联大请当年在叙永分校执教的德高望重的刘晋年教授书丹，意义不言而喻。刘晋年、刘䜣年兄妹同时在叙永分校教授微积分课程，已成叙永分校学生的美谈。半个多世纪后，1944级校友编印的多部纪念集和通讯中，即有学生撰文回忆刘氏兄妹的数学人生，念及二位老师对学子们的殷殷教诲。

1941年6月，西南联大常委梅贻琦与郑天挺、罗常培两位先生一同视察叙永分校。此次赴川之行的前前后后，郑天挺先生长孙郑光在《巴山蜀水行路难》一文做了详尽介绍。三位先生"到重庆向教育部接洽西南联大的几件校务，到叙永视察分校，到李庄参观中央研究院的历史语言研究所和社会科学研究所，并且审查北大文科研究所三个毕业生的论文，到乐山、峨眉、成都各处参观武汉、四川、华西、齐鲁、金陵各所大学，并访问几位现在假期中的联大老教授劝他们返校，顺便还看看北大、清华两校的毕业同学在各地服务的状况"。

在叙永分校视察、布置工作之余，罗常培先生给学生们作了《中国人与中国文》和《读书八式》的演讲，一是让学生知道大一学习国文的重要性，二是提出几种念书的方法来教学生选择。当时听讲的学生还记得罗先生讲到《红楼梦》中《芙蓉女儿诔》的名句"茜纱窗下，我本无缘，黄土垄中，卿何薄命"时的说明："茜字应读qiàn，不能念成xī，茜是绛紫色的草。"郑天挺先生作了《研究历史应注意的几点》的演讲。郑先生就地取材，以叙永的史地为例，讲得颇为生动。梅校长的报告，首先介绍了联大昆明总部的情形，其次勉励同学们对于选择院系应就个人才性、学历和整个的学术前途着想，不可短视，只注意到眼前的出路。梅校长就来叙永后，看到同仁和学生对于警报不太重视，大部分都不躲避的情况，郑重地提醒大家注意躲避，否则一旦遭遇空袭就会受很多无谓的牺牲。此外，梅贻琦专门召集叙永分校校务委员开会，传达了"西南联大第四次校务会"关于取消叙永分校、集中昆明上课的决议，师生皆大欢喜。

"叙永是个边城,永宁河曲折从城中流过,蜿蜒多姿态。河上有上下两桥。站在桥上看,似乎颇旷远;而山高水深,更有一种幽味。东城长街十多里,都用石板铺就,很宽阔,有气象,西城是马路,却石子像刀尖似的,一下雨,到处泥浆,两城都不好走。"朱自清先生致朱光潜先生信中的这段关于叙永的描写,脍炙人口。1941年10月,朱自清先生结束一年的学术休假,由成都返回昆明西南联大途中,经过乐山,看望了执教武汉大学的朱光潜等老友,然后去往叙永,在友人处小住十来天。此时叙永分校只留有少数教员和先修班学生,朱先生遇到李广田先生,就抗战文艺,新诗创作进行了探讨,并给先修班讲课,给培根小学、县立初中的学生们演讲。朱自清先生之孙朱小涛现为扬州朱自清纪念馆名誉馆长,他的《永宁河记忆——朱自清先生叙永逸事》讲述了朱自清先生叙永之行的故事,以及朱先生与这座小城结下的深情厚谊。"如今,永宁河已不仅是叙永的自然景观,她也是一份流动的历史长卷,将承载着这座小城的故事流向远方……"

《志业长昭　乐育垂绩》是樊际昌先生长孙樊文渊为纪念祖父而作。1940年昆明战局趋紧,西南联大决定在川南筹建分校,教务长樊际昌即赴川勘察,最终选定叙永作为分校校址。在叙永县政府及各界人士的鼎力协助下,紧急修缮叙永的六座祠庙,得以安置叙永分校的师生与眷属。该文回顾了樊际昌先生1921年自美国留学归来后,在清华大学、北京大学、燕京大学、西南联大任教,以及抗战胜利后随蒋梦麟先生筹建"中国农村复兴联合委员会"的经历与逸事。1949年迁台后,樊际昌先生在农复会工作30年,对振兴台湾农业经济、整合台湾农村社会资源和推动台湾工业化做出了重要贡献。

六

本书第三部分"薪火相传",是"叙永哥""叙永姐"后代的书写。

西南联大学生的学号以"联"开头的为联大录取的学生,以"T"开头的为清华大学录取的学生，以"P"开头的为北京大学录取的学生，以"N"开头的则为南开大学录取的学生。八年中，由联大录取、从联大毕业的学生只有五届。叙永分校的学生，即属于完全的西南联大生，他们1940年进校，1944年毕业，按照联大的习惯，他们被称为联大1944级（而不是现在称毕业时间为"届"）。多年之后，他们之中许多人成为科学家、史学家、社会学家、翻译家、诗人、学者……

王康、傅乐成是国立三中的校友，考入西南联大后，在叙永分校，他们同住春秋祠，在昆明新校舍，他们又住同一寝室。王康与殷福生（海光）是湖北黄冈同乡，有一段时间，殷福生每晚来他们寝室找他的湖北老乡聊天，于是大家熟识起来。《我的伯父——著名社会学家王康先生》追忆了他们在西南联大这座"民主堡垒"中的往事。1949年殷福生（海光）、傅乐成渡台，此后殷海光成为台湾自由主义知识分子的先驱，傅乐成成为著名的历史学家，王康则成为社会学家，在中国社会学恢复与重建中做出了重要贡献。

北京大学中文系彭兰教授1938年考取西南联大，因身陷武汉沦陷区，未能及时赴学。直到1940年夏设法逃出武汉，投奔在四川长寿国立十二中任教的她高中时的英语老师，暂住其家中，与当年考取西南联大的三位湖北同乡结伴前往叙永就读。彭兰自小聪慧，善诗词，被同学称为"联大才女"。《我的母亲彭兰先生》追忆了彭兰先生的一生，作者张晓岚是中国文艺评论家协会会员，曾在北京轻工学院任教，后为中国智宝投资公司、中投汇沣置业有限公司高级工程师。

1943年是中国人民抗日战争暨世界反法西斯战争的重要转折点。由于美国同盟军的援助，急需大量译员。根据国民政府教育部通告，西南联大教授会作出决议，四年级男生寒假后一律征调为译员，叙永级学生恰是四年级，大部分"叙永哥"被征调充任译员，奔赴前线。战争毕竟是残酷的，"叙永哥"朱谌不幸牺牲殉职。他们中的许多人，从血与火的战场上回来后，立即投身科教文卫战线。中国科学院院士、我国著名的微波电子学家、光纤专家，上海大学名誉校长黄宏嘉教授便是杰出的代表。《我国单模光纤之父黄宏嘉院士》一文展现了黄宏嘉院士"波""光"闪耀的一生,爱国、报国、自强、坚韧的品格,为国为民为科学献身的精神:国家需要保卫,他义不容辞地飞越驼峰奔赴印缅战场;国家需要建设,他义无反顾地渡过重洋回国奉献学识。他用一生的奋斗,实现了"努力成为一个实在的、忠实的、老实的,不是虚夸的、虚假的科学工作者,做一个纯粹的真正搞科学的科学工作者"的初心。《揖别朝天门　南下叙永城》的作者黄柯是黄宏嘉院士的次子,本文节选自《黄宏嘉传》,详细记叙了父亲黄宏嘉在叙永的学习生活经历。这段学习生活,对黄宏嘉影响很大,为他今后事业上顽强拼搏、作风上吃苦耐劳奠定了坚实的基础。

张咸恭是我国著名的工程地质学家和工程地质教育家,我国工程地质学科主要开拓者和奠基人之一,在2019年张咸恭百年诞辰之际,中国工程地质学会将该年度正式命名为"张咸恭年"。《走向远山——回忆父亲张咸恭》为张咸恭先生的儿子张磊和儿媳王薇合撰,记叙了父亲张咸恭这个自小在家乡的村边眺望远山的孩童,在辗转求学的过程中,见识了更多的山的故事。当他在地理课上第一次听到"地质"这个名词时,更加深了对山的向往,萌动了学习地质的心愿,考入西南联大地质地理气象系,从此与地质事业结下了不解之缘。1944年3月,张咸恭应征到炮兵部队当翻译官,参加了松山战役。抗战胜利后回到西南联大,考取袁复礼教授的研究生,此后一生从事地质学研究。

《刚毅坚卓　矢志不渝——追忆"叙永哥"蒋大宗的家国情怀》的作者蒋本珊系蒋大宗先生的小女儿,北京理工大学计算机学院教授,该文讲述其父抗战胜利后进入交通大学,成为我国生物医学工程学科主要创始人之一的经历。大学四年级蒋大宗应征入伍,飞越驼峰抵达印度,被分配到新38师军械处,负责管理通信器材。在孟关维修总站,蒋大宗遇见一位前来解决无线电器材在热带雨林中最头痛的问题——因受潮生长霉菌而引起失效问题的中年人。巧的是,这位不戴军衔的专家,竟是蒋大宗在联大上课使用的那本《无线电原理》教材的作者Glasgow。蒋大宗立即找出随身携带的国内油印的《无线电原理》一书请他签名留念,Glasgow很高兴地在那本用黄色土纸印得不清楚的"著作"上签了名,可惜此书后来丢失了。原来如此,战时西南联大使用的教材从语言到内容真真地与国际接轨，难怪这些学生兵一上阵便能胜任工作。

《平凡的一生体现出刚毅坚卓的精神》是吴慧文、吴慧立两弟兄合写的悼念父亲吴铭绩的文章。吴铭绩在西南联大学的是电机工程专业，应征入伍被派往新一军38师独立通信营任三级译员，参加了密支那战斗，一直打到攻克缅西重镇八莫。1946年吴铭绩回到上海后即开始从事教育工作。1950年代，曾连续几届当选为上海县人大代表和政协委员，上海县科普协会主席，退休前为上海县颛桥中学校长。在长达41年的教师生涯中，吴铭绩教出了一批又一批的优秀学子，可谓桃李满天下。

《抗战老兵卢少忱先生》一文，介绍了中国国家博物馆研究馆员卢少忱为国为民努力奉献的一生。卢少忱是西南联大文学院历史学系学生，可就是这样一位文科生，在密支那战役结束后，与美国联络官一同驾驶一辆带有通信设备的指挥车，途经印度列多，越过野人山，进入缅甸的新背洋、马科因、夏都塞、卡马因、孟拱、密支那，开赴八莫参加会战。作为抗战老兵，2014年7月7日，92岁的卢少忱应邀参加了在卢沟桥抗战纪念馆举行的庆祝中国人民抗日战争胜利69周年纪念活动，受到国家主席习近平同志的接见。习主席与他握手时，问他是哪个部队的，卢少忱回答自己是中国驻印军，在印缅战场参战，习主席道："艰苦卓绝啊！"

1941年，正值中国抗日战争最艰苦的时期，中国空军首次在全国大学生中招考空军飞行学员，西南联大即有学生踊跃投考空军航校。从马豫先生《抗日战争时期西南联大学生参加空军纪实》一文可知，联大录取到昆明空军军官学校的12位学生中，就有8位"叙永哥"。他们全都怀着英勇报国的雄心壮志，走进大门上写着"升官发财请走别路 贪生怕死莫入此门"的昆明巫家坝空军军官学校。这批空军飞行员中，戴荣钜、王文、吴坚3人在与敌机作战时英勇殉国，其中王文、吴坚两位是"叙永哥"。另一位"叙永哥"崔明川在美国接受飞行训练时不幸失事殉国。《从西南联大走出的抗战飞行员——我的叔叔马豫》的作者马庆芳是中国空间技术研究院高级工程师，该文记叙了二叔马豫投考空军官校、赴美训练、回国参战，以及在香港参加两航起义后回到北京，投身中国民航建设的经历。旅居加拿大的海外女作家协会会员李安的《投笔从戎 血染长空——我的二叔李嘉禾》，生动翔实地讲述了她寻找在训练场上为国捐躯的抗战空军二叔李嘉禾的全部经过，让更多的人了解那段艰苦卓绝的抗战历史。作者李安与国内的志愿者万里联手，为那些长眠在美国德州布利斯堡国家军人陵园的中国空军先烈寻找家人。

"叙永哥"中还有刘国鋕、钱泽球、钟青援三位为新生的中华人民共和国牺牲的革命英烈。

刘国鋕是小说《红岩》中刘思扬的人物原型。刘国鋕1941年在叙永分校秘密加入中国共产党。在重庆《挺进报》事件中，由于中共重庆地下党领导人的叛变出卖，1948年4月19日刘国鋕与未婚妻曾紫霞在荣昌县同时被捕。刘国鋕在狱中始终坚贞不渝，保守党的秘密。其家人不惜重金营救其出狱，但刘国鋕不为所动，1949年11月27日在重庆大屠杀中壮烈牺牲，时年28岁。在"11·27"大屠杀中牺牲的，还有西南联大校友齐亮，湖北联中校友陈以文、张国维（文江）。

刘国鋕牺牲一个月后，侄儿刘以治为刘国鋕烈士追悼会而作长诗《安眠吧，烈士！——敬悼七叔国鋕》，本书重刊这首由刘以治长子刘善锤提供的长诗，并节选了刘以治著《我的叔父刘国鋕》的部分章节，讲述刘国鋕求学西南联大，后加入中国共产党，壮烈牺牲的经历。

刘以治与刘国鋕同年出生，虽是叔侄，然交往甚笃。在刘国鋕的影响下，刘以治加入了地下党的外围组织，1946年加入中国民主同盟，担任民盟机关报《民主报》副刊编辑。在实际工作中，刘以治接触到张文江、曾紫霞、罗广斌等革命者，加之长时间进行的深入细致调查，所著《我的叔父刘国鋕》[①]史事真实清晰，描写了传主英勇传奇的一生，且对历史事件做了中肯的分析。刘以治1951年8月到大连工作，先后执教于军委俄专、辽宁师院、大连大学等校，1987年离休，2017年10月10日病逝。

---

① 刘以治：《我的叔父刘国鋕》，群言出版社，2013年12月第1版。

刘以治逝世后，其长子刘善锤接替父亲继续保存刘国铱烈士的部分遗物。睹物思情，看着那套烈士钟爱的1936年5月出版的布面《海上述林》，刘善锤即作《纪念七公刘国铱烈士》诗一首，是为本书尾篇，亦为西南联大叙永学人后代永远的追忆。

七

国立西南联合大学在中国人民抗日战争暨世界反法西斯战争中坚韧顽强地坚持到最后胜利。西南联大在中华民族生死存亡之际，保持和传承了中华民族的文化根脉，成为中华民族教育史上的一座丰碑，叙永分校便是镶嵌其中的一块坚石，叙永分校的每位师生及其眷属则是这块坚石中的颗颗沙砾。本书以西南联大叙永分校为其个案，由战争年代联大叙永分校师生的际遇，见证大时代的脉动，透过那些年那些人那些事的追忆，见微知著，由叙永分校而西南联大，由西南联大而中国抗战教育，由中国抗战教育而世界巨变，以观历史的广阔与厚重。

2010年我去法国探亲，小住数月，8月间，儿子专程陪我去了一次法国著名的温泉疗养胜地维希小城。小城中拿破仑三世时期兴建的温泉建筑群被列为法国文化遗产，整个建筑群包括歌剧院、温泉公园、温泉浴场、温泉大厅以及拿破仑三世和皇后欧仁妮在维希疗养期间居住的行宫。第二次世界大战期间，这里成为法国傀儡政权的首都。

那日，我站在曾经的维希政府总部前，不禁想起"二战"期间这个傀儡政权给中国人民的抗日战争带来的深重灾难，是它助力了日军的南进侵华计划，使原本为抗战后方的西南边陲云南变成了抗战前线，中国的文化教育事业由此遭受极大的摧残，西南联大等多所大学被迫多次迁徙。抗日战场上，滇越铁路被切断后，中国远征军和盟军为打通滇缅公路这条抗战生命线所进行的那些惨烈战役——密支那战役、八莫战役、松山战役、腾冲战役……中国人民和盟军将士付出了巨大的牺牲。

2010年8月6日，作者王立在法国曾经的维希政府总部旧址前留影

和平永续，是今日世界各国人民的共同愿望。2009年，犬子吴嘉到法国攻读博士学位，初次见到他的导师，这位美籍日裔教授真诚地表示，他为日本在"二战"期间给中国人民带来的深重灾难，向自己的中国学生道歉。抗战老兵卢少忱先生也曾亲历过此情此景，1977年，国家文物局首次到日本举办"中国出土文物"展，接触到的很多日本学者向卢少忱等中方办展人员表达了歉意。抚今追昔，怎能不格外珍惜今朝世界的祥和岁月！

此时此刻，奉上《西南联大在叙永（1940-1941）》，叙忆小城之弦诵，永续家国之情怀，仅以本书

——纪念中国人民抗日战争暨世界反法西斯战争胜利80周年！

——缅怀历经抗战烽火的西南联大先贤！

——弘扬"刚毅坚卓"的西南联大精神！

2025年5月16日于北京

弦歌春秋

国立西南联合大学叙永分校大事记

二十九年

七月十七日　本大学遵教育部指示，因时局变化不定，安南不保，昆明堪虑，开始作万一必要之迁校准备。

八月二十八日　推定叶企孙、周炳琳、杨石先赴川勘察本大学迁校校舍，以备必要时迁川之用。

推定樊际昌赴澄江筹备本大学分校，以便本大学一年级及先修班学生移往上课，免除空袭危险。

九月九日　教育部派员来校商洽迁校问题。

本大学一年级学生自二十九年度决即在四川境内所择新校址内上课。本大学各学院迁移次序定为：理、工、文、法商、师范；在未迁移前一律在昆明照常上课。

九月十八日　蒋梦麟常委赴渝洽商迁校事宜。

十月二日　四川省政府来电对本大学迁川表示欢迎。

十月三十日　沈履、樊际昌、黄钰生自川来函报告在叙永、泸县一带勘察校舍情形。

十一月十三日　沈履、樊际昌、黄钰生自川来电报告在白沙、江安一带勘察校舍情形。

本大学成立叙永分校设置分校主任，请杨振声任分校主任。

本大学一年级学生限于十二月十日前在叙永分校报到上课。

三十年

一月二日　叙永分校新生开始注册。

一月四日　叙永分校新生开始选课。

一月六日　叙永分校二十九年度第一学期开始上课。

二月十七日　聘请褚士荃为叙永分校训导主任、郑华炽为教务主任。

四月七日　叙永分校二十九年度第一学期考试开始。

四月十日　叙永分校春假开始。

四月十五日　叙永分校二十九年度第二学期开始上课。

七月四日　第三届第五次校务会议议决，自三十年度起本大学不继续设立分校。

七月十四日　叙永分校学年考试开始。

七月十六日　本大学设置叙永分校迁校委员会，请霍秉权为召集人。

七月二十一日　叙永分校暑假开始。

八月一日　叙永分校校务委员会改组为结束委员会。

八月二日　叙永分校学生开始登记迁回昆明本校。

八月五日　叙永分校迁校委员会归并于叙永分校结束委员会。

八月十二日　常委蒋梦麟向常委会报告赴渝接洽校务及蒋总裁、教育部陈部长等主张继续设置本大学叙永分校情形，并将叙永分校存废问题由常委会提交校务会议复议。

八月十三日　第三届第十三次校务会议议决，本大学三十年度仍在叙永办先修班，叙永分校撤销后所有校产校具均交先修班应用。

八月三十一日　叙永分校结束完毕。

九月十八日　叙永分校主任郑华炽先生辞职，聘请沈履先生为叙永分校主任。

十月二十三日　本大学先修班决定由叙永迁返昆明办理。

附注：叙永分校曾设置

校务委员会

学生贷金审查委员会

训导委员会

檀香山贷金委员会

图书仪器设计委员会

防空消防委员会

校舍委员会

"朱智仁先生清寒学生奖金"委员会

消费合作社筹备委员会

迁校委员会

结束委员会等

摘自张闻博、何宇主编，《国立西南联合大学叙永分校建校五十周年纪念集1940-1990》，1993年，叙永，第21-22页。

樊际昌关于叙永分校校舍致梅贻琦、蒋梦麟函

(1940年11月27日)

月涵、孟邻先生尊鉴：

　　17日在泸奉电悉，常委会决设分校于叙永，其时子坚兄已赴渝返昆，即与莆斋兄商定宜宾之行暂缓，由昌即来叙永布置，即发奉巧电。因时即在泸，与十八师师部商移让春秋祠事，周师长彭旅长极帮忙（附上复函乙件请由校正式函谢寄泸县三道桥彭旅长转师部）。又赴专员公署，请仍派章技士同来叙永。19日在泸宴请师部及公署人员。张清源先生临时由蓉赶到，20日待车并在泸与西南运输处复兴公司、叙昆公司等处接洽请协助由泸来叙员生之交通问题（莆斋兄于同日搭轮赴渝飞蓉），21日搭西南车来叙。章技士次日赶到。在昌等上次离叙（10月21日）以后，西南运输处训练所全部由昆明移设叙永，现已来叙者约1300人。昌到叙后即自观音殿、玉皇宫、斗姆宫等处已为该处人员所占，次日即将城内外各处庙宇重行视察一次，决计放弃上列三处，除春秋祠全部外，指定府城隍庙、城东文庙及药王庙三处为联大校舍。

　　（1）府城隍庙内后井原驻县政府自卫队，已移让，前井有四川省银行仓库（堆谷子杂粮）及木匠铺，仓库问题已请该行移让，须俟成都总行复信，大约移让不成问题，须补贴数百元装修费。木匠铺为叙永最大者，分校所需双人床即系该铺承做，县府已令其移让，掌柜有困难，现已允其暂缓迁出，惟至迟以

分校床铺做好时为止。

（2）东城文庙有两进，厢房多而宽大，作中小教室最好，现为十六师补训队所占，但人数不多，近日来正在交涉移让，县长已说不成问题，且说日内即可迁出。复兴公司泸县主任来此觅房（作制桐油桶之所）亦要东城文庙，在昌与县府指定之次日亦往接洽，县府告以为联大校舍矣。

（3）药王庙亦在东城，现有一私塾名"现代读书社"，如作女生宿舍可容80人（希望女生人数不超过此数），已由县长令该社他迁春秋祠旁。

（4）南华宫最近已作叙永大戏院，系几位绅人所组织，班底不久可到。昌当时未便指定商之，章技士请其转达县长，大学与戏院为邻殊为不妥。联大不必需要南华宫，且更不愿妨碍地方人民之娱乐，但盼能将戏院迁往他处。经此一说，戏院已打消，该宫可照拨。至于装修费，当然要联大承认约一千三四百元。该处为一天然大讲堂，可容200余人，"楼上包厢"可作宿舍（拟作先修班宿舍）。

（5）原驻春秋祠前面三进之黄营营兵，现已迁至南华宫暂驻，以便进行该祠必须之修理，黄营已奉令他调，叙永驻军已另派余营，待黄营全部开拔，南华宫即可让出，稍加布置即可作为大教室。春秋祠后面两进原为保安队所占，现已他移。该祠（祠旁体育场可借用）全部已接收竣事，今明日稍加打扫布置后即在该处办公。

上述五处（附上叙永县城图一张）分配情形暂拟如下：

春秋祠后面两进为教职员宿舍（容30余人，不敷时须另设法）。前三进为一年级学生宿舍，府城隍庙为另一部分学生宿舍，南华宫为大教室及先修班宿舍。东城文庙为教室，药王庙为女生宿舍。阅览室办公处等等须临时安插，各处须要修理情形，以府城隍庙为最多（大部分楼板已不复存在）。春秋祠、文庙、药王庙三处只需零星加以修缮即可应用。眷属住宅本不甚难，现已为西南运输处捷足先登矣，已与当地人士接洽数起，希望能有一二处大空房出租，可敷分配。

近日此间米价为二十三四元（每斗35斤）猪肉每斤（新称）1.20元，猪油

2.00元，鸡蛋甚少每个也须0.20元。物价与泸县相较，平均只有1/4。西南运输处人员购买力较大，初到时物价骤涨。昌来此后外间又起恐慌，以为整个联大要来叙永，于是二十三、四两日即拜访各机关及少数重要士绅，竭力说明联大来叙最多人数不及1000人，食米不过60担，学生更无"力"多吃猪油猪肉。提高文化不敢当，提高生活程度实非所愿。又请县长开名单，于25日在招待所设宴招待机关地方人士，对此点又力为说明，近日来已渐平息矣。运输处突如其来，事先并未通知公署及县政府，到此以后随处乱撞，印象颇不良，深恐此种风气波及学生，且于地方亦不好。于日前向该处负责人暗示请设法改善。各处修缮及必需简单家具，正由吴尊爵先生计划并做预算，做好后当请核示。校舍已勉敷用，可不必加建。防空洞问题，最好俟分校成立多请几位同人研究察看后再决定办法。际此雾季中，稍缓或无妨也。昌初到时，叙永人均不以联大设在城内为然。十八师之周彭均如此表示（对联大迁叙均极为欢迎），昌只得以"暂时"二字相答。春秋祠屋顶系琉璃瓦，目标极显明，彼等深以此为虑，此点应请常委会予以注意。学生报到者尚寥寥，想因交通困难。今日在县府借得单人床一百张，报到者可暂在春秋祠下榻矣。分校职员请速派定，偕今甫兄早日来叙。

际　昌　谨上

摘自北京大学、清华大学、南开大学、云南师范大学编，
《国立西南联合大学史料（六）经费、校舍、设备卷》，第149—151页。

忆叙永

苏良赫

叙永原名永宁，是川南的一个小县，以往没有多少人注意它的，自从川滇公路修筑以后，它的声名跟着公路线散布得较远了，至今每天有上百辆的汽车穿城而过，还有多少辆的驿运板车在这里停留过夜，于是它一天天地逐渐繁荣起来了，成为相当重要的一个县城。

昆明国立西南联合大学曾经在这里设过分校，作者于民国三十年（1941）1月奉派到分校服务，教读之余，略在城郊作简略之地质及地理的观察，并自测万分之一地形地质图一幅，八月匆匆离叙返昆，最近将原测地图缩成小幅并略加追忆而成此篇。

在四川红色盆地的南部，有许多的河流并列着，从南向北流进长江，其中之一发源于川、滇、黔三省交界而在纳溪入长江的是永宁河，叙永县城位置就在永宁河中部的地方。

从人文地理方面来讲，叙永的位置，是永宁河航运尽头（Head of Navigation），从纳溪溯河上行，载货的船只到了叙永，就被河中的石滩、急流所阻，不能再前，货物必需舍舟登陆，改用驮马或人力搬运，从贵州方面来的驮运货物，到了叙永，亦于此处改装船只，运下纳溪，而达长江运下各埠，既节省运费，又经济时间。

从地貌学方面来讲，叙永县城是建筑在永宁河的一段阶地（Terrace）上面。永宁河中段在目前是个幼年期的河流，这不难从它的陡急的河床，

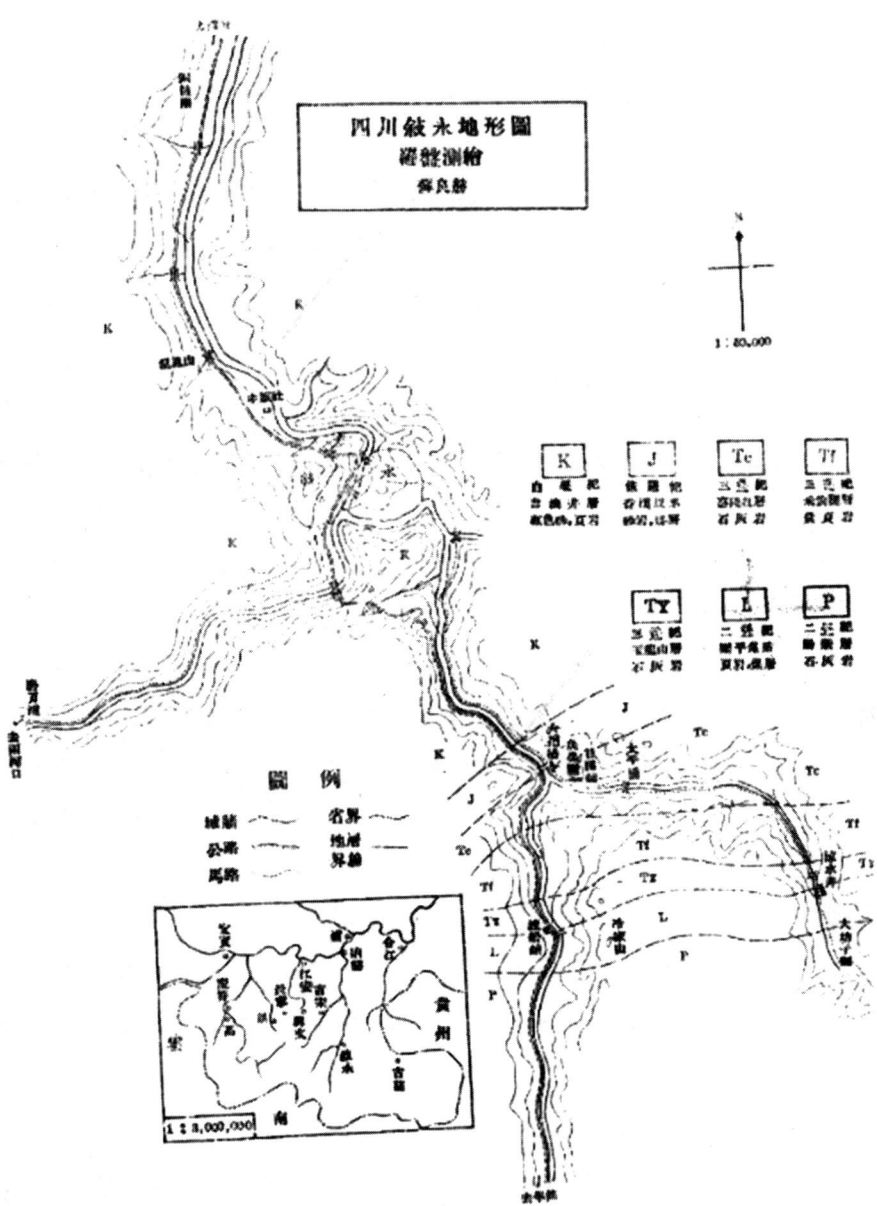

苏良赫绘制的四川叙永地形图

作者附识：文内所附地形图乃用罗盘步测而成，方位、距离大致不差，等高线则仅略示地形起伏因仪器、时间两缺，故未作精密之测量。

同众多的石山来判断，但是它亦具有很多的河曲（Meanders），很明显的以往曾一度达到过壮年期，由此可知永宁河的发育史中有过侵蚀复兴作用（Rejuvenation），这种侵蚀复兴作用还不止一次。每次都在河流的横剖面上留下河层阶地的痕迹，最后的一次侵蚀复兴所作成的最下一层阶地，选其比较宽阔的地方，就被人们利用来作为聚落的所在。叙永城就是这样形成的，因为城的主部分是建在河两边的阶地上，所以在河的东西岸各成一城，叙永有如布达佩斯（Budabest）一样，是一座双城（Twin City）。东西两城由两座石桥（蓬莱桥俗名上桥，永和桥俗名下桥），联结交通。

从地质学方面来讲，叙永是在四川红色盆地的边缘，县城临近的岩层，都是白垩纪嘉定层的红色砂岩与页岩的间互层，一致向北作十五度至三十度倾角而倾斜，出城南行十里就到了白垩纪的最下部，更南则为侏罗纪、三叠纪、二叠纪岩层，相继露出，因此之故，在叙永虽然没有大背斜山岭（如同沿嘉陵江所见到者然）而附近亦可以有丰富的煤产，同其他在四川盆地中部所不易见到的矿产。

叙永县城在公路修筑以前，是东城比较繁荣，缘因是通贵州的大路在东门外，所以东门外的铺面延长有三四里远（其他的城门外都比不上）较大的商号亦都集中在东城，自从川滇公路修筑后，因为汽车要在西城穿城而过，所以渐渐地西城超出东城繁荣起来了，原来在东城的商号亦都到西城来找个地方设分店了。

物产方面，县境的米每年可稍有剩余，运往纳溪、泸县之木材，则在接近贵州边界大量地出产，春季常见四五公尺长的木料顺河而下，流到县城编成木筏运往纳溪。矿产值得注意的有煤及"叙永质"，无烟煤多采自二叠纪乐平煤系中，城南渡船坡、凉水井等处皆有出产，除供本地烧用外，亦有运销泸、纳。冷家山及两河口之"叙永质"为本县特殊矿产。叙永质本地名为滑石，实为极纯之含水矽酸铝$H_4AI_2Si_2O_9H_2O$，英名Halloysite，因叙永出产最多，故名叙永质，为最佳耐火原料，且可制成精美瓷器。冷家山矿场现由中国兴业公司开采，作者曾去参观，该矿产生于接近□系之二叠纪石灰岩中。

叙永风景据县志所载,有八景之多,然类多平淡无奇,惟城东二十里之红岩高出县城千余公尺,上覆嘉定层之砖红色厚层砂岩,形成绝壁,颇为壮观。三十年春,率领普通地质学班同学作第一次野外实习即登红岩,该日适遇岩顶上覆雪与岩石红白相映,异常美观,叙永风景中之红岩霁雪确是名不虚传了。

1990年5月,在叙永春秋祠召开的纪念西南联大叙永分校建校五十周年大会上,苏良赫教授发言,缅怀当年艰苦奋斗、勤俭办学的校风和"民主、科学"的学风,周世华摄

本文首发《地学集刊》创刊号,亚新地学社发行,1943年4月29日,
国立清华大学三十二周年纪念日出版,第31-33页。

叙永杂谈

辰 伯（吴 晗）

一 东西两城

叙永县有两个城，东城和西城隔着一条永宁河。两岸间的交通有两条大石桥连着，这两条石桥据县志说是本地八景之一。

西城是川滇黔三省交通要枢，旧街道因此关系已改建为公路的一节。东城则仍保持着旧城市的面目，窄窄的街道，平平的石板路。一般城市里的主要建筑，在这里大概都是双份，例如文庙，西城有一个，东城也有一个。我初到时，人家告诉我，学校设在文庙。我从泸州乘汽车来，住的是西城的旅馆，当然一找就找到西城的文庙，白站在门口半天，问了多少人也闹不清。后来看门口并无学生模样的人进出，门里头的样子也太不对劲，才又绕大弯，游四门，找到东城的文庙。

糊里糊涂住了半个多月，这两个城的街道都走熟了，主要的建筑物也都参观过了，却仍不明白为什么一个地方有两个文庙。想找人问，没有胡子的本地人不知道，有胡子的本地熟人又没有，最后花了8元钱买一部新修的县志，才把这个闷葫芦打破。

原来这地方在清康熙四年（1665）时分属四川、贵州两省，西城隶四川叙永同知；东城隶贵州威宁府，两城中间的永宁河是两省的交界。到雍正五年（1727）才合并为永宁县，属四川叙州府。到光绪三十四年（1908）又把永宁分作二县——叙永和永宁。原永宁县治城区改为叙永,却把永宁县迁到古蔺。永宁后来又改为古蔺县。两县的分法是把那和贵州接壤的部分划给古蔺,和云南接壤的隶属叙永。

二 大梁王

永宁在明代为永宁宣抚司,从洪武七年(1374)到天启三年(1623),250年中是西南傈僳族的一个主要根据地,和乌撒、乌蒙、水西、霑益诸傈僳土司,辖境相连,互通姻缘,称强一方。尤以永宁为云贵要冲,南跨赤水毕节六七百里,形势最为扼要。万历十四年(1586),奢崇明袭职为宣抚使,阴鸷有野心,他的儿子奢寅也是一个坏角色,父子同心,一味对邻族用兵,扩充领土。到明熹宗天启元年(1621),趁着明朝忙于对付东北的建州侯,就自告奋勇,动员步骑兵三万,北上征辽。得了政府允许之后,他就提兵直到重庆,久驻不肯出兵,地方官一再催促,9月17日乃杀官据重庆反,分兵攻合江纳豁,破泸州,陷遵义,进围成都,僭号大梁。

相反地,石柱女土司秦良玉却一心为国。不受奢崇明的利诱与威胁,乱事一起,立刻率兵勤王,分兵两支,一支攻重庆,一支亲自率领西援成都。

守成都的朱燮元也很不错,成都被围时城中只有2000多兵,却能固守到102天,并且说服奢崇明的部将罗乾象(明史朱燮元传作象乾,但土司传及县治均作乾象),使之倒戈,崇明父子乃仓皇东奔。朱燮元和秦良玉两支兵乘势会师,收复了重庆、泸州。同时,水西土司安邦彦又举兵反,进攻贵州,和奢崇明一唱一和,崇明倚为声援。

天启三年四月,朱燮元、秦良玉收复永宁,进拔红崖天台诸囤寨,又进克蔺州,奢崇明走投水西,永宁平。红崖在北门外25里,也是"叙永八景"或"十景"之一。

一直到崇祯二年(1629)八月,奢崇明僭号大梁王,安邦彦僭号四裔大长老,合兵犯永宁。事先朱燮元合滇黔蜀兵四面包围,十七日败之于红土川,斩奢崇明、安邦彦，降水西。连兵九年的乱世，至此才告结束。

县志八杂记篇僭窃门说："崇明僭号称尊，多设疑塚，至今土人犹以奢王坟称之。"据明史，今古蔺是奢崇明的根据地，有九凤楼，崇祯二年已为明军所焚。其所设官有丞相御史参谋监军元帅等。

和这次战事有关的几个名将，许成名、罗乾象、苏似洵、侯良柱、张令都是永宁人。

三　西南交通

朱燮元受水西（今贵州黔西织金一带地）之降，订有降约四条，内中一条是开毕节等九驿。燮元上善后疏曰："水西自河以外，悉入版图，沿河要害，臣筑城三十六所，近控苗蛮，远连滇蜀，皆立邸舍，缮邮亭，建仓廪。"又通威清等上六卫，及平越清平偏桥镇远四卫道路，凡一千六百里，缮亭障，置游徼，以便往来（据明史朱燮元传及明史纪事本末奢安之叛）。明威清卫在今贵州清镇县，平越卫在平越县，清平卫在炉山县，偏桥卫在偏桥，属施秉县，镇远卫在镇远县。东由贵阳经龙里（明龙里卫）贵定（明新添卫）平越炉山偏桥镇远而入湖南；西则由贵阳经清镇平坝（明平坝卫）镇宁（明安庄卫），南下入广西，西走至云南。又由贵阳经毕节等九邑，经永宁入四川。这交通线恰是现在湘黔、黔桂、滇黔、川滇四条横贯湘黔川桂滇五省公路的前身。奢安之乱把川南和贵州西北部打成一片，截断了以贵阳为中心的五省交通线；朱燮元用兵9年的结果，竟把旧交通网恢复，缮亭障，置游徼，保障了行旅的安全，其功不可谓不大。

对西南交通有劳绩的，朱燮元前还曹震。

《明史·河渠志六》："洪武二十三年（1390）四川永宁宣慰使言，所辖水道百九十滩，江门大滩八十二，皆被石塞，诏景川侯曹震往疏之。"土司传永宁宣抚司："二十三年永宁宣抚言，所辖地水道有一百九十滩，其江门大滩有十二处，皆石塞其流，诏景川侯曹震往疏凿之。二十四年，震至泸州按视，有枝河通永宁，乃凿石削崖以通漕运。"蓝玉传附曹震传："会永宁宣慰司言所辖地有九十滩，其八十余滩道梗不利，诏震疏治之，震至泸州按视，有支河通永宁，乃凿石削崖令深广，以通漕运。又辟陆路，作驿舍邮亭，架桥立栈，自茂州一道至松潘，一道至贵州，以达保宁。……运道既通，松潘遂为重镇。……震在蜀久，诸所规画，并极周详，蜀人德之。"

曹震之治河与通邑经过，明史里虽有三次记录，然太疏略，曹震传且有误文，不可读。在纳溪和叙永之间的公路上有地名江门，为行旅所必经，也就是明史中两次提及的江门。江门有景川曹侯庙，明杨慎有庙碑记；城南宾有景川侯开河碑记；江边摩崖有曹震自撰的开永宁河碑记。这些都是研究西南交通的第一等史料，现皆收在叙永县志文徵篇。兹将曹震自撰的开永宁河碑记，附录于后：

"洪武二十三年十一月十三日，钦奉皇帝制谕：'景川侯曹震前往四川永宁开通河道，合用军民，四川都司布政司贵州都司即便调拨大小官军悉听节制，如制奉行，钦此！'于洪武二十四年二月初七日到成都，分遣官属，各任其职。永宁水陆路自泸州纳溪至摩泥驿桥道路，委四川都司同知徐凯成都后卫指挥使布政提调卫府州官军民夫以疏通之。自永宁至曲靖驿桥道路，委贵州都司同知马叶提调永宁赤水毕节乌撒等军夫以修治之。建昌驿铺桥道，委四川都司佥事潘永建昌卫指挥使月墓帖木儿提调军民以开通之。保宁驿道至陕西汉中府界，委成都后卫指挥佥事王清提调军民以修治之。松茂驿铺桥道委茂州卫指挥同知余胜提调松州卫所属军民以平治之。贵播驿铺桥道，委播州宣慰司杨重庆千户镇洪提调军民以开之。各府州县夫役，委四川布政司参议米福松潘镇所镇抚任充以董督之。

"其间水之险恶者，莫甚于永宁，其滩一百九十五处，至险有名者八十二。石大者凿之，水陡者平之，使舟楫得以通焉。

"路之险者，莫甚于建昌泸沽县及黎州大相公岭，虚阁险崖，于是辟取山石，从江填砌，阔三四丈。番菁河水九十九渡，于是新辟直径，造桥五十有四，往来者便焉。保宁千佛崖，古作栈阁，连岁修葺，工费甚多，相其形势，辟取山石，从河填砌，阔四五丈，自四川至陕者无难焉。

"统计用兵三万五千，夫四万五千，自二月初七日兴工，五月十五日工歇，至秋九月初一兴工，次年正月十五日工毕，凡八阅月。震上奉皇帝之命，下率郡指挥参议宣慰千百户之官，克襄有成，不敢泯而不书。"

这是一个大西南交通网的建设。以四川为中心，由泸县开永宁河南通滇黔两省，和泸县通川江的水路连接，运漕通货，是最经济的一条水运线。第二条是由永宁到云南曲靖西通昆明的驿路，连接川滇黔三省的交通。第三条以建昌（今西昌）为中心，北通成都，南抵云南。第四条由贵州北通遵义以达四川。这四条都是南线。北线第一条由保宁（今四川阆中）北通陕西汉中。第二条由茂州北通松潘。这条路的开辟也是为的运粮。明史曹震传说："先是行人许穆言松州地硗瘠，不宜屯种，戍卒三千，粮运不给，请移戍茂州，俾就屯田。帝以松州控制西番不可动。至是运道既通，松潘遂为重镇。"这6条交通线的组织，杨慎景川曹侯庙碑记说："……陕西自宝鸡达汉中，贵州自永宁达云南之曲靖，四川自保宁达于利州，又自梅岭桥椿达于青州。……川陕云贵四处，东西南北广轮经纬五千余里，置驿奠邮，楛桥架栈，化险为平，通夷达华，航鲸波而梯鸟道，去巇嶪而就夷庚，其功力岂细哉，乃不易一寒暑而克襄其成，殆有神哉！"陈南宾景川侯开河碑记也说："……故至云南大理西番菁原，其驿铺皆坚固缜密，不为一时苟且计，……于是输贡者无难色，往来者无愁叹声。"就永宁河之疏浚说，以江门滩为最险最难。杨记称："由永宁江下泸州，滩渍凡百十余，莫险于江门驿，上下数里。……而江门险滩，伐石穿漕，工尤巨且难。"陈记云："山谷之水会而为川奔悍奋激，篙师一失，舟楫不可复救。羌人惮于输贡，商旅怯于往来，而拊膺之叹，铲嶂之意，所以不能已于李杜之诗之感也。"以此，曹震的开河碑刻在江门（杨记："公自制碑文刻之，岁月功费，首尾悉具，慎过江门，见之屡矣"），曹震的庙也是建在江门。叙永县志列曹震于名宦。可惜我过江门时，匆匆只留几分钟，没有瞻拜他的庙貌；要读他的摩崖石刻，只好等待将来再说了。

就曹记可校明史之误二处。一、曹震开辟的水路交通共有六线，而明史本传只说"自茂州一道至松潘,一道至贵州,以达保宁",至多不过说了三线。"以达保宁"之上下均有脱文,故与情事不合,该说"一道由保宁以至汉中"。二、明史河渠志和曹震传都说江门大滩八十二,土司传却说:"其江门大滩有十二处。"记事互歧,不知孰是。现据曹记大滩"至险有名者八十二",可证土司传说得不对。

这一交通网的开辟,就军事上说,四川西北部的西番,滇黔的若干小部族,其著者如猓猓,因有军兵控制,粮运亦畅通,不敢反侧,遂保持了几百年的和平。就政治上说,因为交通的便利,军队运输的快捷,公文传递的迅速,使云贵两省日渐内地化、向心化、中央化。就经济上说,西南各省的物产,亦得因此而畅达全国,外来文物亦因此而日渐输入,水乳交融,使与本部成为一体。这是明代的开国宏谟,也是今日的当局所应借镜的。

曹震以前,自然还有许多开发西南交通的史迹,如明太祖征云南之进兵道路,贵州土司之开辟驿道,三定安南之军事交通。再上溯到元代之征服云南,诸葛亮之南征,都是。这些不在本文范围里面,留待将来再说。

四　叙永琐话

我第一天到叙永,就感觉到两个特殊现象:一、街上来往的人,不论男女,头上都捆着一卷白布;二、大街小巷,很多人家门口都钉着一块匾,质地不一定很好。就颜色和文句说,匾可分为三类:一是祝寿的,如寿登大衍或期颐;二是吊丧的,如孟母方绩、驾返瑶池之类;三是结婚的,如琴瑟好合之类。第二天住在四川旅行社,那房子里面所有可挂匾对的地方都钉上木制黑底金字贺娶媳妇的匾对横条。一个礼拜后租到房子,那房子的老主人前年死了,院子里钉的是他70岁买这房子时,亲友所送的匾对,黑底金字描花,考究得很。我们住的厢房,也是四壁琳琅,挂的挽联祭文,满目都是千古哀挽,我们实在千古不了,只好婉商房主替他收好。关于这两个现象,后来碰见本地人请教。他说,头捆白布是一种习俗,尤其是赶马帮,垢和汗浸透了,蒙住鼻子可避瘴气。从前捆的人更多，现在渐渐少了。第二，他以为这只是无意识的浪费，办喜事或白事的家庭习惯地留着，并没有多少道理。县志礼俗门中也说"馈送则徒事铺张，屏联束筍，且制金碧匾对，相率以货财为礼"云。

大街上有不少绸缎铺，最好的绸子14元一尺，4年前这种料子只配做里子。杂货铺也有几家，但物价暴涨，为其他各地所罕见。书铺有三四家，一家新的叫新宁书店，卖一点杂志和三民主义之类的书。旧的一家有永庆升平，苏黄尺牍。更旧的一家有木刻古文辞类纂。县立图书馆很不错，有一部百衲本"二十三史"（缺明史），还有一部四部备要本"二十四史"，更有《万有文库》一套，《笔记小说大观》《亭林遗书》《小石山房丛书》等！叙永中学校长病了，没能看他们的图书馆。西南联大分校图书馆则有中西文书大小数百册之多，图书馆安排得很好，学生也还想用功，只是无从用起。有一班有400个学生，教科参考书一本都没有。学生要书看，有一教员说"大家想办法"。第二次又要书，这教员说："何必看书，何必读书？上课而已矣，吃饭而已矣！"

可是也有几个好现象，皮鞋穿不起了，布鞋也艰难了，大家穿草鞋！有不少学生穿白衬衫长裤，底下是草鞋，干净利落真可爱，可是好一点的也贵得可观。道林纸用不起，白报纸买不起，用土产竹纸。笔记试卷都是土产竹纸，价廉物美，也很清楚。墨水也用国产的了。所差的是读不到书，学校不供给书，自己买不起也买不到书！我不懂现在的大学教育怎么办，我要代这700个年轻小伙子呼吁！救救大学生，给他们书读！

气候非常怪，前一天56度（此处为华氏度），穿夹穿棉，第二天中午78度，单衣还汗流浃背。本地人说天还没暖和，六月间才热。据县志，平均温度六至七月100度。房东告诉我最高要到103度。此刻（4月23日下午3时）则是80度整。

本文首发刘英士主编《星期评论》第二十九期，
1941年6月20日出版，第11—14页。

在叙永的西南联大

欧阳青

设若你留心教育新闻的话,你会一点儿也不感到生疏与惊奇,在川南的群山中又出现一个西南联大。真的,叙永又是四川的幸运县份中之一,西南联大傍着贯穿流过叙永的永宁河边,又设了一个专收容一年级新生的叙永分校。

提到联大,你会想到清华,是不?也许你没有到过清华,可是你总听到过吧!漂亮的校舍,美丽的风光……该有多够味呀!可是,现在的联大并不再像清华昔日的外表了!虽然她承继有清华的一切。昆明的总校,我们不说,叙永的分校,你要看校舍,那可不像大学,四座破庙——文庙、城隍庙、春秋祠、南华宫——就算作校舍、宿舍、教室、办公室……一股脑儿都设在这里。文庙在城东,要穿过一座石桥才到。那不要紧,都是年轻人,那么一段路有什么要紧?

说来也许这儿全是刚刚跨进大学进门的人儿,不然怎么个个都兴冲冲的呢!宿舍在春秋祠,工学院的学生宿舍在南华宫,都要跑一大段路才到文庙,教室一大部分都在文庙,哈,你看吧!男的女的,都飞快地奔跑着,因为教室小呐!抢座位,哪个先到哪个坐在前面,都有好胜心,哪个不情愿坐在前面呢!哈,叙永人真摸不清,为什么联大的学生走得那么快!

联大是去年11月决定在叙永设分校,一年级新生都在这儿上课,中间经过两个月的筹备,冲过千辛万苦,终于三十年(1941)1月7日开始上课。你能说中国人没有办法吗?看,两个月的工夫,就有一座大学出现。真不易。我们可以这样说，工读的学生真伟大！更有些无名的英雄更伟大！同学帮助学校制定校舍的分配，提着粉刷来刷墙，糊窗户……哪些事不干呐！联大穷学生可真不少，一方面帮助学校，另一方面又可以维持吃饭，因为一天可以得到一块五角钱呐！然而这里有无名的英雄！学校有一大粪坑的粪，没有人挑，于是两位伟大的同学自告奋勇来挑！他俩每天也只拿一块五角钱，然而他俩情愿，因为什么？我不妨这么说，我们是青年人呐！

校舍虽然不大美，叙永的风景可忒美！有山有水，那条清澈而湍急的永宁河，博得不少的赞叹与欣赏。在月夜，你不妨守候着第一颗大星的出现！听着小声，踏着夜色，那时候会从内心感到宇宙静穆的真美！

联大的学生相当地用功，设若"夸大"点儿说，工学院的学生更用功些，因为这是事实上的需要。南华宫每晚非至12点灯火不得全熄。说来可怜，一灯如豆，远远地看去，真是像鬼火，一闪一闪的。可是这还得自己掏钱买，学校还没有力量管到这些事！

联大的学生相当地活跃，圣诞之夜有晚会，说着、唱着、谈着、笑着，大家都很愉快。在最近将到的春节中，也有一个同乐会。球赛也有几场，不过都没有将才出现！壁报呢！首先有《春秋》出现，结果因为形式与内容问题，惹起一场不大也不小的论战，现在有一个比较可观的古板式的《流火》出现！然而，不可否认的，将来会有更好的出现！

至于联大的膳食方面可真是有严重的问题，因为叙永的一切并不比重庆便宜，设若你去馆子吃一顿便饭，恐怕非5块不可，所以我们虽然吃30块一月的伙食，还是不够小饱，而且代金又是仅仅14元，有人算计，每天吃3杯茶一个月还要18块呢！

看呐！联大在川南又燃起一缕火炬，这支火炬，将继续燃烧，它的火花，将炫耀神奇与美丽！它的光亮，将炫耀着英挺与光辉！

本文首发《学生之友》，1941年第4期，第49页。

在叙永一年

赵景伦

永宁河绕过山嘴转了两个弯直穿过叙永城。这是条年轻的河,已经"返老还童"过四次了,附近的沼地和河谷清楚地显示了它的历史。河水常是浑浊的,上流的雨给了它力量,像海浪撞击沿岸的声音,它夹着无数的泥沙、小石子,闯过三座古老的桥往北奔去。

十二月里是橘红满目,但却是阴雨连连,天空就像野孩子的衣服似的,破一块,黑一块,有时阳光从乌云的破洞里透出来几丝来,又立刻消失了。学期的开始,我们是过着沉闷的日子。

从学校的一区跑到另一区是我们经常的,也可说是唯一的运动。照例是跑过桥,蹿进教室喘几口大气,再打开夹着暗灰色的四川土产纸的玛利自由夹预备记笔记。(也许偷偷地啃几个"红苕"即白薯)。每次下班就为叙永东西二城连起一座人桥来。红的、绿的、各色的、整齐的、破烂的,一大群人流过下桥,有时还夹杂着一串驼马。

对这沉闷的天空渐渐习惯了,我们把几家茶馆和民教馆占据住,在摇闪欲熄的菜油灯下看书,有时抬起头来欣赏一下这像把小壶的马口铁油灯。屋外细雨打在窗纸上发出单调的沙声,再加上黄暗的灯光,真有些催眠的作用。常能使人保持醒的状态的是一阵阵冷风。

雨季像是过去,河水也清了,露出满河床的砾石来。东北面的红崖也傲然孤立着,但它顶上总留着些云片或是云丝。白垩纪的红色砂岩把小城围绕着,很少能看见嫩绿色（这已是初春了呵）。

三四月里开着红色的花，但我们并没有受春天的太大赏赐：照例的有几对佳人才子供给我们些谈笑资料。墙壁上有几种壁报出着什么诗与散文专号和歌唱春天、东风、桃花等类的肉麻东西。真实的，有些刊物内容像是没有沾着春风和花香。

太阳渐渐地狠毒了起来，把这小城蒸得直冒热气，久已未闻的蝉声又来了，叫得人头晕。我们是每人一把竹编的扇子（也有些漂亮的纸扇），继之是每人一条游泳裤。河不作美，在离城老远处就转了它的大弯，造成了天然游泳池，每去池边必是一身臭汗，最坏的是从池回校又是一身大汗，所得者是池中片刻清凉。河里常泡着近百的人，有游蛙式的，有自由式的，有仰泳的，有乱七八糟式的，有手脚齐开"大"字式的，一应俱全。河水就带着青年人的体垢毫无怨言地流向北去。

室外温度是华氏110度，井边常围满了冲澡的人，每人多了一条汗巾和一胸红痱子，浸在汗里叫苦。天是青青一片，万里无云，空气凝定着没有一丝风。每人一条凉席，就把身体用汗粘在上面。蚊子成队地飞着，人们宁愿把肉体奉献给这一群，也不想盖些掩护的东西，于是总要被扰得彻夜不眠。晚上街上睡满了人，像在上海的小弄堂里。我们把凉席放在运动场上，享受那细微得不易感到的小风，忍受大地散发出热气的蒸烤。

天天有紧急警报，飞机从红崖顶上云中飞过，我们在郊外晒九小时，饿着肚子回校。夜晚公园的汽灯下摆着茶，下着用方解石和山砾石做成棋子的围棋，或是作"桥"戏。我们诅咒这可厌的城，想剥去自己身上的皮；但各种虫子却得意地叫着。

街上腐臭到处可闻，我们就在暑天举行期考，在考前竟热死了一个同学，天就转凉了。考完后又是烈日当空，想把这座小城烧焦。

本文首发《大公报（桂林）》，1941年10月15日第4版。

码 头

彦元甲（韩明谟）

这是座恬静的、幽暗的山城，站立在天府盆地的边缘上，任你步出她哪一个低小的城门洞口，便不得不登上仅有一尺来宽的石铺的盘道，盘道是压着六十度角嶙峋的山岗，像一条巨蛇的骨骼，蜿蜒地伸展上去。

费你几分钟喘嘘的时间吧，你将会完全舒适地"一览江山"了。在高处，你明利的眼，难能见着低空里有什么灰尘与风沙的飞扬。几缕淡蓝色的炊烟，宁静地、迂缓地巡视着整排黑压压的屋顶。一条清澈明静的长河，从城的核心穿过，河水在鹅卵石的夹谷里滑溜着。这是供养着几万个生命的水，汲水的女人挪出城门，慢吞吞地踏过河面的浅滩，给两条赤足，没到水里去，才让那褐色的梢桶噀起水来。要是你没有即刻要做的事呢，你尽可计数着她们移动的脚步。

完全在沉默里活，呼吸，生长在这无声的灰色的山城里。

然而，这沉默也只能在每日的一大早。

太阳出来了，东边的山崖障立着1000公尺的绝壁的阴影，像一个巨魔的阔掌，掩盖着全城，人们从来不曾见过日出的光景，至多也只能仰望仰望半天里残余的红晕。

在铁掌的阴影下，你听，那嘹亮、粗壮的号子声，从河的下流，一行绿竹丛下荡近了短促、单调、挣扎的呼号，响彻着山谷。合着人们心底跳动的拍子，水底急流上来了呵！

几十个一丝不挂的、皮肤的颜色如同土壤一样的深沉、油润的、粗壮的汉子，沿着河床的岩岸，扯着一根几十丈的竹藤的尽头，四肢着地地，朝城边的浅滩的码头爬来。

河水走到城根子，浅得可以插足涉过去。水被拘束着，成缕地抢向前进。一眼望去，清澈的河床底下，一颗颗五彩的石子颤舞着。

拉船夫的哼叫从你的身边一个个晃了过去，跟着上来的，是尖而长的乌篷船，船底啃着河底的石子苍苍地响。混着这些高叫、摩擦的节奏，又听见掀桩、跳板、打招呼的声音。

"老三，格老子可安得儿逸，个——多月不来！？"

"摆给你听吧，带来的新闻儿，新闻儿……"

人们挑起语尾非常沉重的卷舌音，应答着毫不介意的话。

可不是。山城只有这么一条河通到北方老远的一座大城。这些乌篷船，数不清的年代，一直是人们心目中最为炫耀的东西，它带给青年人许多幻想，带来了山国以外的新闻。

乌篷船，一个个排贴在河心，根根的竹索，像穿在老牛的鼻子上一样，拉着船头的尖端，另一头系到坡头的老树干上、石堆子上。

浅滩上架起一座弯曲的木棍的三脚架，一杆有手臂样粗的大市秤挂在中间。船上载来一篓篓的食盐，走过大秤前吊一下，哼呀哼地扛进城里去。

这里算得是礼仪之邦的中国，从绅士以至于卖毛栗的小贩子、拉船夫，都是穿的长大衫，头上缠了一圈白布。

码头上，靠近城边是一排"未晚先投宿"的客栈以及茶馆酒店之类。什么天气也罢，这些茶馆酒店里总是噪嚷着，挤满了白头巾，蓝大衫，黑而红的脸，脚上挂着一双草鞋，甚至于完全赤着脚的人。他们神往地、满不在乎地用粗裂的指头，捏着茶碗盖的屁股。眼，望着同桌的人么？也不尽然，有时也转射到乌油油的茶桌上面，不，那眼简直是无目的地转动。偶尔视线也扫着自己的手，那正是慢慢地，摊开一片土黑色烟叶的手。烟叶，也许从摊开，卷成卷，到塞在长杆烟袋的嘴子里，就要费去二三十分钟的时间，谁又会顾到过这些，理睬过这些呢？他们真的这才端起身来，踱到茶炉子，引着火，嘴里仍是自言自语的。

小酒馆确比茶馆还要热闹呢，让你回想一下《阿Q正传》里未庄的酒馆吧，可这里有点不同的——你也许认为是进步的——是一些庄稼汉、拉船夫，并未身贴着柜台，高嚷着；他们一团团围拢了一张桌子，桌上一碟盐豆与落花生是少不了的。他们高兴了，会向酒家要一块酱豆腐。

人们喝得从脑门涨红到脖子，牛肝的红色。眼白的红筋，也暴粗起来。这时也许有谁丢眼向着铺前阶下的小摊子大嚷一声：

"来！五角儿，蹄筋……"

夜幕拢了，河面上撑起一列红灯笼。入更的锣声，像破裂的沙嗓子，从远处的河岸唱着近来。你看，那一个个拿不准脚跟的人，晃呀晃呀地朝着灯笼的火亮扑过去。

本文首发《大公报（桂林）》，1942年3月13日第4版。

岁月回响

岁月
回响

"到橘子林去"

李 岫[①]

经过了将近两年艰苦动乱辗转迁徙的流亡生活，由罗江到达叙永。经卞之琳介绍，父亲在西南联大叙永分校教书。

在流亡生活中，父亲几乎没有创作。重新拿起笔后，他感叹道："我简直连笔都不会用了。"他抚摸着朋友寄来的《雀蓑记》，茫然地问："这是我自己的吗？"对自己的作品产生了巨大的生疏感，这正说明经过抗战的洗礼，他已经扬弃了旧我，正在向新我迈进。"我自己过去不甚了然的，现在也了然了，我是用了现在的一点光，去烛照了过去的一些阴影。"《回声》是《圈外》的续编，大大不同于以往的《画廊集》《银狐集》和《雀蓑记》，但和《圈外》也不大一样。《圈外》是在流亡途中写的，生活的急遽变幻，往往使人来不及思考，待到有了时间的余裕，重新梳理过往的事物时，常能触动对生活各方面的反思，这才有《回声》。回声，远远的，是自己的声音，又不是自己的声音，是自己声音的回响，迟于自己的声音，又能让自己听见。父亲喜欢风声、雨声、山涧的水声、深巷里的回声。当回声淡淡地消失隐去，会给人们留下一片记忆的沙滩或冥想的天空，无论沙滩或天空，都无限广漠和渺远，让人在广阔的空间里对生活进行思考。《到橘子林去》便是这回声中的一支歌。

叙永是一座单调的小城。"这个小城简直是个小村庄，简单极了，也朴素

---

① 李岫：李广田先生之女，北京师范大学文学院教授、博士生导师，已退休。

极了。"(《回声·根》)越是荒凉，越是偏僻，长途跋涉后，父亲却仿佛回到了自己故乡的荒野，回到了"根"之所在。红崖山在或晴或雨中云蒸霞蔚、淡妆素抹，永宁河清澈如翡翠，城郊有大片的果园，多是橘子树。在秋天一个雨后的早晨，父亲带我到橘子林去。他这样写道：

小孩子的记忆力真是特别好，尤其是关于她特别有兴趣的事情，她总会牢牢地记着，到了适当的机会她就会把过去的事来问你，提醒你，虽然你当时确是说过了，但是随便说说的，而且早已经忘怀了。

"爸爸，你领我去看橘子林吧。橘子熟了，满树上是金黄的橘子。"

今天，小岫忽然向我这样说。我稍稍迟疑了一会，还不等问她，她就又抢着说了：

"你看，今天是晴天，橘子一定都熟了，爸爸说过领我去看的。"

这一提醒，父亲终于想起来了。那是很多天以前的事情，父亲曾领我到西郊去。那里满坑满谷都是橘子，但那时橘子还是绿的，藏在绿叶中间，简直看不出来。父亲费了很多力气才能指点给我看，并说："你看，那不是一个，两个，呵，多得很，圆圆的，还不熟，和叶子一样颜色，不容易看清呢。"说时顺口编一个小故事，说一个小孩做一个梦，他在月光中出来玩耍，不知道橘子是橘子，却认为是一树树的星、一树树的灯了。他大胆地攀到树上摘下一个"星"或是摘下一盏"灯"来，呵，奇怪呀，却是蜜甜蜜甜的，很好吃。编完又对我说："等着吧，等橘子熟了，等一个晴天的日子，我就领你来看看。"这地方阴雨的日子真是太多，偶然有一次晴天就令人觉得非常稀罕，觉得这一日简直不能随便放过，于是父女俩便决定到橘子林去。

我们走到了大街上。这一天一切都明亮了起来，活跃了起来，一切都仿佛在一长串的噩梦中忽然睁开了大眼睛。石头道上的水洼子被阳光照着，像一面面的镜子；女人头上的金属饰物随着她们的脚步一明一灭；挑煤炭的出了满头大汗，脱了帽子，就冒出一大片热汽，而汗水被阳光照得一闪一闪的。天

1941年李广田和年幼的李岫在叙永

20世纪40年代李岫和母亲在昆明

空自然是蓝的了,一个小孩子仰脸看天,也许是看一只鸽子,两行小牙齿放着白光,真是好看。人自然是更高兴的,别人的高兴就会使我高兴,别人的笑声就会引起我的笑声。可是我并没有注意父亲在关心什么、在想什么,而是一直拉着父亲向前走,一心想着到橘子林去。

出了城,景象更宽阔了,听到好多地方的流水声,虽然看不到洗衣人,却听到洗衣人的杵击声。那山,那崖,层层叠叠,甚至是方方正正的,没有云,也没有雾。崖面上被太阳照出一种奇怪的颜色,还有瀑布,看起来像一丝丝银线在半山里飞溅,好像很冷清。道路两旁大半是荒草埋荒冢,那些荒冢有些是塌陷了的,上次来看,就看见一些朽烂的棺木,混着泥土的枯骨,现在却都在水中了。水面上有些披满绿草的隆起,有些地方就只露着一片绿色的草叶尖端,尖端上的阳光照得特别耀眼。我看见了眼前这些景物,却没有往心里去,只想着到橘子林去。

远远地看见一大片浓绿,我知道橘子林已经在望了,然而我们却忽然停了下来,不是父亲要停下来,而是我要停下来,眼前的一件事把我吸引住了。

在一堆破烂茅屋的前面,两个赶大车的人在给一匹马修理蹄子。

父亲写道:

是赶大车的？一点也不错。我认识他们，并不是我同他们之中任何一个发生过任何关系，我只是认识他们是属于这一种职业的人，而且他们还都是北方人，都是我的乡亲。红褐色的脸膛上又加上天长日久的风尘，笃实的性子里又加上丰富的生活经验，或者只是说在大道上奔波的经验。他们终年奔波，从多雪的地带到四季如春的地带。他们时常叫我感到那样子的可亲近，可信任。我有一个时候顺着一条公路从北方到南方来，我一路上都遇到他们。他们时常在极其荒落的地方住下来，在小城的外面，在小村的旁边，有时就在山旁，在中途。他们喜欢点燃一把篝火也烤火取暖，也架锅煮饭。他们把多少辆大车凑拢起来，把马匹拴在中间，而他们自己就裹了老羊皮外套在车辕下面睡觉。这情形叫我想起古代战车的宿营，又叫我想起一个旧俄作家的一篇关于车夫的故事，如果能同他们睡在一起听听他们自己的故事该是很有趣的。我想他们现在该有些新鲜故事可讲了。因为他们走的这条大道是抗战以来才开辟的，他们把内地的货物运到边疆上出口又把外边的货物运到内地，他们给抗战尽了不少的力量……"无论到什么地方都遇到你们啊，老乡！"我心里有这么一句话，我当然不曾说出口。假如说出口来就算冒昧了吧！我们北方人是不喜欢随便同别人打招呼的，何况他们两个正在忙着，他们一心一意地对付那匹马。对付？怎么说是对付呢？马匹之于马夫：家里人、老朋友、旅伴、患难之交，那种感情我还不能完全把握得到，我不知道应当如何说出来。不过我知道"对付"两个字是不对的，不是"对付"，是抚慰，是恩爱，是商量它，体贴它。

只见那匹马老老实实地站着，不必拴，也不必笼，它的一对富有感情的眼睛几乎闭起来了，两个小巧的耳朵不是竖着，而是微微地向后抿着。它的鼻子里还发出一阵快慰的喘息，因为它在它主人的手掌下确是感到了快慰的。它的主人一手按在它的鼻梁上，是轻轻地按着，而不是紧紧地按着，另一只手在梳理它的鬃毛，正如一个母亲的手在抚弄着小儿女的柔发。这匹马肯定走了太远的路，而且又多是山路，蹄子最容易坏，铁掌也很容易脱，慢慢地修吧，修好了才能上路。赶车人一点也不慌忙，他们的性子在这长期的奔波中磨炼得很柔了，也很坚了。他们搬起一个蹄子来，先上下四周抚弄一下，再前后左右仔细端详一番，然后就用了一把锐利的刀子在蹄子的周围修理着。这把刀子肯定也用以切肉切菜切果子的，有时还要割裂皮套或麻绳的，他们就是这样子的。他们用刀子削一阵，又在那蹄子中心剜钻一阵，把那蹄子中心所藏的沙石泥土以及畜粪之类的污垢给剔剥了出来。我目不转睛地看着，好像自己也有一种用新修的蹄子跑在平坦的马路上的感觉，我为那一匹马预感到一种飞扬的快乐……

父亲接着写道：

我这样想着，看着，看着，又想着，却不过只是顷刻之间的事情。猛一惊醒，才知道小岫的手掌早已从我的掌握中脱开了。我低头一看，却正看见她把她的小手掌偷偷地抬起来注视了一下，我说她是偷偷地，一点也不错，因为她一发觉我也在看她的手时，她赶快把手放下了。这一来却更惹起了我的注意，我不惊动她，我当然还是在看着这个人给马修蹄子。可是我却不时用眼角窥视一下她的举动。果然，我又看见了，她是在看她自己的小指甲。而且我也看见，她的小指甲是相当长的，而且也颇污秽了，每一个小指甲里都藏着一点黑色的东西。

我不愿再提起到橘子林去的事，我知道小岫对眼前这件事看得入神了，我不愿用任何言语扰乱她，我看她将要看到什么时候为止。

赶马车的人把那一只马蹄子修好了，然后又丁丁地钉着铁掌。钉完了铁掌，便把马蹄子放下了。显然，这已是最后一个蹄子了，假如这是第一个蹄子，我就担心小岫将一直看到四个蹄子都修完了才会走开。现在，那匹马把整个的身子抖擞了一下，我说那简直就是说一声谢谢，或者是故意调皮一下。赶车的人用爱娇的眼色向四只马蹄端详了一会儿，而那一匹马呢，也徘徊踌躇了一会，仿佛在试一试它的脚步，而且是试给两个赶车人看的。然后，又和马，不，是人跟着马，可不是马跟随着人，更不是人牵着马，都悠悠然地走了，走到那破烂的茅屋里去了。那茅屋门口挂一个大木牌，上边写着拙劣的大字："叙永骡车店"。有店就好了，我想，你们也可以少受一些风尘。

"回家。"看到这里,我很坚决地说,而且已经在向后转了。
"回家告诉妈妈:马剪指甲,马不哭,马乖。"我拉着父亲向回路走。
"我的手指甲也长了,回家叫妈妈剪指甲,我不哭,我也乖。"我这么说着,并看一看自己的小手。
"对,回家剪指甲,你真乖,你比马还乖。"父亲终于说话了,而且用相当急促的脚步走着。
"马穿铁鞋,铁鞋钉铁钉,叮当叮当,马不痛。"
"是啊,你有皮鞋,你的皮鞋上也钉铁钉,对不对?"
太阳已经向西在降落了,红崖的颜色更浓了,地上的影子拉长了,人们脸上带一点懒散的表情,一天的工作完成了。许多乡下人陆陆续续地离开城市,有手里提着的,携着的,也有只是挑着空担子的,推着空车子的,兜肚里却该是充实的,脸上也有的泛着红光。我们迎着这些到乡下去的人向城里走着。

父亲继续写道:

我们都沉默着,小岫不说话,我也不说话,我也不知道她心里在想什么。我也不清楚我所想的是什么。"为什么不再到橘子林去了呢?"我心里有这么一个问题,可是我并不曾说出来,我知道这是不应当再说的。"我不再去看橘子了。"她心里也许有这么一句话,也许并没有,她不说,我也不知道。一口气到了家,刚进大门,小岫就大声地喊了:

"妈妈,我要剪子。"
做母亲的听见了,就急忙从厨房里走出来,两手面粉,笑着一个极自然的微笑,问道:

"回来了。乖,可看见橘子?橘子可都熟了?"
"不,妈妈,你给我找剪子来!"
小岫不理妈妈的问话,只拉着妈妈去找剪子。

父亲带我到橘子林去,和平、宁静、阳光、橘树,对饱经战争忧患的人民,这是一个无比美好的早晨。父女两人,一心想到橘子林去。然而,自从看见赶车人修理马蹄子,父女两人却沿着两条截然不同的思想思考下去了。女儿想的是:"马剪指甲,马不哭,马乖。"马钉马掌的故事远远超过了到橘子林去的吸引力,因此,她二话不说,拉着父亲转回家。父亲则不然,他想的是:自抗战以来,在这条紧连着国际路线的川滇公路上,每天不知有多少车辆奔跑着,载着武器和物资,载着将士和装备,载着可喜或可悲的消息,从这里通过。这里连接着滇缅公路、中印公路等重要国际通道。为了伟大的抗日战争,千百万民工自备口粮、自搭茅棚,在无报酬、无劳保、无医药的艰苦条件下,翻山越岭、凿峡开石,昼则胼手胝足,夜则风餐露宿,冒着坠岩、坠江、塌方、患病的危险,劳作在荒无人烟的山巅江畔。紧张时全线出工有20万人,但公路建成时累计死亡有3000人,为此付出的巨大牺牲是全民族为抗战牺牲的一部分。他们用生命和汗水换来的国际通途,对迎接抗战进入反攻阶段以至最后胜利,具有重要的战略意义。公路运输在那个年代是尤其重要的,这些马车夫和千百万民工一样,出生入死,在中华民族生死存亡的关头,默默地尽着力。有时是骡马大车,有时是骆驼队载着棉花,载着烟草,载着粮秣或药材,沿公路走再向公路去,到甘肃,或者到昆明,从多雪的地带到四季如春的地带,在城镇、村庄、山路、道中,在篝火旁,在车辕下,风餐露宿,埋锅造饭,把内地的货物运至边疆出口,把外边的货物运往内地,他们为抗战出了不少力啊!自己在流亡途中不止一次遇到这样的赶车人。全民族上上下下、各行各业都在为抗战尽力,抗战胜利已经为期不远了。到橘子林去,到橘子林去,结果没有去成。不是橘子林没有意思,是有比去橘子林更有意思的事情引起了两代人对生活、对时代、对战争的思考,在父与女的心中构筑了两幅不同的风俗画,响起两种不同的回声,所以这篇散文后被父亲收入他的散文集《回声》。为什么结集书名曰《回声》?父亲在《回声·序》中写道:"我爱很多声音,如风声水声,雷雨声,我都爱,可是我自己都没有。我住在泰山的时候,也常喜欢一个人跑到山涧或峭壁下去长啸一声，那也不是为了听自己的声音，而是要听那峭壁深涧发出来的回声。小时候跑到人家深巷中去大声一叫，听到那深巷回声而自喜，更自喜于闹了一次小调皮。现在我仿佛又在调皮一下，或者我又回到深山中，耳朵里响着的不是我自己的声音，那声音远远的，我很喜欢。"无论是山巅还是平川，无论是城市还是荒原，无论是远方还是眼前，只要那声音是阳刚的、进取的、胜利的，我都喜欢。"到橘子林去"便是这回声中的一支。

有趣的是，《到橘子林去》不仅成为现代散文史上的名篇，被选入中小学教材，被编入外文版《熊猫丛书》，而且成为特定时代人们的问候语，见面时就说："到橘子林去，咱们一块去！"以至于70年后的2012年，当我的散文结集《行者·记者·思想者》即将出版，我请当年的西南联大学生尹落为我在书前写几句话时，他写道："《到橘子林去》本来是乡土味最浓的广田散文的一个专篇，是专写女儿李岫3岁时的生活面貌的……1941年，广田老师在西南联大叙永分校文学院任教，因战时学校经费拮据，月薪时常发不出，父亲无钱给女儿买玩具，就带女儿到城郊山上的橘林去玩。长江流域的橘林都是围山成片的，小的十里八里，大片直至几十上百里绵延不断，李岫也喜欢上这个伟大自然的玩具。橘子成熟了，成千上万朱红的果实挂在枝头像千盏万盏小红灯笼，比城里夜晚的万家灯火更好看、更迷人，并且，到橘子林去不但不用花钱买门票，回来时还可以采上几枝带回家去，橘子林是她的玩具，伟大的玩具，是她的乐园，伟大的乐园。我们是橘子林时代的朋友，是无话不可谈的永远的忘年交。屈指算来，这条忘年线至今已延伸了67年。人生七十古来稀。这一期间，无论遇到了多大风浪，遇到多大灾难，这条忘年线始终没有扯断。为什么？大概因为我们都有一颗'受命不迁'的橘魂吧。"是的，"到橘子林去"成为我们几代人对时代、历史使命和人生价值的思索及答卷。

节选自李岫著《逝水东流》，北京出版社，2023年3月第1版。

童年记忆中的叙永之行

袁　刚[①]

今年（2025）是西南联大叙永分校建立85周年。在联大九年的历史中，叙永分校存在时间不到一年，教职员为数不多，学生也仅是大学一年级的600多人。叙永的办学条件比昆明更差，生活条件比昆明更艰苦。但全体师生依旧满怀报国热情，教师坚持传道授业，学生勤奋学习，发扬着联大"刚毅坚卓"的精神。

1940年父亲袁复礼受命至四川叙永分校任教，全家随行。叙永之行是我

1939年袁复礼先生与子女摄于昆明大观楼

[①] 袁刚：袁复礼先生次女，中石化北京化工研究院教授级高工，已退休。

家抗战时期生活最艰苦、最动荡的时期,也是得到亲友、同事和学生帮助照顾最多的时期,充分体现了全国人民同赴国难共度时艰的不屈精神。当年我虽只有7岁,但至今对这些颠沛流离的日子记忆犹新。

去四川以前我家住昆明灯华街25号,这里接近五华山云南省政府驻地,是日本飞机轰炸的重点地段,很不安全,孩子多,逃警报太困难。父母商议:父亲一人留守城里教书,母亲和李妈(她是我家从北京逃难出来时带的保姆,为人忠厚,虽不识字但非常能干,吃苦耐劳,抗战以来一直和我们同甘共苦)带五个小孩躲到远郊,在西山脚下高桥租了一间民房居住。每隔一段时间都要进城取钱、衣服和日用品,交通不便只有木船,母亲和李妈总是天蒙蒙亮就出发,到天黑才能赶回高桥。中午房东太太照顾我们吃饭,下午我和弟妹们望眼欲穿地盼着母亲归来。大约半年后才搬回城里。

1940年深秋时节,父母带着6个孩子踏上了从昆明去叙永的长征。当时哥哥最大,14岁,但是他因幼时患大脑炎落下后遗症,成为智障人,需要特别照顾。大姐13岁是个顶用的人,我7岁多、妹妹6岁、大弟弟不满5岁、小弟弟3岁。幸亏有李妈随行,沿路照顾,使我们少吃了许多苦头。

从昆明到叙永的行程要绕一个大圈:乘汽车从昆明起程经曲靖、富源、晴隆、安顺、贵阳、遵义到重庆,改乘轮船到泸州,再坐小木船到叙永。

从昆明上车就不顺利,清早赶到汽车站,父亲的学生来送行。我们在雨中等车,两个多小时未能成行,三天后才顺利登上运货大卡车,下面箱子装货,铺上草帘子上面坐人,全家9口在草帘上或坐或卧,母亲晕车,常常躺着。上下车时,父亲将4个小孩子抱上抱下。货车均结队而行,以防沿途土匪抢劫。车队在滇黔川的群山峻岭中缓慢爬行,公路一边是万丈深渊,另一边是陡峭石壁,曾多次看到山坳里出事掉下去的汽车和货物,真是惊心动魄。路况极差,汽车常常抛锚,走走停停。每晚住的多是路边临时搭建的简易旅店,只提供板床和少量陈旧肮脏的被褥。因此每晚要从卡车上将自己铺盖搬下来打开睡觉。次日天蒙蒙亮起身,先打包好行李,放到油布里包上捆好搬上卡车再匆忙吃早饭。

时值深秋,经常下雨,车停后在雨中找饭馆找旅店,我们每人仅有的一双布鞋总是湿的，晚上在旅店炭火盆边烘烤，满屋都是鞋臭味，次日穿时鞋总是潮的。

整整走了15天才到重庆，9口难民风尘仆仆地投宿我六姨家。六姨父家族是搞实业的，抗战开始后，他们全部从上海逃难至重庆。六姨有五个子女，年龄和我们相差无几。姐妹们乱世相逢，悲喜交加。六姨热情接待，腾出一间房子，全家打地铺。最糟糕的是我们身上和头发都长了虱子。母亲和李妈把全家内外衣服和被褥洗后都用开水烫了一遍。男孩全部剃光头，女孩剪男式短发用药水洗头发。在六姨家舒舒服服地休整了10多天，大姐作为南开中学的借读生留在重庆，父母带我们五人乘江轮到泸州，转乘小木船沿长江小支流永宁河逆流而上去叙永。在漆黑的夜里，四周寂静，只听见船桨打水声，不久我就睡着了……一觉醒来，已躺在叙永家里的床上。这一夜不知父母和李妈多么辛苦，把我们和那么多行李弄到新居。从昆明到叙永费时整一个月，现在想起来真是不可思议。

1941年袁刚姐弟与叙永分校教授子女合影
左起：袁刚、吴小薇、袁方、袁扬、孙捷先、吴小椿、袁鼎，由袁刚提供

在叙永我们住在联大租下来的大院中,进大门两边一间接一间,住着联大教职员共约十户人家。我家住最里边一间大屋子,紧邻的是吴之椿教授一家四口。孩子吴小椿、吴小薇与我的两个弟弟年龄相仿,是我们亲密的玩伴。我家正对面住西语系助教王佐良夫妇,王太太很能干,家里收拾得干干净净,不像我家人多杂乱。

吴晗教授和太太袁震住斜对面一间小房子,吴太太身体不好,总是躺在床上,从不出房门,我们也不去他家打扰。吴晗教授喜欢小孩,常在院子里逗两家小孩子玩。他和父亲谈得来,常到我家聊天,曾和父母商议想把弟弟过继给他或认作干儿子,母亲舍不得,没同意。

叙永是川南落后闭塞的小县,没有电灯,大人们在粗陶瓷小灯碗中放菜油,点上根细灯草照明,灯光昏暗。从院子后门出去可以下到河边,小河水清,可洗米、洗菜(上游)、洗衣服(中游)、倒马桶(下游)。

我和妹妹该上学了,叙永县城仅有的一所小学在河对岸的一座破庙中,

1941年夏袁复礼夫人廖家珊与子女摄于四川叙永

坐小木船摆渡过河爬上高台阶就到，离家不远。学校条件差，教室昏暗，母亲认为我们才六七岁，每天来回摆渡太不安全，干脆在家由母亲教算术、父亲教语文。根本没有任何教科书和参考书，由母亲自己出题做加减乘除，背九九口诀。父亲则根据记忆写下诗词让我俩背诵。1941年夏，西南联大叙永分校撤销，全家再次乘运货卡车返回昆明。

这次走近路，由叙永直接南下，经毕节、威宁、宣威、曲靖到昆明，只走了六天。回到昆明无房可住，九口人只得借住在俄籍教授噶邦福家。当时噶家租住在翠湖边上的一小花园洋房里，有两间屋子。为接纳我家，他家四口人（噶太太、噶太太母亲和女儿噶维达）挤到楼上一小屋住，让出楼下一小间给我家住，房间很小，褥子在地下一铺就占满了全房。

噶邦福原是俄国贵族，毕业于圣彼得堡大学，十月革命后滞留中国，1931年起在清华大学教授历史，抗战爆发他全家辗转来到昆明，在西南联大任教。噶先生不懂中文，用英语讲课。正好我母亲能说一口流利纯正的俄语，语言相通，与噶家交往没有障碍，两家逐渐成为好朋友。噶家是我家在昆明来往密切的朋友之一。

我母亲廖家珊，字铁枝，1899年生于江苏省嘉定县（现上海市嘉定区），是民国初年的新知识女性。外公廖星石（1869—1931），清末在北京和东北做官，民国时期曾任京奉铁路局局长、张家口市政局局长等职。外公为官、为人开明进步，敢于破除陋习，因此女儿们都没有缠足，都能上学读书。

母亲童年受过良好的家庭教育，就读于嘉定的私塾，学习成绩优异。1907年，清政府推行新政，其中一项是选派学龄儿童30多名（其中女童10名）到沙皇俄国在哈尔滨的俄国学校读书。当时母亲10岁左右，以聪明好学、有主见而入选，成为清政府派出学习的首批女童之一。他们除与俄国学生一起学习规定的课程外，每周还加学两次汉语课程。就读期间，母亲寄宿于一俄国上校家中，上校带有家眷，有勤务兵侍候，还雇有保姆协办家务。上校夫妇受过良好教育，为人善良、开朗，母亲和他们的孩子一起，受到严格的俄式家庭教育，在哈尔滨这个相对稳定的社会环境中，度过了童年和少年时光。

母亲上学期间,中俄两国都发生了翻天覆地的变革。1911年的辛亥革命,推翻了清政府,建立了中华民国;1917年的俄国十月革命,建立了苏维埃政权。然而在哈尔滨这个特殊的地方,学校运作并未因两国政局巨变受到大的影响。这期间,母亲以优异成绩毕业于旧俄十年制中学,并完成了哈尔滨俄语商科学校的学业。

毕业后,母亲最初在中东铁路任职。北洋政府时期,应聘在北京苏联驻中国大使馆武官处任翻译。20世纪20年代末期,国民政府收回治外法权,开始有权关押和审判外籍犯人,当时北京市模范监狱关押着俄籍犯人,特聘母亲任翻译官。

1925年,母亲与父亲袁复礼结为伉俪,翌年大哥出生。母亲与父亲相识伊始,就非常理解父亲科技兴国的抱负,也知道父亲为了开创我国的地质事业,需要常年奔波,进行野外考察,她必将为家庭付出艰辛和牺牲。在那段军阀割据、兵荒马乱的年代,父亲曾先后与安特生、李济等人合作,在河南仰韶、山西夏县西阴村等地开展考古发掘;在陕西、甘肃一带进行地质、矿产考察及考古。1927年5月,大哥尚未满周岁,母亲又怀了身孕,但她毫不犹豫地支持父亲参加西北科学考察团远征新疆。10月大姐降生,为此取名袁疆。随之母亲应聘,带着一双婴儿再度回到哈尔滨中东铁路任职,同时雇请两位俄籍保姆料理家务、照看大哥大姐,直至九一八事变后回京。

父亲在华北、西北的一系列地质和考古工作中,做出了开创性和奠基性的重大发现,曾轰动了国际学术界。这些成绩的取得,与母亲对父亲无怨无悔的全力支持是分不开的。

1932年父亲从新疆回到北京,不久我家搬进清华大学南院(现照澜院)10号。之后的5年间,家中连续添了4个孩子,人丁兴旺。母亲为此成天操劳于对孩子的哺育、教养等繁重家务之中,不得不结束了职业的生涯。

小弟出生10天,"七七"抗战爆发,全家逃往城南的南横街老宅避难。未几,父亲随清华大学南撤长沙,之后再度西迁昆明到西南联大任教。此后清华大学组织教职员家属撤退,去往昆明。1938年春,母亲和李妈带着我们加入了这个撤退行列，从此开始了8年的流亡生活。

西南联大精心策划，良好地组织了这次撤退。天津由叶企孙教授总负责，我们一下火车就被安排住到中国大饭店候船。到香港，三叔袁同礼去码头接我们到他已租好的公寓房，住了半个多月换船到安南（现称越南）海防。国民政府驻海防领事馆官员到码头迎接，经他们与海关法国官员交涉，全体西南联大撤退人员的行李免于检查，安全过关，改乘滇越铁路火车前往昆明。

兵荒马乱中，历时一个多月的逃难，长途跋涉，对母亲而言，其艰辛程度是我们无法想象的。母亲一路晕船，当时小弟只有9个月，由李妈专门照顾，大弟两岁，小妹3岁多，我4岁多，12岁的哥哥最大，却因病智障需人照顾，唯10多岁的姐姐可以帮助母亲做些事。所幸的是，沿途不时得到同行教职员及家属的关照。事后，母亲多次提到与我们同船同车到达昆明的刘文典教授，他单身一人没带家属，一路上对我们大力帮助和照顾，令全家十分感激。

1939年，日军飞机开始袭扰昆明，我们不得不经常跑警报。每当警报响时，若父亲在家，就带着我们逃到城外英国花园躲避。若父亲不在家，母亲就让我们小孩子钻到覆盖了很多被褥的大饭桌下。随着日益频繁的空袭和狂轰滥炸，为了孩子的安全，父亲决定自己留在城里教学，母亲和李妈带我们躲到西山脚下，在高桥租一间民房居住。

时隔将近一年，我们全家从叙永返回昆明，一时找不到住房，挤住在噶邦福教授家只能是权宜之计。为租住房，母亲天天外出奔波，但每次都是败兴而归，几家合适的房主一听家里有六个孩子，立即摇头拒租。十多天过去，我家只好搬到郊外黄土坡新村。那是一片新盖的简易房，土坯墙、茅草顶、泥地，四周是农田。这是抗战期间我家最差的住房。但总算安顿了下来，我们重新置办家具炊具。我和弟妹也都进入小学，分别在一、二、三年级就读。

所谓的黄土坡小学，就两间土坯茅草房，两位老师。一间教室坐着一、三、五年级学生，另一间教室是二、四、六年级学生。至今想起，我仍然很感谢和佩服那两位老师，在如此艰苦的条件下教书育人，使我们不致失学。我家隔壁住着蔡维藩教授一家，他的两个女儿蔡丽茹、蔡建茹与我和妹妹同龄，上同一个小学，我们每天穿过农田一起上学、一起下学、一起游玩。

1942年夏袁家六兄妹摄于昆明黄土坡

黄土坡进城的唯一交通工具是私人赶的马车。父亲每日清晨乘马车进城上班，黄昏有时乘车回家，但常常是从联大翻两座小山包徒步返回。为防在荒郊野外遇坏人，他总是手拿地质锤防身。我家想搬进城，但租不到合适的房子。最后还是云南大学校长熊庆来解决了我家困难，将他家钱局街金鸡巷1号的房子租给我们。熊校长家的房子在大西门内，是个独家小院，四间屋子，离西南联大很近，大姐上联大附中，我们四个小孩上联大附小，都很方便。

1942年夏天，我家兴冲冲雇了八辆人力平板车，将家具炊具用箱子装好，全家坐在箱子上，浩浩荡荡地从黄土坡顺利到达金鸡巷。敲开门，满院满屋全是穿黄衣服的军人。

无奈之下，我们只好挤进西仓坡清华大学办事处楼上梅贻琦校长的家了。

梅校长的夫人韩咏华是父亲的表姐，我们称五姑。五姑腾出一间房子给我们住。全家又睡地铺了。梅三姐祖杉被挤出来，每晚只得爬到堂屋高高的大台子上，带着我一头一脚睡一个被窝。我们住二楼，下面是清华的办事机关，母亲千叮咛万嘱咐：在屋子里走路要轻，不能跑，也不能在院子里玩闹影响办公。我只好带着妹妹弟弟到办事处门外玩。紧挨门外有个刚遭轰炸的弹坑，有一人多深，我们每天沿弹坑转圈，从上到下、从底到上奔跑多次。

经父母多方交涉，约过了10天，大兵搬出了熊校长家的房子，我们终于住进了新家。

住进金鸡巷后，虽然生活仍然艰辛，但已相对稳定。我们在此一住4年，直到抗战胜利。1946年我们全家随学校复员回到北平，结束了8年的流亡生涯。

袁复礼教授夫妇与子女1985年在北京地质学院家中
前排：袁复礼（左）与夫人廖家珊
后排左起：袁方、袁刚、袁疆、袁扬、袁伟、袁鼎

2025年2月2日于北京

父亲袁复礼的西南联大情结

袁　方[①]

袁复礼，字希渊（1893年12月31日—1987年5月22日），是我国著名的地质学家和地质学教育家，中国考古事业的先驱者之一，中国地质学会创始会员之一。

1921年在河南渑池仰韶村，左起：袁复礼、安特生、村长、传教士

---

① 袁方：袁复礼先生次子，地质出版社副总编，已退休。

说来凑巧，父亲与南开、北大、清华三校有"受业于斯、服务于斯"的早年联系。1908年，父亲15岁时考入私立南开中学堂，1913年夏考入清华学校高等科，校训"自强不息　厚德载物"成为他一生的指南。他用两年时间勤奋地修完所有课程，以优秀成绩毕业，并获得庚子赔款奖学金赴美深造。1915年入美国布朗大学，学习了生物学、植物学、考古学等。1917年转入哥伦比亚大学学习地质学、测量学等，他如饥似渴地学习各门知识，并注重实践，打下了坚实的业务基础和技能，1918年获学士学位，1920年获硕士学位后继续研究学习。

1921年10月，父亲因其母病重提前回国，在农商部北京地质调查所任技师。他的第一项工作是1921年10月27日至12月1日随农商部矿政顾问瑞典地质学家安特生到河南渑池县仰韶村进行正式考古发掘，其间父亲测绘的"河南渑池县仰韶村现场地形图"是我国现代考古史中最早的一幅地形图。

1921年12月，父亲和谢家荣动议成立中国地质学会，得到所长丁文江、翁文灏的支持。1922年1月27日，父亲参加了筹备会议，与会26人即为创始会员，2月3日举行了中国地质学会成立大会。自此，《中国地质学会会讯》《中国地质学会志》等相继创刊，有力地推动了国内外同行的联系和交流。

1923年5月至1924年8月，地质调查所派父亲去甘肃进行地质调查和煤田调查，其间取得不少成果：其一，创立了中奥陶纪"平凉笔石层"（平凉组）和早石炭纪"臭牛沟组"两个标准地层。后者富含化石，其中许多与欧洲维宪期（早石炭纪）的化石相同，首次确定我国有早石炭纪地层的存在。其二，对甘肃东部地层顺序及其煤田分布等做了系统记述，写出详细的调查报告。

1922年秋，父亲应李四光聘请到北京大学地质系兼课，讲授地质测量，后来相继开设和讲授地文学和经济地质学。

1925年12月，父亲与清华大学国学院讲师李济一道，赴山西南部汾河流域考察，发现三处彩陶遗址。1926年秋，父亲受聘为清华大学兼任讲师，10月中至12月底，又同李济一起赴山西夏县西阴村对新石器时代遗址进行发掘，这是中国考古史上第一次由中国人主持，用现代考古方法进行的发掘。李济

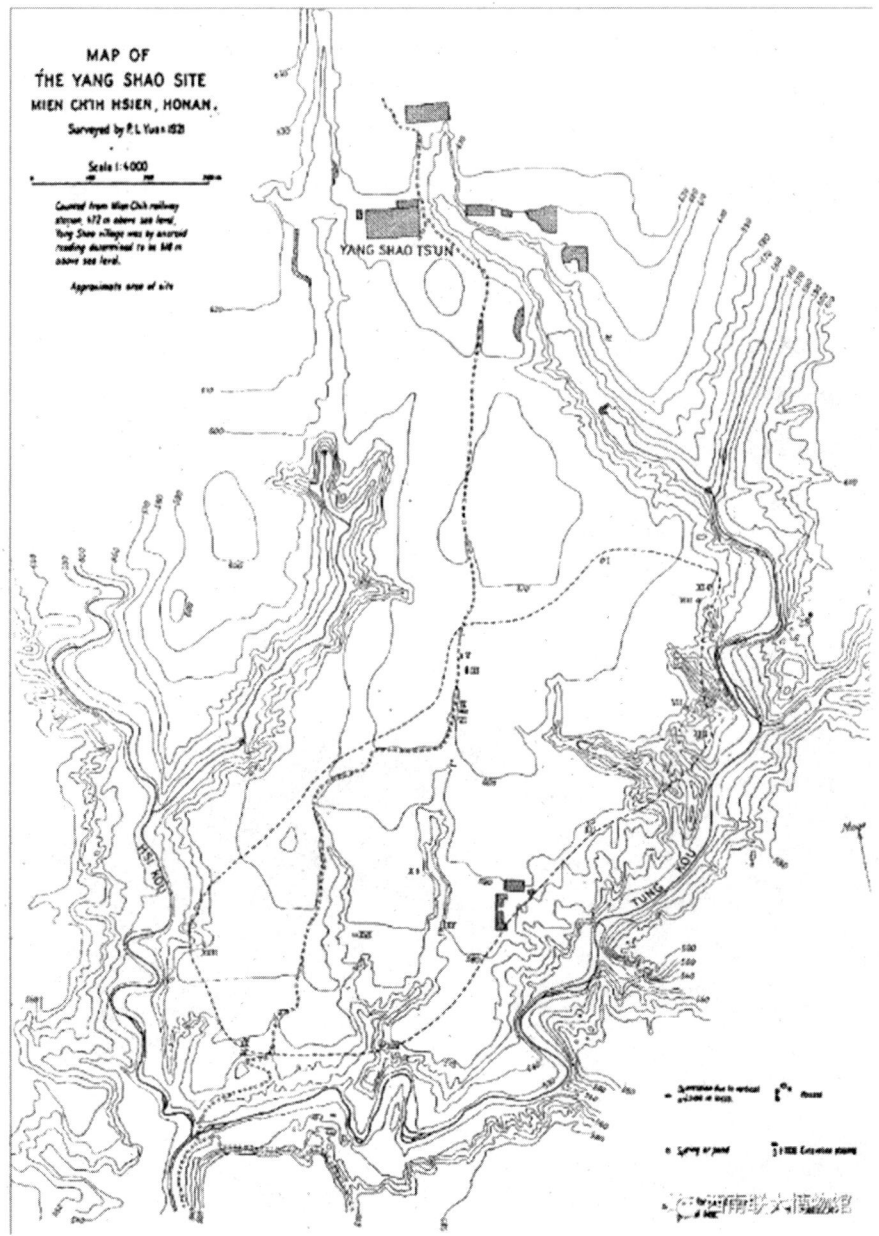

仰韶村遗址地形图和仰韶村南部等高线图（中国考古第一图），1921年由袁复礼绘制

所著《西阴村史前的遗存》，书后的两个附录"图说"及"山西西南部的地形"为父亲袁复礼所著，附有精确的"西阴村遗址掘后地形图（1∶4000）"及西阴村坑侧剖面图多幅，并对土层作了详细划分。

1927年3月至4月，父亲袁复礼代表北京大学地理学会参加了中国学术团体协会与瑞典探险家斯文·赫定就组织西北科学考察团一事的谈判。4月26日双方签订了《中国学术团体协会为组织西北科学考察团事与瑞典国斯文·赫定博士定订合作办法》，这是中国近代史上第一次中外平等的条约，也促成中国第一次对西北进行科学考察。

1927年5月初，父亲应聘为清华大学专任教授，清华大学国学院推荐他代表清华大学参加中国西北科学考察团，成为中方10名团员之一。1927年5月12日至1932年5月10日，作为中瑞合作的中国西北科学考察团成员，他与其他中方团员一道，以自己的出色工作赢得了外籍团员的尊重。1928年12月中旬，徐旭生和斯文·赫定两位团长回北京办事，中国学术团体协会理事会指定父亲袁复礼为考察团代理团长，直至考察结束。

1927年6月中瑞西北科学考察团在哈那郭罗
左起：袁复礼、斯文·赫定（外方团长）、徐炳昶（中方团长）

在为期五年的西北考察中，父亲是全体中外团员中参与连续时间最长、取得成果最多的成员。沿途考察，全程9000余公里，往返新疆至包头全靠驼、马和步行。他在新疆对古生物学、地质学、考古学、地形学四项学科均有重大发现，尤其是在天山北麓发现大批兽形爬行动物化石，共发现4个化石点、5个化石层以及10个新物种，具有重大科学价值，消息一时轰动了西方学术界。他先后发表10余篇报道性短文及论文，而对新疆的总结性论文共计5篇，其中4篇发表于1949年至1956年，最迟的一篇《新疆准噶尔东部火山岩》发表于1983年，对天山以北的地层、构造、地貌、岩石、构造运动等做出了奠基性工作。

1932年5月，父亲返回北平后，即接替翁文灏，任清华大学地理系第二届系主任。在他的动议下，1933年清华大学地理系改名地质地理气象系。他大力聘请名师，添置外国图书、成套杂志、成套标本、仪器设备，完善实验室、标本陈列室，加上1931年建成的气象台等，在全系同仁共同努力下，清华大学地理气象系初具规模，达到培养高级人才的要求。抗战前清华大学地学系毕业生累计44人。

从长沙临时大学到西南联大

1937年全面抗战爆发，北京大学、清华大学、南开大学三校南迁长沙，合组为长沙临时大学，9月，父亲前往任教。联合后的地学系师资雄厚，父亲讲授"地文学"和"构造地质"两门课程，并与谢家荣、孙云铸、冯景兰、张席禔共讲地质测量及野外实习。

父亲鉴于自古湘鄂楚地盛产黄金，春秋战国时楚已实行金本位制，出于爱国热忱，念念不忘加强国力须增加黄金产量，不顾南迁劳顿与节日休息，于1938年1月2日从长沙出发，考察了湘东平江及湘西桃源、常德、沅陵境内的金矿，同年写出《湘东湘西金矿视察报告》，交经济部资源委员会，提出了整顿提高土法开采及管理的建议以支援抗战。

1938年2月,长沙临时大学分三路南迁昆明,其中一路以步行为主,被称为"湘黔旅行团"。由团长黄师岳,湘黔滇旅行团指导委员会主席黄钰生、指导委员会成员曾昭抡、袁复礼、李继侗,以及闻一多、许维遹、李嘉言、王钟山、毛应斗、郭海峰、吴征镒等11位教师带领徒步前往昆明。旅行团由244名学生组成,地学系3个年级的14名学生分散在两个大队10余个小队中,其中有数人有幸常跟随在父亲左右。据王鸿祯、曹国权、高文泰等回忆:"行途中袁老师根据实地情况讲河流、地貌、岩层的构造变形、岩溶地貌和地文发育等,妙绪涌泉,令人神往;他讲丁文江、王曰伦、田奇㻪等人在湘、黔、滇东的工作,让我

联大负责人与旅行团团长参谋长、大队长教师辅导团及随团医生等合影
前排左起:黄钰生、李继侗、蒋梦麟、黄师岳、梅贻琦、杨振声、潘光旦
中排左起:李嘉言、毛鸿、卓超、许维遹、闻一多、倪志文(总务负责人)、梁鸿训(副医官)
后排左起:吴征镒、徐行敏、邹镇华、杨石先、袁复礼、沈履、曾昭抡、郭海峰、袁芳清、毛应斗

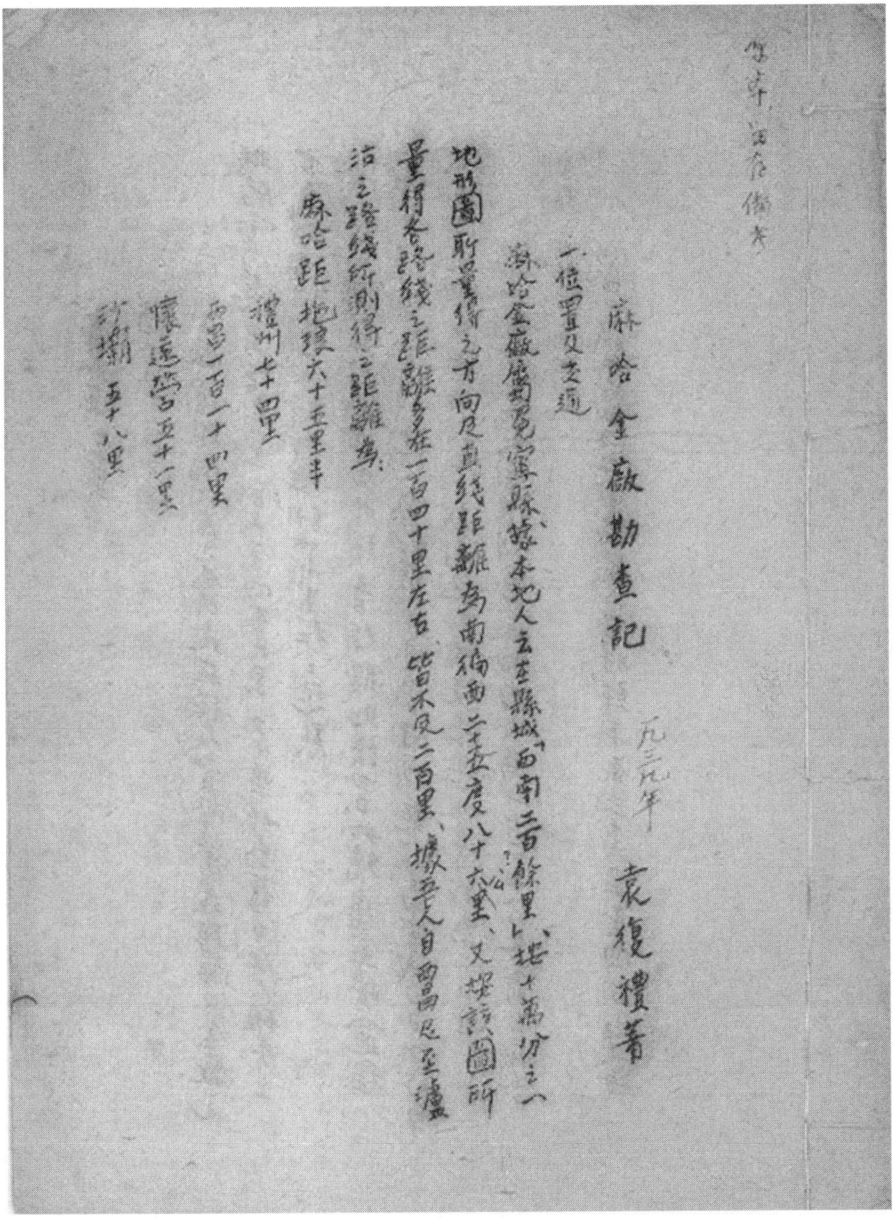

麻哈金厂勘查记 袁复礼 著

一、位置及交通

麻哈金厂属麻哈寨县，据本地人云在县城西南二百余里，拟十万分之一地形图断定其得之方向是直线距离为南偏西二十五度八十六里，又据该图所量得各路线之距离多在一百四十里左右，皆不及二百里，据其人自云所见至盐治之路线所测得之距离为

麻哈距 地球寺五十五里半

澧州卌里

西哨一百一十四里

懷远营五十八里

沙墈五十八里

1939年袁复礼先生《麻哈金矿勘查记》手稿

认识到地质文献的重要性；遇到好的露头就引导我们采集岩石、化石标本，观察地质现象、绘制路线地质图等。"父亲广博的知识和乐观的精神，使他们受益匪浅。师生平均每日步行30公里左右，全程1671公里，历时68天，于4月28日抵达昆明。

1938年4月2日，长沙临时大学更名为"国立西南联合大学"，租借大西门外昆华工校、昆华农校等为校舍，同时在大西门外建筑新校舍，5月4日开始上课。三校联合后，文、史、哲、法、商、理、工各科大师云集，师资力量雄厚，全校教授1939年有177人，1946年达283人。尽管图书、仪器设备等办学条件差，生活艰苦，但提出"刚毅坚卓"的校训，大家心系国难，励精办学，仍提倡通识教育，一年级不论何系，均需通过必修的基础课：国文、英文、高等数学等，对人文、社会、自然知识有广泛综合的了解，为以后的学习打好基础，方能进入各系深入学习专门学科。全校共设5个学院，26个系，此外还设1个先修班（为各地高中毕业生程度不同而设，复习高中课程一年，成绩优秀者免试升入本科一年级）。各系均规定有必修和选修课程，四年修满30门左右课程及132学分才能毕业。

地质地理气象系有孙云铸、王烈、袁复礼、冯景兰、张席褆、米士（德国人）、张印堂、谭锡畴、洪绂、鲍觉民、李宪之、赵九章教授12人，以及新聘的副教授、讲师、助教多人，师资力量雄厚，各组开出的专业必修课都有15门，专业选修课近20门，按各教师的专长分工讲课，每位教师都指导野外实习和毕业论文。由于云南省的各时代地层齐全，矿产丰富，复杂而优良的自然地理条件为实习提供了广阔天地，弥补了室内仪器图书资料的不足。在完成教学任务的同时，还通过各种途径承揽地质勘查和找矿的任务，支援抗战和大西南经济建设，也让学生增长了实践本领。

1938年9月至次年8月，父亲利用休假一年之便，接受资源委员会翁文灏的任务，带苏良赫、任泽雨等到西康进行地质调查，写出盐源、冕宁、会理等四处金矿勘查记，上报资源委员会，并提出加强管理的意见，以增加政府的财政收入。

西南联大叙永分校

1940年7月,日寇攻占越南,昆明局势紧张,校常委会议决定成立叙永分校,全体一年级及先修班学生以及教职员计700多人迁至川南小城叙永,由文学院杨振声教授任分校主任,龚瑞祥、吴晗、李广田、孙承谔、郑华炽、袁复礼、李继侗、赵淞、吴之椿等知名教授60人,时间长短不同地在此任教。地质地理气象系由我父亲袁复礼与助教苏良赫开设重要的基础课"普通地质学",父亲还担任理学院一年级学生选修课的学分签审工作。1940年深秋,我们全家随父亲从昆明到达叙永。

叙永是安宁河谷中的一个小山城,被从南向北流的河水一分为二,由"上桥"和"下桥"连接在一起。师生教学、住宿分散在九宫十八庙宇祠堂中,有的庙宇年久失修,四壁透风。全县没有电灯,条件比昆明更为艰苦,但师生满怀抗日必胜的信心,克服困难。普通地质学上课学生近百人,除本系的涂光炽、许冀闽、王亦娴、张敬凤、罗济欧、祝宗权、竹淑贞、杨义、张咸恭、吴达文、程鸣岗、王忠诗、吴韬光、黄雄畏、梁景智、张家环、陈鑫、李修能等19名学生必修外,其余的均是其他各院系选修地质学的学生。

苏良赫老师回忆:"叙永分校时期,教科书奇缺,讲课全凭教师口授,学生记笔记。指定的参考书是英文的,一年级学生初看起来比较吃力,希渊[①]师鼓励学生要下功夫克服困难,坚持下去,逐步提高阅读速度。并要学生把参考书与听课记录结合起来,整理成学习笔记,还常常抽阅学生的笔记本,错漏之处予以修改,以便学生互相参考。"

地球化学家涂光炽回忆:"袁老师讲课涉及面很广,除讲授规定的普通地质学内容以外,增添了很多额外的知识,常画龙点睛或细水长流地谈到考古、古生物地层、构造地质、地貌、岩石、自然地理等,其中部分内容讲得相当细、相当深。这当然和袁老师知识面广有关。"他深情地回忆:"我从袁老师讲授

---

① 袁复礼,字希渊。

的普通地质课逐渐体会到地质学与一些其他学科的内在有机联系。应当说，袁老师是一专多能的典范。""袁老师授课经常结合自己的野外调研实践，这不仅使相对枯燥的普通地质课内容趣味化，而且使学生逐步认识到学用结合的重要，授课中袁老师常提到20世纪20—30年代中国—瑞典联合考察团在我国西北调查、探险、采掘化石，特别是采掘庞大爬行动物化石的事迹，讲野外工作的生动场面和艰苦生活。袁老师提醒学生，当时中国存在着广大的地质空白地区，应当努力消灭它们。同学们在听故事中受到了深刻的教育。"

苏良赫老师回忆："我的任务是担任建立地质实验室，从一无所有凭空添置起来，和希渊师商议从中药铺购买矿物药材，用作地质实习标本。请同学帮忙绘制各种图表，以备实习使用，总之，想尽方法使地质学室内实习开出来。""叙永的地质情况大致是：县城以北尽属白垩纪的红层，县城以南渐入较老地层，以灰岩为主。我们时常带领学生出野外作实地考察，去安宁河东岸的红崖山。在红崖山顶，俯看脚下各种砂岩、页岩的岩性和产状，远望四周的地形和地貌，这些讲解使初学地质学的同学们感到耳目一新，提高了学习兴趣。多次多处实习教学生们采集岩石矿物标本、画素描图、作剖面图。休息的时候，学生们列坐在他的身边，听他讲爬山的技巧，观察的要点和记录的方法。""我在希渊师指导下也从事些科研活动，在城郊作简略之地质及地理的观察，并自测万分之一地形地质图一幅；在城南十几里外的两河口之石灰岩洞中，找到了'叙永石'（原经济部的郁国城君最早报道了这个矿物，并取名叙永石，50年代岩矿石定名委员会确定学名'多水高岭石'，系halloysite的译名）。我还于晚饭后散步，日久步测了叙永县全图。"

西南联大1940级因迁至叙永，耽误了不少时间，致使叙永分校1941年元旦之后才开学。为了完成全年教学任务，师生们一连上了7个月的课，有时连星期日也不休息。学校只在4月中旬放了4天假，权作两个学期的衔接。1941年8月中旬，叙永分校一年级迁回昆明，10月先修班也回迁昆明。短短一年却给学生留下终生难忘的记忆，以至数十年后化学系的关英、郑用熙夫妇联络地学系的许冀闽、王亦娴、杨义、张家环等6人，1994年联名发起"西南联大希望小

学"捐款活动,先后有校友1573人积极响应,共捐建了10所,其中在叙永县境内就有两所,于1999年建成。

开拓进取的地质地理气象系——教学特色及科考活动

据《清华时间简史:地学系》(李珍等编著,清华大学出版社,2019)一书的翔实内容,结合《桃李满天下》中老学生的纪念文章,在此文做一概括介绍。前已述,地学系各组均开设30多门专业必修及选修课程,并注重加强野外现场教学实习。

地质组二年级每门课程实习几至十几天,足迹遍及滇池西山、嵩明、富民、昆阳、宜良等地;三年级实习时间较长,围绕滇池或抚仙湖进行路线观察,系统研究地层、构造、岩石,绘制路线地质图,进行全面训练,为以后独立工作和收集资料打下基础;毕业论文是必修课目,自三年级暑假至四年级开学后三个月,同级学生二三人一组,分赴指定地点系统研究岩石、采集化石以确定地层年代程序,分析构造,弄清矿产类型及埋藏情况,进行地质测量及填图,并采集岩石标本带回作室内鉴定与化学分析;四年级边上课边整理资料分析研究,撰写论文,最后由孙云铸主任组织教授带领大批学生去论文地点验收成果,现场教学。

地理组二年级注重自然地理与人文地理调查,二、三年级实习为经济地理,四年级做专题调查研究,撰写毕业论文,各年级实习返校后都必须写出实习报告,并要求附有图或表,当时助教和学生所写论文中质量较高者就发表在《地学集刊》杂志上,在培养人才的同时,推动了环滇池区域土地利用及地方经济的发展。

气象组起步艰难,除理论教学外,二、三年级只能用土办法观测云层天象及测风向风速,四年级到昆明五华山气象台实习三周,严格按值班员要求从事气象观测,作月报表及逐月气象统计;但到1939年秋,与清华航空研究所合办气象台起,已能供二、三年级进行正规地面观测;1940年又研制出精密水银气压计，制造了60台，供各省气象台作高空和地面观测之用，深得同行好评；1941年9月-1942年7月，美国航空志愿队（飞虎队）驻昆明期间，气象系持续向他们提供气象记录，博得陈纳德将军赞扬，当美国空军离昆明时，回赠了气象仪器一部、北半球天气图全套（缺数年）及气象图书多种，气象组教学条件大为改善，其后数年对我国西南气象特征的理论研究论文达20多篇。

地学系教授不仅教学上严格要求，不忘大后方经济建设，而且十分关心学生的生活及毕业后的出路。1941年秋自叙永返回昆明，1942年父亲就协助系主任孙云铸与云南省建设厅合作正式成立了"云南地质调查所"，组织全体教师带学生承担调查任务，赚取经费补助学生，并安排毕业生就业。

9年中地质组对探明云南的地层、构造及矿产做出重大贡献。例如孙云铸从1939年开始就组成滇缅公路地质调查团，1943-1944年又担任大理5县地质调查队队长，写有《中国古生代地层之划分》等系列论文，还与张席褆共同完成《滇西寒武纪之发现》。张印堂教授在1939年8月-1940年3月，带领邹新垓等四位学生完成了《中国西南边区经济地理调查》，包括西康全部、云南西部及西藏东南部的农林牧分布现状、商品及运输方式及其改进、工业分布及改进、各部族的生活及改善等；1940年秋完成《滇缅铁路沿线经济地理调查报告》；1942-1943年完成《中英滇缅北段未定界江心坡地理考察》，对江心坡的地理景观、居民、各民族特征及相互关系，江心坡在过去、现在与未来对中缅关系的影响，对我国西南国防建设的重要性都作出了前瞻性研究。

袁复礼参与了个旧锡矿、东川铜矿、易门铁矿、富源锑矿和一平浪煤矿等矿山的地质考察和指导工作，其中1943年春在滇越铁路拉黑里站附近发现锌矿两处，写有《云南横格横路锌矿》，估计矿量400余万吨，含纯锌80余万吨；1944年，写有《云南武定罗次二县的铁矿》的勘察报告交云南省建设厅及云南钢铁厂。冯景兰1939年获假一年，对古来著名产铜的川西康东一带调查，对荥经铜矿、宝兴、天全、芦山、雅洪、峨眉等地质矿产写有简报及总报，积累了11幅路线地质图、五千分之一或一万分之一地质图6幅、剖面图20余幅、标本50多箱，据此丰富资料于1942年完成《川康滇铜矿纪要》专著，获教育部学术奖；此后又对三省多处矿产进行调查，写有多篇论文。张席禔1940年获假一年，对滇东黔西大致沿滇黔公路、川黔公路之南段做详细调查，以解决地层、构造及古生物各方面的问题，写有《云贵三叠纪地层之比较和分层研究》等多篇论文。

到1946年，地质地理气象系的教授增加到15人，副教授、讲师6人，以上事例挂一漏万地代表了他们在异常艰苦的条件下，服务社会支援抗战的事迹。

他们将理论与实践相结合培养优秀人才，师生间也结下深厚的情谊，这种情谊贯穿了父亲的终生。九年中该系毕业生累计166人（其中留校当助教25人），日后都成为各建设部门、院、校、所的领军人物和骨干，其中21人被选为中国科学院院士。

1946年7月31日，西南联大正式宣告结束，三校分别复员平津。

复员后父亲回到清华大学，任地学系主任，除本科生外，加收研究生。新中国成立后，地质教育迎来快速发展时期，除每年招新生20多人外，1950年燃料工业部请清华、北大紧急培养200名地质人才，这使得父亲异常兴奋，他和清华同仁们努力创造条件，于1950年春加收二年级学生30人，夏又收一年级学生40人，学制两年，分别于1952年和1953年毕业。1952年全国院系大调整后，北京地质学院成立，依照苏联模式细分专业，设地质找矿与勘探、水文工程、煤田、石油、钻探、地球物理等系，开始大量招生，1952年收新生1200名。父亲不再担任院系行政工作，他得以专心致力于新学科"第四纪地质学与地貌学"的建设，坚持一线教学、编写讲义和教材，培养青年教师、进修教师和研究生，并任地质学科教材编审委员会委员。

60余载的教学和科研，父亲为国家培养了几代地质学家。每年新年和春节，都有许多老学生（包括西南联大的地学系学生）来家探望，后继有人使他倍感欣慰。

2025年3月19日于新西兰

终生难忘的西南联大

孙捷先[①]

1938年,我的父亲孙承谔和母亲黄淑清一起奔赴西南联大,在云南昆明结了婚,次年我在昆明出生。父亲在西南联大化学系执教,母亲后来应聘到西南联大附小当老师。5岁时,我成了西南联大附小的学生。我们与西南联大的缘分真是不浅。

孙承谔(1938年)

黄淑清(1938年)

[①] 孙捷先:孙承谔先生长子,首都钢铁公司教授,已退休。

1940年7月,日军攻占越南,云南也变成了前线。昆明频遭日军飞机狂轰滥炸。依照教育部指示,西南联大决定在四川叙永县建立分校,该年录取的联大新生和先修班学生,全部迁往分校上课。父亲被学校派往叙永分校筹备教学,母亲毫不犹豫地决定带着10个多月大的我随父亲一起踏上了这段艰难的旅程。

到达叙永后,分校只有一些庙宇和祠堂,没有家属宿舍。看到离开学还早,母亲便带我去往重庆三姨家暂住。1941年初才回叙永,住旅馆。8月中旬,西南联大校务会议根据当前形势决定撤销叙永分校。母亲因怀孕,带我到四川五通桥三舅处待产,父亲先回了昆明。1942年11月弟弟出生。1943年我们才回到昆明。我对叙永的那段生活没留下任何记忆,对五通桥还有些印象,此外脑海里只有川滇之行的一些惊险片段。例如在高山峡谷之间,汽车在狭窄、崎岖的山路上盘旋,惊险万分,车上人不时发出惊叫。还有一次乘船,父亲抱我踩踏板上岸时,失足落水。他双手把我高高举出水面,我看到母亲在惊呼,船夫拿着长竿在抢救。

1943年孙捷先(中)与母亲和弟弟在四川五通桥犍为焦油厂

回到昆明后，我们在五姨云南大学晚翠园的家暂住，后搬到昆明西北郊的黄土坡。母亲受聘成为西南联大附小的体育教师。父亲在西南联大教授"普通化学""物理化学"等课程，尽管缺乏实验设备和文献资料，还是坚持做了一系列科学研究。1935年到1940年，他先后与助教和学生一起在《中国化学会会志》发表了17篇论文。父亲除了西南联大外，还在云南大学和中法大学兼过课，在繁忙的教学之余，为了中、美两国军队间的沟通，他还兼职在昆明译员训练班教英文，在美军供应服务处教美国军人中文，想为打败日本侵略者多做贡献。学生对他的教学也赞誉有加。1984年父亲去美国访问时，诺贝尔奖获得者杨振宁还清楚地记得当年听课的情景，他对我父亲说："孙先生讲课，每次将3块黑板写满时，正好下课，我对此印象非常深刻。"西南联大《除夕副刊》主编的《联大八年》一书"教授介绍"一节里，有这样的描述："孙承谔先生北大理论化学教授。对同学非常和蔼。考试和讲课时一样的轻松。他教普通化学时，凡是小考及格者就可以参加大考，不太看重考试可知。但当他发现同学考试时有作弊的情形，就会给最严厉的处分。在天气晴和的时候，你常可以看见孙先生陪着太太带着小弟弟妹妹在郊野或是公园里闲散闲散。"这里说的"妹妹"恐怕是我的弟弟孙才先。那时的昆明，有陈纳德的飞虎队驻扎，日本鬼子的飞机不敢来犯。父母经常带我和弟弟到翠湖、圆通山等公园去玩。

我父亲孙承谔确实很和蔼、平易近人，但在教学和学术研究上则非常认真、严格。他于1911年出生在山东济宁，从清朝乾隆年起，济宁孙氏家族三代人中，多人科举高中，官居一品，任两江总督、体仁阁大学士、礼部、工部、刑部、户部、兵部尚书、内阁大学士、军机兼总理全国事务大臣等。我父亲孙承谔的祖父孙辑任顺天府尹，是京师重地24州县治安与政务的最高行政长官。辛亥革命后，他父亲孙曾荫也曾在山东省济南市政府任职。

1923年父亲去考清华学校。山东省只有两个名额，他以正考第一名的成绩被录取。正常情况下清华学校的学生要学习8年才能毕业，他由于成绩优秀，一下就跳了两级，插入中等科己巳级的三年级，只在校学习6年，于1929

年毕业,是清华学校最后一届毕业生。前一年清华学校已更名为国立清华大学。

1923年入学

1925年入学

1929年毕业

孙承谔在清华学堂

同年,18岁的父亲公费到美国威斯康星大学化学系留学。两年后拿到了学士学位。1933年,他22岁时获得了哲学博士学位。

大学毕业后,父亲被聘为普林斯顿大学研究助理,在该校福里克化学实验室从事化学动力学研究。普林斯顿大学里充满了浓郁的学术气氛,聚集了爱因斯坦等一批后来享誉世界或获得诺贝尔奖的数学家、物理学家、化学家。父亲常去旁听这些大师的讲课,对他的热力学、量子力学、统计力学、光谱学和数学功底的增强有很大帮助。他回忆在普林斯顿大学的经历时曾说:"下午茶的闲聊,引出了许多共同兴趣的跨学科自由组合研究,

1933年孙承谔在美国威斯康星州麦迪孙

诞生了种种崭新的交叉学科成果。"他和爱因斯坦还有过几次交谈，他们一起探讨了量子力学在化学方面的应用，这让父亲受益匪浅。听爱因斯坦拉小提琴更是他日后津津乐道的美好回忆。

福里克化学实验室（Frick Chem.Lab）在泰勒（Hugh Scott Taylor）教授领导下，有着6名物理化学家。父亲研究的化学动力学是专门探索化学反应速率和历程的科学。化学反应的速率当时已有很多实验结果，但怎样从理论上、微观上去解释、分析或预测，还是一个难题。只有一些半经验的、不够完善的理论求解。在这个实验室担任助理教授的亨利·艾林（Henry Eyring）曾是父亲在威斯康星大学时的老师，早他两年来到普林斯顿。艾林以量子力学对反应过程中能量变化的研究为依据，提出了过渡态理论，认为反应物分子并不只是通过简单碰撞直接形成产物，而是必须经过一个形成高能量活化络合物的过渡状态，且达到这个过渡状态需要一定的活化能，最后才转化成生成物。原则上讲，只要知道过渡态的结构，就可以运用光谱数据以及统计力学的方法，计算化学反应的动力学，如速率常数k等。父亲擅长使用手摇计算机计算，通过大量计算分析，他应用这个理论得出了3个氢原子体系$H_a+H_bH_c \rightarrow H_aH_b+H_c$反应的势能面图，首次证实了过渡态理论。1935年艾林、吉兴诺维奇和父亲共同发表了著名论文《均相原子反应的绝对速率》（*The Absolute Rate of Homogeneous Atomic Reactions* J.Chem.Phys.1935，3，786–796）将此理论公之于世。至今此文仍为各国化学动力学教材及专著所引用。1976年美国化学学会成立100周年时，此成果被列入化学学科百年重大成就中。《年度物理化学评论》期刊（Annual Review of Physical Chemistry）为百年庆所发行的纪念专刊里22篇评述文章的第一篇就包含了对此论文的评论，说它是："历史上第一个相当准确的计算，被现代的精确实验完全证实。"此化学反应的绝对速率理论或称过渡态理论使亨利·艾林于1966年获得美国国家科学奖，1980年获得沃尔夫化学奖。但为什么此成果没获得诺贝尔奖呢？诺贝尔奖官网上对此有个解释："诺贝尔的遗嘱规定，该奖应授予前一年所做的工作，但在管理委员会工作的章程中，这被解释为最近的成果，或者是最近才证明其重要性的过去的工作。……最近的一个例子是亨利·艾林，他在1935年发表的关于化学反应速率的杰出理论，显然直到很久以后才被诺贝尔委员会的成员所理解。作为补偿，瑞典皇家科学院在1977年授予了他除诺贝尔奖之外的最高荣誉——贝采里乌斯金质奖章。"不过还是有许多科学家对此存在疑问，他们认为艾林应该获得诺贝尔奖，但由于他的宗教信仰而没有被授予。艾林出生在墨西哥华雷斯的一个摩门教社区，祖孙三代都是摩门教徒。

1982年斯坦福大学化学工程系教授博达特（Michel Boudart）访问北大时曾说，他1946年到普林斯顿大学读博士，听泰勒教授讲到艾林和父亲的研究，但谈到后面的延续工作时突然停止。他便问："以后怎么样了呢？"泰勒教授遗憾地回答："熟悉计算器的孙博士回中国了。他在中国继续研究，不然，我们还会有更多的成果。"

父亲在普林斯顿大学的良好学术环境里，充分发挥了他的聪明才智，取得了出色的成绩，如果继续下去会有更好前景。但当时日本侵略者已经霸占了东三省，正在步步紧逼，企图进占华北。满腔爱国热情的他再也不能安心在被称为"象牙之塔"的普林斯顿做研究了。1935年，父亲满怀科学救国的雄心壮志回到了祖国，应聘在北京大学任教，时年24岁，成为当时北大最年轻的教授。

父亲在北大的教学深受学生欢迎，他的学生顾德麟曾回忆说："孙教授年龄与班中大多数学生相近，但他平易近人，丝毫没有教授架子，平等对待每一个人。他讲课条理清楚，准确认真。物理化学是较难的一门，孙教授善于化繁为简，转难为易，以引起学生兴趣，取得很好效果。他指导的论文选题精当，对学生循循善诱，亲身帮助，能出好成果。……孙教授具备的满腔热情、孜孜不倦的从事教育精神，堪称楷模。"

父亲十分惜才，对学生非常爱护。他的学生孔令晟1935年考入北京大学，父亲一年级教他普通化学，二年级教他物理化学，三年级被指定为他的论文指导教授。除了父亲，钱思亮是学校为孔令晟指定的导师。孔令晟一、二年级都获得了全校唯一的最高奖学金——杨莲府奖学金。七七事变后，孔令晟在长沙临时大学向钱思亮先生提出退学从军的申请。钱思亮和父亲约他在足球场上谈了三个晚上，劝他继续完成学业，好送他出国留学。说这样将来对国家的贡献比现在从军要大得多。但他执意要参军，参加了胡宗南在长沙开设的军官训练班。不久后一天傍晚，他从野外演习回来，惊奇地看到父亲站在军营门房等他，并说："等了你一个下午，只是希望你再做最后一次慎重考虑，是否跟我一块回学校去？"这事使孔令晟终生难忘，年近90岁时，他谈及当时父亲离开的情景，还说："望着他逐渐消失的背影，师恩浩荡的感受，透入我心深处，不禁潸然泪下。"

1938年，抗日形势恶化，长沙临时大学开始搬往云南昆明，父亲和母亲黄淑清就一起从长沙向昆明奔去。他们相识并相恋于北平，是黄淑清的四姐黄淑慎和姐夫萨本栋介绍他们相识的。黄家祖籍湖南沅陵，辛亥革命后，黄淑清的父亲黄振中在北京京师警察厅任内城左二区警察署署长。1915年黄淑清出生于北京，正赶上袁世凯称帝、张勋复辟等事件引起的社会动乱，她父亲长期忙于维持社会秩序，积劳成疾，不幸于1917年病逝。那时黄淑清才两岁，她有3个哥哥、5个姐姐和1个妹妹。他们的母亲含辛茹苦、不畏艰辛，要将这些子女培养成才。黄淑清上学后，不但学习成绩好，还酷爱体育运动。在北京女一中上初中时，就在北京市中小学联合运动会上夺得女生初级50米短跑第一名。1928年初中毕业时，13岁的她考上中法大学补习班。1931年开始了4年大学本科学习。1935年6月黄淑清从中法大学经济系毕业，是该系那届毕业生中的唯一一名女生。在中法大学期间，她爱上了打网球，不但是校队队员，还被选入北平市代表队。先后参加了第16、17、18届华北运动会、第5届全国运动会，还参加了第10届远东运动会预选赛。在这些比赛中，她和在北大读书的五姐黄淑懿一起获得了很好成绩，为北平市争了光。她们姐妹俩均被列入《全国女运动员名将录》。

从中法大学毕业后，因华北时局紧张，在北平经济界不易找工作，她就到河北正定师范学校当了体育教员兼音乐教员，走上了教育救国之路。一年后，日寇入侵逼近，北京大学风传要迁往长沙。黄淑清决定先回老家湖南，在常德

1933年7月黄淑清（右）与五姐黄淑懿（左）在青岛举行的第17届华北运动会上夺得女网冠军

1933年黄淑懿（左）、黄淑清在南京
第5届全国运动会上

1934年黄淑懿（右）、黄淑清获第18届
华北运动会（天津）女网冠军

附近的桃源女中任教。等到我父亲来到长沙后，他们便一起奔赴昆明。这就是她大学学经济学，在西南联大附小却当上了体育教员的缘故。她想让学生增强体质，为抗日救国打好基础。

1944年我刚满5岁，就在联大附小上了一年级。学校在昆明市北环城马路旁，在西南联大北校区的西墙外。那里原来是浙江享堂，即昆明的浙江人棺木入土前暂时停放的地方，有一个小四合院。院里就成了老师办公和高年级上课的地方。我们一、二年级的教室在紧挨着西南联大西墙的两间土坯房里。四合院北有一个黄土垫地的小操场。它北面有一排高大的树，其中间利用树干做成了滑梯和单杠。西北角，还有个可以荡得很高的秋千。操场北面是一大片坟地，有着大大小小、不计其数的坟墓，长满野草。这也是我们撒欢的场所，常在那里玩"官兵捉贼"和捉迷藏。学校的物质条件虽然很差，但老师们都很优秀，循循善诱，和蔼可亲，使我们都养成了爱学习，团结友爱的好习惯。我对学"人、口、手"，加减法等都很有兴趣。虽然在班上我年龄最小，体力没有优势，可听课、读书、做作业对我来说没有任何困难。我们的校歌歌词是："在这里四季如春，在这里有爱没有恨，我们要活泼有精神，守秩序，相敬相爱，我们读书要认真，知识要够，头脑要清新，能独立判断，能俭能勤，发愤努力，好好地做个人。"沐浴在这样的氛围中，我们快乐而健康地成长。

在学校经常可以看到妈妈在给同学们上体育课，还训练五、六年级的童子军。她教他们打绳结、露营等，我也学会了用军绳打平结和葡萄结。这些高班同学穿着童子军军服，整齐地列队操练，每人手持军棍，腰系军绳，就像马上要上前线打日本一样，好令人羡慕。

妈妈从小就锻炼我独立生活的能力，用自行车带我上学一段时间后，就让我和几个大同学一起步行上下学。我家所在的黄土坡位于昆明西北郊，上学要沿滇缅公路走两公里多到昆明大西门，然后再顺昆明北城墙外的环城马路走到学校，全程约3公里。滇缅公路两边都是野地或农田，东北侧还有小山，天天走这条路，身体越来越棒。终于迎来了日本投降。原以为天下太平了，谁料1945年10月3日早上，我和几个小朋友一起去上学，没走多远，突然听见子弹从头顶呼啸而过。我向东北方望去，好像看见有士兵趴在小山上射击，便大叫："有人开枪，快跑！"孩子们掉头拼命往家跑。后来听说是杜聿明和龙云在打仗。蒋介石早就不满意"云南王"龙云同情和庇护昆明的大学师生从事抗日民主运动，乘着滇军主力调去越南的机会，命令当时的昆明城防司令杜聿明占领军事要地，包围龙云住宅，逼他交出了军政大权。

1945年12月1日，我们正在上课，忽听得西南联大方向传来嘈杂的噼里啪啦的声响，还有阵阵口号声，老师立刻让我们放学回家。我爬到滑梯顶上一看，联大校门上方，石头、砖瓦、椅子腿等漫天飞舞，大概是学生们正在大门后与门外前来镇压的军警、特务对峙。后来才知那就是"一二·一惨案"，有4名学生被军警的手榴弹炸死，60多人受伤。1945年国共两党签订了"双十协定"，但国民党背弃协定，向各解放区发动进攻。昆明的西南联大、中法大学等校师生在全国最先行动起来，投入反内战、争民主的运动，却遭到如此残酷镇压。这两次听到的枪声、爆炸声都让我十分震惊。

1946年夏，西南联大宣布结束，我们回北平去了。但西南联大的校训"刚毅坚卓"仍在激励我们要无私无畏、坚忍不拔、追求真理、刻苦自励、勤奋学习、谦恭和蔼、待人以诚。西南联大爱国、奋斗、自由、团结的精神也永远鼓舞着我们。

父亲回到北京大学后，1947年赴美研学，在明尼苏达大学从事光谱理论研究。次年，国内平津战役打响，北平解放指日可待，他决定动身赶回北平。临走前，他到盐湖城拜访了在犹他大学担任研究院院长的老友艾林。美国朋友们都挽留他在美国继续工作，他谢绝了。归国到上海时，他又遇到钱思亮等正要去往台湾的朋友，他们劝他跟他们走，但父亲却坚定地要回北平。1949年1月11日，北平和平解放的20天前，他乘坐一架几乎没有乘客的飞机降落到北平南苑机场，赶回来和我们一起迎接新中国的诞生。

1951年父亲担任了北大理学院院长兼化学系主任。系主任的工作一直干了15年，"文化大革命"初期才被当成"走资派"打倒。他秉承西南联大的传统，团结全系教职员工，尊重学术自由，尊敬老教师、爱护年轻教师，见荣誉

1945年在昆明的全家福

就让，遇困难就上。为了做好系里的行政工作，他放弃了许多自己想做的科研项目，而为别人开展教学、科研搭桥铺路，解决矛盾，创造条件。他关心系里的教职员工，为他们排忧解难。当我们还住在中老胡同时，后来双双成为院士的徐光宪、高小霞夫妇从美国归来，一时没有住处，他就请他们暂住我们家。高小霞后来在回忆回国后找住房一事时写道："住在中老胡同32号院内4号的孙承谔先生也腾出了他家一大间屋子，终于让我们住了进去。至今我们还深深感谢孙先生和他夫人黄淑清先生，怀念他们伉俪乐于助人的高风亮节。"院系调整后，北大搬到原燕京大学的燕园，我们住进了燕东园37号小楼，但只住了一年，为解决新来教授住房问题，父亲带头让出了我家小楼，搬进了新建的面积很小且没有厨房的中关园一公寓，并在这住房面积仅46平方米的家中一直居住到1991年他离开人世。在这37年里，多次有新建家属楼落成，他都放弃了换房升级，把机会留给别人。为提高某些教师的待遇和改善工作环境，为聘请傅鹰等知名教授来北大，他四处奔走、呼吁。在担负繁重的行政与教学工作的同时，他一直坚持着科学研究，指导青年教师和学生进行了多个项目研究。在国内外主要学术期刊上，先后发表论文50余篇，有些研究成果引起了当时化学界的高度重视。

"文化大革命"开始时，我正在黑龙江富拉尔基的第一重机厂带学生做毕业设计。听说北京大学发生了所谓"六一八事件"，40余名所谓"黑帮分子"被学生揪斗。一些老教授、学术权威、系主任受尽折磨，批斗后又在校园里游街。我很为身为系主任的父亲担忧。从东北回太原路过北京时，我就赶紧回家。看到父亲并没被揪斗，也没被抄家，这才放下心来。我跑到大饭厅附近的大字报区，转来转去，看了很久，没找到几张批判我父亲的大字报，偶有发现，内容也无关痛痒。这可能与他深得大家敬爱、公正廉洁、无懈可击有关。后来，父亲被送进"学习班"一阵子。北大军、工宣队进驻后，在"清理阶级队伍"时，又派人到我家办起"学习班"，硬要他承认自己是国民党员，并说他解放前夕从美国回来，是被国民党派来的特务。父亲对这种颠倒黑白的谎言，坚决否认。

1969年10月，父亲要被下放到江西鲤鱼洲农场劳动，那时他已经58岁，母亲不放心他，就随同一起去。后来他们又转到江西德安化肥厂建厂劳动。1971年12月我曾经去看望过他们。他们住在一间库房样的房间，也就二十几平方米，用床单隔成几个半截的隔断，住着好几家人。我们家的"领地"只够放下两张窄小的单人床，我去了就睡在中间下脚的地方，无任何家具，所有东西都放在地上。早上天刚蒙蒙亮，起床号响起。他们迅速集合列队，念诵几句毛主席语录，就去吃早饭，上工。他们在建筑工地上挖土、和泥、搬砖、挑砖、担水、抹墙缝。这些中、老年教授、讲师都在尽力苦干，哈着腰，驼着背，流着汗，喘着气，颤颤巍巍。我父亲曾在沿斜板挑砖上二层脚手架时，失足跌下，幸亏中间有出头的横木杆拦挡，他是"三级跳"摔下来的，而且是臀部先着地，才没有骨折，但皮外伤、肌肉拉伤和挫伤很重，四肢和背部多处青紫。母亲也有一次挑水时晕倒在井边，险些掉入井中。大家都说他们福大命大，大难不死。这些事他们以前没写信告诉我，到那里后才听说。每天晚上他们还要在军、工宣队主持下念报纸，学语录，"斗私批修"。因为去过鲤鱼洲，他们肠道内都有血吸虫。伙食很差，缺肉少油，还不允许到县城买鸡蛋、奶粉、糕点、糖果等有营养和能量的食品，劳动又艰苦，所以那时他们都又黑又瘦。

母亲在这里与父亲同甘共苦，相互勉励，生活上彼此照顾，精神上相互支持，他们坚信只要坚韧不拔，必定前途光明，终于熬过这艰难的两年，平安回到北京。

"文革"后期，没人管他了，无事一身轻，他就跟上班一样，抓紧时间，每天去空荡荡的图书馆查阅资料，开展科学研究。

打倒"四人帮"，"拨乱反正"之后，1980年父亲与来访北大的、享誉世界的著名化学家艾林久别重逢，一时传为佳话。那时，艾林已79岁高龄。他来中国的主要目的就是想看望45年前与他共同发表论文的老朋友。1948年在盐湖城匆匆一别，留下了长达32年的牵挂与思念。但不幸的是，艾林于次年12月26日与世长辞。

1978年到1985年，父亲先后应邀到厦门大学、华侨大学、河南师范大学、西北大学、四川大学、云南大学、桂林师范大学、西安师范大学、太原工业大学、山西大学、杭州大学、曲阜师范大学、山东大学、济南大学、延边大学、吉林大学、南京大学、武汉大学、河南大学和大连化学所、上海化学会等去讲学，介绍他在"文革"时期坚持进行科学研究所了解的世界物理化学理论的最新发展动态。从北到南，从东到西，所到之处听讲的人摩肩接踵，场场爆满。他对重回昆明，到云南大学讲学感触尤深，拜访了老朋友，回忆起当年在西南联大的日子，感慨万千。为了尽快挽回十年浩劫的损失，和世界先进科学接轨，1984年他自费去美国联络老友，动员留美人才回国。

父亲在教育岗位待了50多年，桃李满天下，为培养人才奉献了自己的一生。1991年他因病去世，享年80岁。遵照他的遗嘱，一切从简，不举行追悼会和遗体告别。但当我们从北大校医院抬出他的遗体送往火葬场时，意外发现，

1980年2月亨利·艾林教授在北京大学与孙承谔重逢

很多人自发赶来为他送行，夹道而立。白发苍苍的老教授、认识或不熟悉的讲师、助教、试验员、职工，还有许许多多青年学生在早春寒冷的北风中，默默地向他告别，为他的离去伤心不已。泪水模糊了我的双眼，走过这长长的夹道时只能隐隐约约地看到两边一张张悲切的面孔和一双双泪水润湿的眼睛。

  在西南联大的8年无疑是父亲一生中最难忘记的时期之一。在艰难困苦的条件下坚持抗日救国，在民主团结、尊师爱生的氛围里培养英才，西南联大的精神激励他披荆斩棘，勇往直前，克己奉公，奋斗终生。

2025年3月19日于北京

追念五位在西南联大工作或学习过的长辈
——从联大叙永分校说起

朱庆之[①]

2024年11月，在四川自驾游的我和太太与正在青城山脚下的街子古镇康养的大哥和大嫂一起，专程到位于四川盆地南缘，云贵高原北端，地处川、滇、黔接合部的叙永县城拜访全国重点文物保护单位春秋祠。这座由"几个陕西籍的盐商集资建造、规模相当大，檐牙高啄，雕梁画栋，建筑极为讲究"，至今保存完好的建筑，在八十多年前，曾被西南联大叙永分校借用作宿舍。据外文系学生周明道回忆："大殿前面有戏台，左右厢房都是木造二层的。楼下好像由文学院和师范学院的同学住，法商学院的住楼上，理学院的住大殿，助教住后进。"[②]

1940年，日寇攻占越南，妄图从此进攻云南。根据国民政府教育部"作万一之准备"的指令，西南联大选址川南的叙永，建立了分校。并决定该年度的联大新生和先修班学生，全部在叙永分校报到上课。由于局势的缓和，1941年叙永分校迁回昆明。

尽管叙永分校的存在仅一年时间，但在西南联大的短暂历史中占有重要的地位，也在我们家族的历史中占有重要的地位。因为我们与西南联大有关的五位亲人中，有四位在此工作或学习过。他们是母亲刘忻年、大舅刘晋年、十

---

① 朱庆之：刘忻年先生三子，北京大学中文系教授、香港教育大学中国语言讲座教授，已退休。
② 周明道：《令人难忘的叙永生活》，载李权之主编《北大老照片》，中国对外经济贸易出版社，1998年，第94—100页。

姨刘森年和姨父陈荫枋。

刘氏五兄妹刘晋年（中间）、刘䜣年（右下）、刘昌年（右上）、刘华年（左上）、刘康年（左下）

先说大舅刘晋年（1904—1968，字伯蕃）。这位1924年南开大学算学系的第一位毕业生，于1925年考取庚款留美，1930年在哈佛大学数学系获得博士学位后回到母校南开大学任算学系教授。1937年三校南迁成立国立西南联合大学，大舅续任联大理学院算学系教授。1940年中，叙永分校成立，他奉派到分校任教。据学生张闻博回忆，比起昆明，叙永的条件更加不好，"没有发电厂，晚上大家都靠油灯或蜡烛看书、做作业；伙食当然也不会好，一般都是清水煮白菜、清水熬豆芽，没有什么油水，只有等到月底结账有节余时，才会吃上猪肉，打打牙祭。条件虽然简陋，生活尽管艰苦，但师生们都很勤奋、认真。老师忠于职守，严格要求学生，对学生的提问百答不厌，细心诱导。如霍秉权、郑华炽、陈嘉、赵淞、刘晋年、王佐良、黄茂光等老师都是如此"[①]。

---

① 张闻博：《在西南联大叙永分校时的生活杂记》，载《西南联大在叙永》，叙永县文史资料选辑第十三辑，政协叙永县委员会文史资料委员会编，1990年。

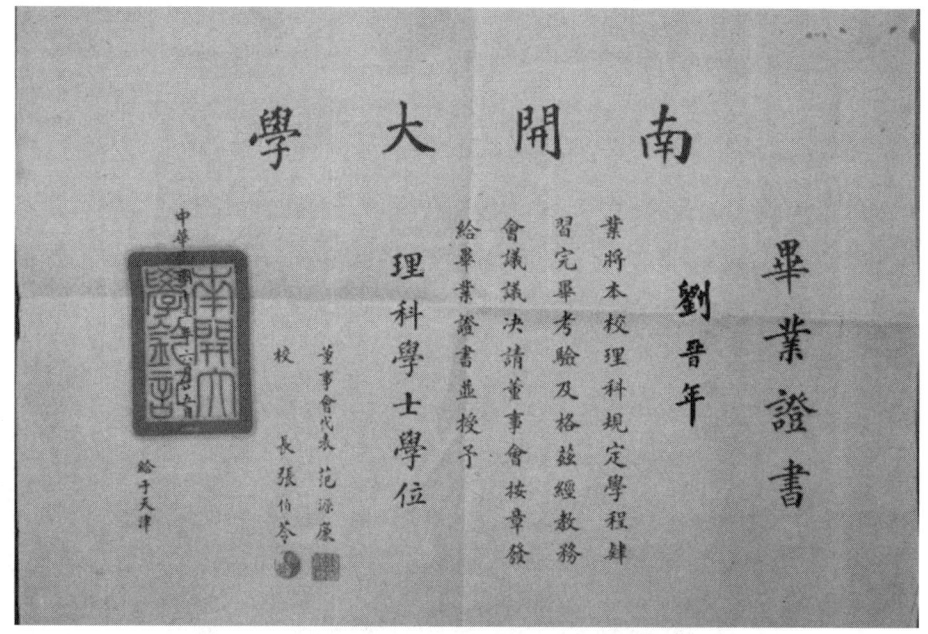

刘晋年南开大学毕业证书（1924年6月）

当时与大舅一起到叙永的，还有他的两位妹妹，一位是大妹，也就是我们的母亲刘䜣年；另一位是小妹，我们的十姨刘森年。还有后来成为十姨父的陈荫枋。

母亲刘䜣年（1915—2005），1932年从南开女中考入南开算学系，1936年毕业后留校做助教。1938年被联大理学院算学系聘为助教。分校成立时，她也来到叙永工作。有文献记载："叙永分校的物质条件比昆明更差。教室是勉强凑合使用，课桌椅不全。教学用书与必要的参考书也只有极少的一些，留在图书馆里供学生借阅。学生上课时认真记笔记。实验课每周一次，由助教指导进行，要求依然严格。指导实验、实习和批改作业的助教，物理学系是薛琴访、梅镇岳、金先杰，化学系是唐敖庆、刘钧，生物学系是黄渐、曹宗巽，地质地理气象学系是苏良赫，算学系是刘忻（䜣）年、虞介藩。他们都很认真负责。"[1]

---

[1] 北京校友会编《国立西南联合大学校史——一九三七年至一九四六年的北大、清华和南开》，北京大学出版社，1996年，第64页。

至于十姨刘淼年（1918—2009）和姨夫陈荫枋（1919—2005）在叙永，是因为他们两人都是1940年度联大法商学院经济系的新生，按规定要到叙永报到上课。

大舅从联大成立之初到三校复员，一直在联大理学院算学系从事教学工作。同事中除有他的老师姜立夫之外，还有来自北大的江泽涵、申又枨、程毓淮、许宝騄，来自清华的杨武之、赵访熊、陈省身、华罗庚等知名教授。大舅承担的课程既有为本系学生开设的必修课，如微积分、高等代数、复变函数、近世代数和微分方程式论，又有选修课，如无穷级数、积分论、理想数理论和理论力学，以及讨论班，讲过形式几何和群论，还有供文学院和法商学院一年级学生选修的高等算学。

刘晋年（右）与江泽涵（1929年2月，美国哈佛大学）

算学系教授江泽涵、申又枨、刘晋年（1941年，昆明）

因为资料有限，我们过去一直对大舅在西南联大的生活情况知之甚少。最近这一情况略有改善，原因是《郑天挺西南联大日记》的面世。作者郑天挺先生原是北京大学历史学教授，1940年起任联大总务长，实际负责联大的日常运作，一直到1946年三校复员。郑先生有写日记的习惯。此次由中华书局刊布的《郑天挺西南联大日记》从1938年1月1日起，到1946年7月14日止（中间偶有缺失），时间涵盖西南联大从建立到复员的全过程。日记的内容包括每天工作与个人起居交往，尤其是他担任总务长之后所面对和处理的各种事务，如何在三校之间周旋协调，保持运作的顺畅，是西南联大的历史研究不可多得的珍贵资料。在郑先生的日记中，提到大舅之名处近百次（最早见于1939年11月13日），涉及的内容包括两人单独或与其他同事一起交谈、出行、购物、聚餐、娱乐等活动。这些记录除了反映出两人融洽的个人关系，更从一个侧面透露出大舅的日常生活状况。那是一位有血有肉，一位谦谦君子的形象。总的来说，与大多数教授一样，大舅在联大的生活是苦中有乐，体现出民国知识分子典型的精神风貌和生活情趣。

有一件事不可不提。1946年三校复员前夕，联大决定建立国立西南联合大学纪念碑，以纪念三校"为一体，如胶结；同艰难，共欢悦"的珍贵历史，并"以此石，象坚节，纪嘉庆，告来哲"。正面碑文由哲学系教授冯友兰撰文、中文系教授罗庸书丹；碑阴为"国立西南联合大学抗战以来从军学生题名"，记录了834位联大参军同学的名字，由身为理学院算学系教授的大舅书丹。我们不知道这样的人选安排有没有其他什么特殊的含义，但有一点是可以肯定的，就是大舅写得一笔好字。这当然与他从小受到的家庭熏陶有关。

刘晋年教授书丹的"国立西南联合大学抗战以来从军学生题名"碑

我们的外公刘嘉琛（1861-1936），字赓南，号幼樵、幼翘、淮输，直隶天津人。清光绪二十一年（1895）进士，后长期在翰林院工作。历任国史馆协修、武英殿协修、文渊阁校理、编书处编修、实录馆纂修等职。其间曾出任湖南乡试副考官（1900）、山西学政（1900-1903）、署陕西提学使（1906）和署四川提学使（1910）等外职。辛亥革命后回乡寓居，靠授徒鬻字为生。大舅身为刘家长子，肯定是重点培养的对象。字写得好，丝毫也不奇怪。

南开复校后，大舅曾担任过算学系的代理系主任。1968年因病逝世，享年仅64岁。

与大舅已是数学家的身份不同，刚刚大学毕业、年仅20岁出头的母亲在西南联大只是一位助教，在那些名教授手下做一些教学辅助工作，其中包括在姜立夫教授的指导下，将意大利文的《射影几何学》译成中文，以供教学之需。1941年叙永分校停办后，她没有返回昆明，而是接受峨眉山脚下的四川大学数学系之聘，担任讲师。一年之后她欲重返西南联大，中途在西昌遇阻，被西昌国立西康技艺专科学校聘为该校数学讲师。在那里，母亲与1939年毕业于中央大学畜牧兽医系、时任西康艺专畜牧科讲师的朱宣人（江苏宜兴人，1916-2009），也就是我的父亲结为伉俪。父亲1945年考取庚款留学英国爱丁堡大学，母亲1946年重返南开大学算学系任讲师。父亲1948年学成回国，接受位于兰州的国立兽医学院聘书，担任病理学教授；母亲随之西迁，在兰州大学数学系任副教授。两人从此扎根西北，直到离世。

1940年在叙永入学的十姨和姨父，在联大接受了完整的教育，1945年夏顺利毕业。毕业前夕，两人举办了婚礼。郑天挺先生在1945年6月2日的《日记》里，还对这场简朴的婚礼作了简要的记载："三时至蓉园参加伯蕃令妹森年与陈荫枋婚礼，余代表男方家长。礼成，茶点。"[①]

作为最小的妹妹，十姨森年在联大学习期间颇受大哥晋年的照顾。在日记里，"伯蕃兄妹"的记载出现过两次，均为哥哥带着妹妹参加同事的餐会。

---

① 郑天挺：《郑天挺西南联大日记》，北京：中华书局，2018年1月第1版，第1046页。

刘䜣年1956年在兰州大学

1942年11月2日记:"晚约家骅夫妇、宝骏、伯蕃兄妹在经济食堂晚饭。"又1945年2月12日记:"十二时至柳漪处午饭,罗家全家、伯蕃兄妹、子水、之琳及雯儿,君培全家亦到,凡两桌。"(第995页)这是朋友之间的除夕日聚餐。无独有偶,1998年由生活·读书·新知三联书店出版发行的《吴宓日记》也有一则类似的记载。吴宓先生曾任西南联大外文系教授。他在1942年8月23日的日记里记曰:"是晚刘晋年请食蒸饺。约其妹刘森年、女生程美廉、冯承蟠、沈圆、张沁、张守慧及王寿仁君,在宓外室制作。宓亦参加。"[1]毕业后,姨夫荫枋在位于昆明的中央银行工作,十姨则在中学教数学。姨父1949年到美国特拉华大学深造。两年后获经济学硕士学位,即回国在南开大学任经济学教授,参与创立了南开国际经济研究所。十姨也在天津含光中学(今第26中学)任数学老师。

---

[1] 吴宓:《吴宓日记第8册》,北京:生活·读书·新知三联书店,1998年6月第1版,第367页。

除了以上四位曾在联大叙永分校工作和学习过的亲人，我们还有一位亲人在联大念过书，这就是最小的舅舅刘昌年（1917–2016）。昌年舅舅1936年从南开中学考入清华大学物理系，1940年从联大理学院物理学系毕业。1938年初，他与同学一道由长沙临时大学转赴昆明，在联大学习了两年多时间。在一篇回忆华罗庚先生的文章中，昌年舅舅写到在昆明的岁月："1938年秋我在昆明西南联大读三年级时，罗庚先生回国，当时他已是国际知名的数论专家，就任联大算学系。……家兄晋年，南开大学算学教授；家姐沂年，算学系助教，都在联大和罗庚先生同事。我的业师吴大猷先生好客，家中客常满座。家兄、家姐、罗庚先生经常在吴府相聚。我和陈家麟兄（陈省身教授之弟）也组队常去吴府参加桥牌之戏。"

昌年舅舅毕业后曾在天津和江苏的多所中学任物理教师，退休前任江苏镇江师专物理学教授。由他和梁绍荣、盛正华共同主编的《普通物理学》（1~5册，高等教育出版社）曾荣获1992年第二届全国高等学校优秀教材二等奖。2016年去世，享年100岁。

西南联大是中国近代教育史上的奇迹。我们的家族有五位长辈亲人参与了这个奇迹的创造，作为后代，我们为他们感到骄傲。由于历史的原因，这一宝贵的精神财富并没有得到应有的珍视，这是需要反思和改善的。

2025年4月8日于北京

永宁河记忆
——朱自清先生叙永逸事

朱小涛[①]

叙永是四川南部川滇古道边的一座小城,古老的永宁河穿城而过,流淌着小城岁月,讲述着小城故事。和西南联大许多师生一样,我祖父朱自清也有幸成了这座小城故事中的人物。

朱自清先生

1941年10月,朱自清先生结束了成都一年的休假,要返回昆明西南联大给学生上课了。两个多月前,朱先生刚刚与西南联大梅贻琦校长在成都见面,表示要按时返回联大履职。为节省开支,他决定只身返校,并规划了一条艰难辛苦的线路:从水路经乐山、宜宾、纳溪,再由陆路经叙永,沿川滇公路(今321国道)返回昆明。他大约有这样的考虑:一来省钱。他本就是个穷书生。前不久在成都与梅校长见面,请不起大餐,只能在"吴抄手"请梅校长吃碗馄饨。二来可以揽胜探幽,欣赏沿途美景。三是可以会会

[①] 朱小涛:朱自清先生之孙,扬州朱自清纪念馆名誉馆长。

老朋友、老同事。特别是要经过川南古镇叙永，那是西南联大设立的分校所在地。

1940年抗战中期，日军相继占领越南凉山、河内等地，截断中国对外通道——滇越铁路，并乘势北进，严重威胁云南安全。为应对日益恶化的局势，联大决定在川南选择新的办学地点，叙永便成为新校址所在地。叙永分校也设有文学院、理学院、工学院、法商学院、师范学院5个学院和25个系。另外还办有先修班。1940年底接收新生近700人。担任教师的有许多是学界翘楚，声誉卓著，其中许多人都是朱先生的老学友、朋友、同事和学生，比如杨振声、李广田、吴晗、李继侗、查良钊等。尽管此时叙永分校已经撤离，但还有一个先修班在那里上课，在这个班就读的叙永当地学生就有10多人。

朱先生10月8日启程，乘船顺岷江而下。10月10日抵乐山，看望了在武汉大学教书的友人朱光潜、叶石荪、杨人楩等，并偕友人游览了当地名胜。10月19日，自泸州纳溪县弃舟登岸，改乘汽车赶往叙永。朱先生说："我昨天由纳溪'赶黄鱼'（公路局汽车少，车票有人垄断。买不到票者只得出高价让司机搭载，这种乘客被称为'黄鱼'）到叙永，大约后天上昆明去。"[①]

但是，"天下雨，车没到站因油尽打住。摸黑进城，走了十多里泥泞的石子路，相当狼狈"[②]。这才到了叙永。原计划在叙永待两天，不料一直等不到赴滇汽车，一耽搁就是10多天。

在叙永的10多天里，朱先生过得很愉快充实，尽管是战乱期间，先生却感受到了"家"的温暖。他住在成都叙永籍好友李铁夫家里。李家在叙永西城鱼市口开有宝和堂商号。李铁夫并委托朋友叙永盐商袁昭明热情接待了先生。在离开叙永前往昆明的路上，朱先生给好友李铁夫写了一首诗《发叙永，车中寄铁夫》："堂庑恢廊盘餐美，十日栖迟不忆家。忽报飙轮迎户外，遂教襆

---

① 朱自清：1941年10月20日《致钟霞裳、金拾遗等》，《朱自清年谱》，姜建、吴为公编，安徽教育出版社，1996年5月第1版，第211页。

② 朱自清：1941年10月26日《致朱光潜》，《朱自清全集》第十一卷，朱乔森编，江苏教育出版社，1998年3月第1版，第167页。

被去天涯。整装众手争俄顷,握别常言乘一哗。如此匆匆奈何许,登车回首屡长嗟。"①

朱先生在叙永只逗留了10多天,但他没有沉浸在叙永友人的热情款待中,他有自己要做的事,一是与老友李广田先生就抗战文艺,特别是新诗创作进行学术探讨。朱先生说:"秋天经过叙永回昆明,又遇见李广田先生;他是一位研究现代文艺的作家,几次谈话给了我许多益处,特别是关于新诗。于是到昆明后就写出了第三篇《新诗杂话》,本书中题为《抗战与诗》。那时李先生也来了昆明,他鼓励我多写这种'杂话'。果然在这两年里我又陆续写成了十二篇;前后十五篇居然就成了一部小书。感谢厉先生(厉歌天,作家)和李先生,不是他们的引导,我不会写出本书。"②可见,叙永之行,与李广田先生关于抗战文艺,特别是新诗创作的数次讨论,对于《新诗杂话》的成书出版起到了很大的作用。这本书不仅探讨了新诗创作的时代特点和发展方向,更表达出作者抗战的决心和信心。

朱先生一生从事教育事业,当过五年的中学教师,即使已经成为大学教授,也很关心中学教育。在叙永暂住这段时间,先生除给联大先修班讲课外,还应邀先后在培根小学、县立初级中学为学生们作讲演。叙永二中(即当时县立初级中学,后更名为定水中学,现名为叙永二中)在整理校史过程中,在叙永县档案馆民国档案教育卷中发现了朱先生在该校所作的抗日讲演词。内容为:"你们的学校,在国家危急关头创立,意义重大,我向你们祝贺!……日本侵略我国占去很多地方,国家已到了危机存亡关头。青少年应有爱国家、爱民族、爱自由的伟大志气,不要辜负大好时光,刻苦学习,将来担负起挽救国家民族的伟大使命,打败敌人,收复失地,誓雪国耻!……"这次演讲极大地激发了在场师生的爱国热情,赢得了经久不息的掌声。其中有些同学初中毕业就

---

① 朱自清:《犹贤博弈斋诗抄》,《朱自清全集》第五卷,朱乔森编,江苏教育出版社,1990年5月第1版,第291页。

② 朱自清:《〈新诗杂话〉序》,《朱自清全集》第二卷,朱乔森编,江苏教育出版社,1988年8月第1版,第315-318页。

义无反顾地奔赴抗日前线了。

值得一说的还有几件事。

2009年，扬州朱自清故居纪念馆收到寄自四川叙永的两份资料。一份是四川省叙永县第二中学（即县立初级中学，后又曾更名为定水中学）的校史复印件，另一份是《叙永县志》复印件。两份资料都提到了朱先生寓居叙永一事。校史第四部分"绅商捐赠奖学金，教授莅临勉后辈"中写道："1941年十月初，西南联大教授朱自清先生闻我县新兴中学，极感兴趣，欣然愿临我校观赏。师生闻讯，甚为兴奋。宋老（县立初级中学校长）亲赴宾馆迎接，陪同来校。朱教授来校时，面带喜色。全体师生齐集男一班教室，聆教约半小时。"演讲结束，"师生送到河滨，热烈鼓掌欢送。朱教授在渡船上频频招手致意。行至城墙，犹一再回首瞻望"。

在《叙永县志》"大事纪要"部分，有这样的记载："著名学者朱自清教授赴昆明西南联大任教，途经叙永，先后应培根小学、县初中校邀请，给学生作讲演。"

资料都是复印件，为此还附了两份证明材料，证明资料虽为复印件，但与原件无异，所述属实。

2019年10月，我接到西南民族大学李光荣教授一则微信，说四川叙永县二中塑了朱先生雕像，想请我写四个字："自清为范"，并说边城有朱自清情怀，要朱家后人支持。支持当然应该，但我觉得自己不够格，字也不够好，便请小叔朱思俞题写。小叔是朱先生最小的儿子，他是南开大学计算机系的教授，已经是85岁的老人了。小叔很谦虚，自觉字丑，起先不答应。李光荣老师反复劝说我，我又反复动员小叔。最终，小叔回复我："实在需要写，要一点时间练习一下，手太生了，年轻时练过几天隶书，'文革'初期以后就没拿过毛笔。"一个多月后，那几个字终于写成了。之后，学校又把小叔题字的原件要了去，放在校史馆里。如今，小叔题写的"自清为范"几个字已经赫然镶嵌在叙永二中教学楼的楼壁上。

2016年，扬州朱自清故居纪念馆收到一份来自天津的邮件，是天津市书

朱自清幼子朱思俞先生题词　　　　　　　天津书法家毕开文先生所书条幅

法家协会副主席、书法家毕开文寄来的书法条幅，内容为自己创作的一首诗，题为《忆朱自清先生在叙永》："一路风尘一路歌，文星漂泊永宁河。粑灯隐约山城道，敢问诗情出哪坡。"原来毕先生就出生在叙永，并于1942年考入县立初级中学。对朱先生寓居叙永的那段经历念念不忘，写诗并以书法艺术的形式表达怀念之情。

朱先生是著名的散文家和有所建树的学者，但他也是西南联大众多教师中的一员。他在叙永也仅是途经暂住，叙永各界不仅热情周到地接待了他，还把他在叙永短暂的经历写进校史，甚至写进了县志，这不仅是对他个人的尊重，更是对西南联大表达的一份敬意。西南联大的到来，给叙永带来了缕缕清风：新思想、新观念、新知识。战时状态下，点燃了抗战的热情，坚定了抗战的决心和信心。事实上，曾经在西南联大叙永分校就读的学生中，出现了不少杰出人物：中科院院士、上海大学名誉校长、著名光纤专家黄宏嘉教授；抗战胜利后任中国空军驻美首席翻译、斯坦福大学中国现代文学博士许芥煜；中科院院士、俄罗斯自然科学院院士、著名地质学家、中国地球化学研究的奠基人涂光炽教授；还有曾任台湾地方高级法院院长的汪受壁；曾任驻华美军翻译和解放军东北航校飞行教导员的张文仲；曾参与《大英百科全书》翻译工作的沈师光；等等。

80多年前，叙永县府及各界人士热切盼望、全力支持西南联大在叙永设立分校，分校结束要返回昆明时又再三挽留。同时，叙永各界人士又热情周到地接待西南联大教授朱自清先生，并数次邀请他到学校讲演。今天，当年叙永分校主要教学场所春秋祠已成为国家级文物保护单位。朱自清先生寓居叙永的故事也被写进了校史和县志。这是西南联大和叙永的缘分。有了这样的缘分，叙永人便多了一份对文化的敬重、对教育的注重和对学者专家的尊重。

朱先生在给好友朱光潜的信中这样描写道："叙永是个边城。永宁河曲折从城中流过，蜿蜒多姿态。河上有上下两桥。站在桥上看，似乎颇旷远；而山高水深，更有一种幽味。东城长街十多里，都用石板铺就，很宽阔，有气象……"当年西南联大叙永分校一个叫葛学清的先修班学生曾经陪同先生在永宁河边散步观景，永宁河给朱先生留下了深刻的印象。如今，永宁河已不仅是叙永的自然景观，她也是一份流动的历史长卷，将承载着这座小城的故事流向远方……

2025年3月25日于扬州

附：朱自清自四川叙永致乐山朱光潜信

孟实兄：

在乐山承兄带着游乌尤大佛，又看了蛮洞、龙泓寺。乌尤大佛固然久在梦想，但还不如蛮洞、龙泓寺的意味厚。那晚又诸多打扰。旅行中得着这么一个好东道主人，真是不容易，感谢之至！

我们十六日过干柏树，据说是匪窠，幸而平安过去。十九日到宜宾，街市繁华不亚于春熙路。十八日早过干碓窝，滩势很险。听了船夫的号子颇担心，幸而十几分钟也就过了。当日到纳溪县。第二天"赶黄鱼"上叙永。天下雨，车没到站因油尽打住。摸黑进城，走了十多里泥泞的石子路，相当狼狈。一住就是一礼拜，车子还没消息。亏得主人好，不觉得在做客。

兄批评《新理学》的文字，弟在船上已细看。除"势"那一个观念当时也有些怀疑是多余的以外，别的都是未曾见到的。读了兄的文字，真有豁然开朗之乐，佩服佩服。芝生兄回答似乎很费力（若我是他的话），但我渴想看看他的答文。无论如何，他给我的信说兄指出的地方只是他措辞欠斟酌，似乎说得太轻易了。到这儿遇见李广田兄了，他也早想看兄这篇文字，我就给他看了。

叙永是个边城。永宁河曲折从城中流过，蜿蜒多姿态。河上有上下两桥。站在桥上看，似乎颇旷远；而山高水深，更有一种幽味。东城长街十多里，都用石板铺就，很宽阔，有气象。西城是马路，却石子像刀尖似的，一下雨，到处泥浆，两城都不好走。

我的主人很好客，住的地方也不错。第一晚到这儿，因为船上蜷曲久了，伸直了睡，舒服得很。那几天吃得过饱，一夜尽做些梦。梦境记不清楚，但可以当得"娱目畅怀"一语。第二天写成一诗，抄奉一粲。夫人和小姐已到否？并念。祝好！

石荪人梗二兄请致意。

弟自清顿首　二十六日

好梦再叠何字韵

山阴道上一宵过,菜圃羊蹄乱睡魔。

弱岁情怀偕日丽,承平风物媲人多。

鱼龙曼衍欢无极,觉梦悬殊事有科。

但恨此宵难再得,劳生敢计醒如何。

1941年10月26日朱自清自叙永致乐山朱光潜信,由朱小涛提供

巴山蜀水行路难
——记梅贻琦、郑天挺、罗常培1941年的川渝之行

郑　光[①]

1941年夏，西南联大常委梅贻琦、总务长郑天挺、文学院中文系主任罗常培去四川公干。从梅贻琦先生5月16日启程，到8月26日罗常培与老舍先生返回昆明，本应该20天内可以完成的事情，却用了100天。他们三人此行所负4项重任，即：赴重庆向教育部请示协商西南联大教育经费；至叙永考察西南联大分校；去李庄考察北大文科所并审核评定三位研究生的毕业论文；到成都等地考察大后方几所大学教学状况，并联系联大教授及时返校。本文所叙即为他们这次赴川之行的收获与艰辛，以缅怀在国难当头的抗战期间，那些为中国教育事业努力工作的前辈。

一　赴重庆教育部——联大经费得以解决

1941年5月16日，梅贻琦、郑天挺、罗常培三人到了昆明机场，但飞机只准一人登机，梅贻琦只得孤身前往重庆。5月19日下午4点梅贻琦前往教育部。先与高教司司长吴俊升谈了有关西南联大的事情，如膳食津贴、毕业总考、研究费、留美招考科目。另外，吴俊升司长说已为联大申请追加预算数十万元。教育部总预算追加到八九百万元，蒋梦麟之前去教育部也是为追加预算而去的。

[①] 郑光：郑天挺先生长孙，长期从事新闻工作，已退休。

为什么有梅贻琦去重庆见陈立夫呢？起因是教育部削减教育经费35%，从而引发了清华与北大两校之间的误会。误会的起因是4月12日，清华教授潘光旦自重庆归来，说北大校长蒋梦麟前几日在重庆时，与教育部协商联大三校的研究经费"办法"。北大校长蒋梦麟提出从清华基金中筹措80万元给联大三校，对照《梅贻琦日记》《郑天挺日记》可以看出两校之间存在误会。从郑天挺日记中的"部拟自清华基金拨五十万"，与梅贻琦日记中的"蒋梦麟在'办法'中提出：先从清华基金中借款八十万给联大三校"。（联大经费是分三校自己支配）清华削减35%的经费，还有自己的"清华基金"。而北大的经费来源只有教育部拨发，如果削减经费，北大的三个研究所只能停摆了。而且，蒋梦麟在重庆与教育部协商北大研究经费不足的事情，提出的"办法"非蒋梦麟本人，而是"（教育）部拟自清华基金拨五十万"，是陈立夫想动用"清华基金"，（此消息属不实传闻）引来清华的猜忌。蒋梦麟去重庆，就是要解决西南联大三校的研究经费问题。梅贻琦见陈立夫的时候，正是在解决联大研究经费的过程中。

清华大学梅贻琦校长

　　5月19日下午6点，教育部部长陈立夫召见梅贻琦。陈立夫开诚布公地问道："有关联大的研究费问题，你是否与蒋梦麟已商妥三校比例的数目？"梅贻琦回答："初期已商定办法，后北大方面仍主张北大要独立预算。不知蒋梦麟是否日内有信与部长详陈。"陈问："是指研究费，抑指整个预算吗？"梅贻琦答："是指各校整个预算；大约北大同仁意见欲有独立预算，然后由各校预算拨出部分作联大经费,而以其余的经费作为各校自办事业费。"陈立夫边摇头边说:"如此办法未妥,联大已维持三年有余,结果甚好。最好继续至抗战终了圆满结束,然后各校回北边去。而且委员长也对'联合'有所表示,未必肯令分开。教育合办事业多未成功,西南联大为仅有之佳果。而物质上(指经费)如分开,则上自将趋于分散,久之必将分裂反为可惜。故不若在研究工作各校自办为是。"

25日下午六点半,梅贻琦再赴陈立夫部长之约,与西北大学校长陈石珍、东北大学校长臧启芳、教育部秘书长彭百川谈毕业总考试问题,教育部主张严格执行考试制度。其间,陈立夫问及叙永分校问题是否有了决定,梅贻琦答:"如夏季时局无大变化,拟将分校结束,学生全在昆明上课。"陈立夫给予肯定"还是昆明好些"。陈继续问昆明校舍如何,是否准备在乡间筑建。梅贻琦告之理学院在梨烟村造房计划,并出示黄钰生所写的建设可行性报告。陈部长问:"学校既然打算出四十万元,当无需再添许多?"梅贻琦答:"希望部中再拨若干以补不足,并可同时向省方商请补助。"(因师范学院是由教育部、云南教育厅共同出资兴建的)

5月28日,终于盼来了好消息。高教司司长吴俊升来看望梅贻琦,教育部同意联大预算增加三成,清华与北大学校之间的误会迎刃而解。同一天,郑天挺、罗常培到了重庆入住中央饭店,当天晚上给梅贻琦先生打电话告之住址。梅贻琦住在通远门内市民医院,离中央饭店很近。

北京大学总务长郑天挺先生

第二天早晨，梅贻琦来看郑天挺、罗常培。没想到这两个礼拜，梅贻琦已经把联大的事务全部办好，正在这里等得心焦。30日，梅贻琦致电蒋梦麟，告知与教育部会谈的结果。

6月1日上午9点，城中已挂起预警气球，约十点半警报响起，敌机27架空袭重庆。11点紧急警报，大家入洞后未五分钟即闻爆炸声十数起，似非甚近，洞中灯火略有跳动，12点10分解除。市区被炸伤亡数人。出洞后则见附近被炸受伤者抬入医院救治，二三小时内共来百余起，伤重不治而死者闻有七八人。

《梅贻琦日记》记载："一点三刻始抵委员长官邸，座客二十余人，进食将毕。时有张忠绂报告美总统'炉边闲话'之含义；后有《中央日报》陈博生、重庆《大公报》总编辑王芸生报告敌方近来情形。之后，蒋公略问联大情形。"梅贻琦校长将西南联大近期情况向委员长汇报。散座后，搭张公权汽车返医院休息，室中热度为33摄氏度。

晚6点在中央饭店，梅贻琦与郑天挺、罗常培、老舍、何秋江应张充和女士邀请在"一心饭店"接风洗尘，菜不甚佳，但渝酒颇好。慢饮闲谈，颇以为快。经历几天的劳累与轰炸可以放松一下了。饭后在旅馆廊前乘凉，看斜月落去始散。晚无电灯，入室后稍安排即睡矣。

梅贻琦、郑天挺、罗常培准备去叙永。梅贻琦校长早就托付重庆清华中学傅任敢校长替三人订舱位，只要有船立刻就到泸州转叙永。但近日敌机对重庆密集轰炸已经有几十天了。并且连日的倾盆大雨如银河倒泻，狂风如野马般肆虐。道路多处被洪水冲毁，江河水位大涨，艄公不敢开船，他们只能耐心等待船只的启航。可这一等又是几天，直到6月4日晚上11点，在朝天门外民生公司码头上了"民文轮"。

二　至叙永联大分校——传达联大校务会决定

1940年7月日军占领了越南，并在越南建立了军事基地。在日本的压力下，英国政府宣布停止滇缅公路运输三个月，封闭了我国西南国际运输线。昆明局势趋紧，日军进攻缅、中、印边境，后方变成了前线。1940年7月，教育部令西南联大做好迁校准备。7月17日第147次常委会议决："奉教育部指示，因时局变化不定，安南（越南）不保，昆明堪虞，本校应开始做万一必要之迁校准备。"叙永地处四川盆地到云贵高原的过渡带，交通便利，县城内有足够的庙宇和祠堂可以容纳学生和教师。为了学生的安全，联大常委会决定一年级新生在四川叙永分校上课。

1940年秋叙永分校正式成立，当年录取的新生和先修班学生前往叙永报到上课。联大一年级新生近700名，应在1940年12月10日前到叙永分校报到。并于1941年1月10日上课，直至8月叙永分校结束学业回迁昆明，仍留先修班在叙永办学到年底。叙永分校设文学院、理学院、工学院、法商学院、师范学院5个学院，下设25个系。另外，还招收先修班学生53人。

叙永分校经过半年多的时间，师生在生活艰难的环境下坚持办学。分校因缺少书籍、仪器、设备等一些硬件条件，从全校管理上也存在信息滞后，使校务管理、教学工作存在困难。此时，西南联大常委会、校委会召开多次会议，探讨叙永分校是否返回昆明上课。

1941年3月7日联大常委会会议，听取了教务长樊际昌有关叙永分校的汇报。对分校因陋就简的办学条件，常委会要考虑分校的办学质量。

3月19日联大常委会第171次会议。查良钊训导长报告了派赴重庆接洽校务及叙永分校情形。3月26日，西南联大举行了第三届三次校务会议，讨论有关本校教学的质量问题，以及下半学年叙永分校是否继续存在的问题，表决结果赞成与反对各7票，上交常委会做最后决定。

4月2日联大常委会第172次会议。梅贻琦报告：叙永分校教授会请执行教育部对各学院迁川之决议案，最低限度请准二年级继续留川。并向教育部咨询叙永分校是否还留在四川。具体情形是，叙永地方不大，逐年增多的新生迁往叙永上课，叙永无能力承载西南联大整体。4月4日，梅贻琦到清华大学普吉工学院无线电研究所，首次通过无线电与叙永分校通话，整体通话质量良好。

5月7日，西南联大第三届四次校务会议议决，暂定1941-1942年度取消叙永分校，集中在昆明上课。

联大常委会、校委会进行了多次讨论。5月12日常委会第176次会议议决：常委会主席梅贻琦、总务长郑天挺、教授罗常培去四川公干，视察叙永分校情况。联大常委会主席梅贻琦外出期间由蒋梦麟代理主席。总务长郑天挺因公前往叙永分校，离校期内职务请查良钊先生代理；中国文学系主任罗常培离校期间，系主任职务由闻一多先生代理。

6月5日上午9点10分，他们乘坐的"民文轮"才缓缓启动向泸州驶去。太阳被乌云遮着，江上不时吹来阵阵凉风，比在重庆那几天舒服多了。

5日下午4点半，船到江津稍停即开。8点半刚到白沙，在朦胧的月色下，忽然传来紧急警报的消息。事后推算这一天是重庆发生"6·5大隧道窒息案"的时候。原教育部部长王世杰在日记写道："敌机20余架，分三批于夜袭渝市（重庆）。此为今年川省遭敌机夜袭之第一次。渝市十八梯公共防空洞，致洞中避空袭民众，因窒息而死亡者以千人计（一说共达2000余人）。此为防空洞失事之最大最惨者。"罗常培在船上感慨"假如船期晚一天，说不定我们已经作了窒息鬼"。

罗常培在《蜀道难》中，有一段对船上中国士兵境况的感慨："船上所搭的部队大多数面黄肌瘦，身上长着疥疮。他们要自己做饭，可惜到下午两点，饭还没做好。有一位兵士饿得受不住了，他从身上摸索了半天，找出一包辣椒末用开水冲开，然后喝下去刺激肠胃。我们看见这种现象非常难过，立刻引起了充分的同情和深切的反省。在后方的官员不单酒食征逐、纵情声色、衣食住行已经都有津贴，避警报还拿疏散费，于其比较真是对不起这批士兵。还有那些得过且过懈怠苟安，忘记了自己的职责，废弛本分内的工作的人，也一样对不起他们。我很希望军事当局，不要掩耳盗铃，下情不得上达，应该设法改善他们的生活。我还希望在后方的人们不可醉生梦死，应该节衣缩食、力行俭约、各尽本分、努力苦干。否则，抗战建国的口号尽管喊得震天价响，扪心自问：你们何尝对得起这班卫国健儿呢。"

经过了5天的行程，6月9日晚，梅贻琦、郑天挺、罗常培入住叙永西门中国旅行社，分校的罗岐生及黄太太已在此迎候。一会儿，分校负责人杨振声匆匆赶来，向梅贻琦汇报叙永分校校务；国学系的同仁与罗常培先生谈论国文授课的情况。

第二天9点半，梅贻琦、郑天挺、罗常培到分校总办公处，由杨振声、褚士荃带领视察分校各部，并到春秋祠拜访分校同仁。下午4点，梅贻琦先生在招待所召开校务委员会。杨振声因为突发高热没能出席，褚士荃先生报告了最近学校情形；梅贻琦报告了关于"西南联大第四次校务会"有关分校问题的决议：取消叙永分校，集中昆明上课。

叙永分校驻地春秋祠

叙永分校驻地春秋祠

梅贻琦先生的讲话除简单说明外未让大家多讨论，只允诺将大家意见转达常委会，并会催促决议表决后及时通知各方。

6月11日八点半，梅贻琦、郑天挺、罗常培往城内看望杨振声，其高烧已退，颇似疟疾。11点，郑天挺、罗常培在县文庙里第二十教室讲演"中国人与中国文"，让学生领悟大一国文的重要性，并略述西南联大文学院中国文学系的近况。听众约500人，一年级的学生大部分都到了。12点20分有空袭警报，下午3点紧急警报，3点40分解除。叙永的同仁和学生对于警报看得并不十分严重，除去少数见"机"而作，大部分人都不躲避。梅贻琦校长告诫同学们：一旦遭到空袭，就会受到很多无谓的牺牲。希望大家珍惜生命，将来学好本领更

1940年10月—1941年4月，郑天挺给叙永分校每月的汇款好地为国家服务。下午4点在中国旅行社举行茶会，慰问叙永分校同仁和各家眷属。

12日上午，梅贻琦到教职员眷属宿舍慰问家属，在吴之椿家小坐。10点40分在南华宫校舍召开月会时，梅贻琦校长对分校全体师生报告总校的状况，以及关于叙永分校问题的决议。还告诫学生们注意：劳作精神、团体生活、选择专业的意义。应就个人的才性、学历和整个的学术前途着想，不可短视只注意眼前的出路。

下午4点，清华同学会在春秋祠后院举办茶会，到会者20余人。梅贻琦校长大略讲述昆明纪念日开会情况，以及关于清华、北大之间的问题。同时，北大同学会在城东公园复兴亭招待郑天挺和罗常培。郑天挺报告了学校南迁以后的情况；罗常培讲述了学校是一个有机体，如要发展，得仗着每一个细胞都能够各尽本分。大家应当继续发扬北大的"大"处，贯彻蔡元培先生遗留给我们"博大和坚贞"的精神，还得要不流于散漫懈怠。

晚6点，何县长、叙永中学校长何廷琦在所中设宴。座中见到烟酒税局专员谢世锦，系老北大同学，颇和气善谈。

13日上午，梅贻琦、郑天挺、罗常培再次看望病中的杨振声。中午，校内教授十七八人公宴梅贻琦校长，席间还有人想继续讨论叙永分校撤回昆明一事。梅贻琦校长以"三五牌香烟"奉献诸人，婉转请诸人不再讨论这个问题，就此欢散。饭后，梅贻琦与李继侗、霍秉权久谈。

晚6点，以梅贻琦、郑天挺、杨振声的名义宴请当地官绅20余人，表达西南联大对于叙永地方政府及乡绅一年来对于联大分校的照顾的感谢，来客坚决要求明日回请梅贻琦校长。14日上午9点答谢宴如约举行。十点三刻，梅贻琦、郑天挺、罗常培向大家告辞，启程返回泸州，去往下一个目的地——宜宾李庄。

三　去李庄北大文科所——审定研究生毕业论文

6月15日回到泸州以后，恰逢连日来大雨不断，江河水位不断上涨，船只停运，山洪冲垮了公路，出现了多段塌方，三人不得已在泸州滞留了12天。

在闷热的天气里，梅贻琦于6月19日上午写信给潘光旦，下午发航空快信给蒋梦麟："叙永分校诸君对于取消分校之意见，正反各列五条。信末附余（梅贻琦）意见：昆明原议决无须变更，还须看外面的变化何如。倘若教育部有令文到校全部迁川，或云南最近局势有变则须更加考虑。总之，无论如何以早决定为宜。如叙校迁回，同人及眷属旅费应酌予增加。"梅、蒋两位校长的意见得到统一。

一味困在泸州也不是办法，于是三人决定乘船去李庄的国立中央研究院历史语言研究所和社会科学研究所。6月27日拂晓前，他们赶到合众码头上了长丰轮。船上客人挤极了，他们先把行李下舱后，勉强在船尾找到三个位子，坐下去立刻感觉连转身的地方都没有。5点25分开船，太阳没出来以前江风吹得颇有寒意。到了江安突然上来二十几个香客，船上越发挤了，连站脚的地方都没有。这时候船身有些载重过量，一个秃顶的老旅客操着川腔大声吼着："不可乱跑，船要翻喽！"同船人安静了一些，幸好没有出现意外。下午一点半船到了南溪，又过两个半钟头到了李庄。但船到李庄不靠码头，乃是"开慢车"走着，只有一个小摆渡用竹篙钩住船帮，旅客匆匆忙忙地下到小船上，这种下船法叫作"递漂儿"。

中研院史语所在板栗场，离李庄镇还有八里多山路。三人下船后雇了两个挑夫担着行李，慢慢地跟着他们走。离开市镇穿行了一大段田埂，约有半点钟的光景到了半山的一个叫木鱼石的地方，已经汗流浃背，上气不接下气。躲在一棵榕树下休息了一会儿，等汗衫干了才继续登山。又拐了三道弯，才到一个众峦环拱的山洼里，找到了板栗坳的张家大院。

板栗坳的住户都姓张，他们的祖先是在张献忠乱后搬到此地的。它的区域里房子很多，史语所一共租了桂花坳、田边上、朝门口、牌坊头、戏楼院、新房子6所。郑天挺与罗常培住在牌坊头的花厅院，梅贻琦校长住在朝门口的李方桂先生家里。这天晚上温度表始终没降到32摄氏度以下，热得通宵难眠。

李庄板栗坳国立中央研究院历史语言研究所旧址

北大文科研究所设在史语所，梅贻琦三人出差蜀地的第三项事务，即是审核北大文科所硕士生的毕业论文。史语所所长傅斯年正在重庆养病，所里的事务由董作宾先生负责。6月28日，在董作宾先生引导下，他们参观史语所各研究组、书库及北大文科所办事处。北大文科所在李庄的学生有任继愈、马学良、刘念和、李孝定四个人。马学良、刘念和受李方桂、丁声树两先生指导；李孝定受董彦堂先生指导；李、董、丁三位先生对于他们都很恳切热心。任继愈的导师是汤用彤、贺麟两位先生，在李庄他没有指定的导师。此次审核通过了刘念和、马学良、任继愈三位的毕业论文评定。

审核刘念和论文。7月2日上午，罗常培、郑天挺对刘念和关于中国音韵史研究《〈史记〉〈汉书〉〈文选〉旧音辑证》论文进行评定。刘念和的论文从周秦、汉魏以来，直到清代几位音韵学家的著作中，在前人没有注重的资料里进行研究。刘念和这项工作从吴承仕的《经籍旧音》里也收集了一部分，所以刘君不妨仍旧作他的独立研究。罗常培教授认为：整理史料的工作只要能"如实地"把它罗列出来，这门学问本身就是一种贡献。刘念和的研究结果是成功的，只提出十点意见让他依照修改。

审核马学良论文。7月3日上午约马学良来，审定他的论文《撒尼倮倮语语法》。撒尼是倮倮族（倮倮，也写作"罗罗"）的一个支名，他们居住的区域以云南的路南、宜良、泸西、陆良等县和昆明近郊的几个村落较多。这篇文章的材料是从路南县城东南30里的黑泥村得来的。马学良在1940年春天，跟着李方桂先生自昆明到路南县的尾则村去调查撒尼语言，回昆明后，李先生就让他重订Vial氏的字典。后来他又找到一位黑泥村的发音人，把这部字典重理了一遍，并且增补了许多词汇。另外又记录了五十几则故事和风俗谜语等。一方面马学良学习勤奋，另一方面要感谢李方桂先生指导有法。几年后《撒尼倮倮语语法》一书在李庄完成。

审核任继愈论文。7月4日上午约任继愈来，审定他所作的《理学探源》。论文由理学源自隋唐，盛于宋朝，涉及佛教尤其是禅宗，故需查考《大藏经》。当时昆明找不到《大藏经》，只有史语所有一部，于是任继愈随史语所到李庄。他在论文最后总结道："凡此数端，皆此本文所愿阐发之义。求其考订精详则有所未遑，求其史迹纂述则力所未尽。但就问题发展为中心，各家各派为纬，以明其逐步演进之迹，沿流而求源，不以貌似而信其同，不以迹乖而信其异，就哲学思想之本身以显示吾国文化之真精神，此为本文立言宗旨。"在史语所治学的气氛里，无数的参考书籍，任继愈完全靠自我的辛勤钻研，奠定自己的学术方向。任继愈两年时间居然深造自得、穷原竟委地作出这样一篇论文来，足见他很能沉潜努力。

自1941年至1945年抗战时期，北大文研所共有21位研究生毕业。其中在李庄北大文科所办事处完成学业，通过论文答辩的有11人。

6月29日上午，他们前往石崖湾参观了中研院的社会所，下午一点半开始下山到镇上吃饭。下午3点，梅贻琦校长与陶孟和所长至慧光寺访问同济大学校长周均时。随后看望了巫宝三、杨时逢夫妇。至羊街6号李济家，8号梁思永、

北大文科所研究生合影
左起：阴法鲁、周法高、马学良、阎文儒、逯钦立、任继愈、杨志玖、董庶、王明、王玉哲、王永兴

刘士能家坐一坐。太阳西垂，在晚霞的衬托下三人返回板栗坳。

30日早晨，同济大学校长周均时到板栗坳回访，谈至9点始去。李方桂陪着大家到上坝参观中央博物院和营造学社。营造社在月亮田，梁思成夫人林徽因女士搬到四川不久就患气管炎，缠绵病榻已经半年多了。大家见到她时，林徽因正在院子里，躺在帆布床上晒太阳。脸色稍显憔悴，声音略带喑哑，可是谈起话来还像从前一样的健谈，说到她弟弟林恒在成都殉国的情形，又兴奋又伤感。谈约半个小时未敢久留，恐其太伤神了，告辞以前简直没法儿止住她的谈锋。梁思成在李庄期间，整理完成了学术专著《中国建筑史》。

7月1日上午他们再访石崖湾的社会所。晚上返回牌坊头，再与史语所十几位老同事在牌坊头的堂前聚谈,十分愉悦。罗常培的《蜀道难》写道:"上弦月穿过乔楠的枝叶,疏影洒在地上。大家有说、有笑、有唱;也庄、也谐、也雅。不由得想起广州东山的柏园,北平北海静心斋的叠翠楼和罨画轩,先蚕坛的'董西厢',东单牌楼前的洋溢胡同。"他们从五四时期走出来,一晃儿就是两个10年。如今已是精力充沛的中年人,已经挑起了教育抗战的重担。

在酷热的夏天里,关在四面不透风的山坳里,总算是把应该做的事情办完。7月5日早晨5点起来收拾行李,史语所的同事送了一程又一程,有的送到半山茅亭,有的送到上坝,还有直接送到李庄镇的。下山后,直奔月亮田中国营造社,再次看望梁思成与林徽因。再与李济先生告别。下午3点,乘长风轮去第四站——乐山、成都。

四 到乐山和成都——考察大后方高校教育现状

乐山是旧嘉定府的首县,城在岷江西岸,南有大渡河,北有青衣江,把它三面包围起来,颇占形胜。1938年春,武汉大学迁至乐山。

7月10日上午9点,三人看望武大校长王星拱、教务长朱光潜、原文学院院长陈通伯。王星拱身着一件灰色罗衫,头发全白。罗常培回想20年前在北大红楼上课时,听他讲科学方法论,他那时西装革履,精神饱满,是何等的少壮英俊。几年未见就苍老了许多,可见是抗战时期的校务繁重所致。朱光潜虽两鬓斑白,精神却还焕发。那个好说"闲话"的陈西滢,穿着亮沙的蓝衫,嘴上小胡须未变,鬓杂白发,他的背部也微微有些驼起,依稀可见当年住在北平东吉祥胡同时候的风度。

下午,梅贻琦、郑天挺、罗常培考察武汉大学的教学情况。午饭后有警报,两点半解除。桂质廷院长、陆凤书院长带领着参观理、工两院。理学院是在城边借用了教会学校的校址自筹修建的。工学院在城外的小山上,设备似乎不完善又没有资金去购买。

7月11日早七点半,至嘉乐门外朱光潜家吃早点,并会晤到陈通伯、朱东润、徐天悯、杨人梗几位教授,因为行色匆匆并没能一一访谈。当天梅校长向武大校长王星拱表达了联大恳求朱光潜来校的期盼,王星拱校长庄重而坚定地答复:"武大对于朱先生比联大更需要,请你们就暂时借给我们几年罢。"校长王星拱根本不会放朱光潜去昆明,梅贻琦只好作罢。

这几天因为夹江水涨,从成都来的汽车开不到峨眉。三人打算从峨眉坐黄包车到夹江,然后再转成都。一番思考定出来绝妙的方案,但现实却演变成一段艰难的历程。

20日,三个人登上了烧木炭的汽车,车厢里的人是满满的,车顶上还有四条"黄鱼"搭车客。汽车慢悠悠地在山路上爬行着,出城40里汽车就抛锚了。紧接着就是断路、山洪,坐船停运,随着湍流不息的江水上涨,只能望江兴叹,又耽误了好几天。

经过几天的舟车劳顿,三人于7月25日终于抵达了成都。成都除了不见了城围子,街道略显迂曲外,好多地方很像北平。例如春熙路的繁华就像北平的王府井,玉龙街的风雅更像琉璃厂。成都值得提一下的还有小吃,比如"姑姑筵""哥哥传"早已名扬川外。

25日晚,梅贻琦与朱自清叙谈清华国文系,以及问朱自清休假结束返校一事,朱自清表示准时返校。26日上午,梅校长与沈履谈到返校一事,沈履也欣然接受了。随后梅贻琦、沈履一同到张群主席私邸去拜访。

中午,朱自清、陈竹隐夫妇约梅贻琦、郑天挺、罗常培和从兰州回来的徐绍縠全家,到微有名气而物美价廉的"吴抄手"去领略本地风味。未想到一碗山大菰面索价3元2角,物美价欠廉矣。朱自清在联大教授中是家庭人口最多的教授,感叹自己囊中羞涩,不能更好地招待。郑天挺对这顿饭的感觉是齿颊留香。朱自清在自我责备,穷书生只能以馄饨招待自己的校长和北大上学时的同窗。

26日下午3点到华西坝参观华西协和大学、中大医学院、齐鲁大学、金陵大学四校。会到了张凌高、刘世传、陈裕光、吴贻芳四位校长。见到坚固壮观的教学楼、绿茵如毯的草地、树影婆娑、枝叶扶疏的校区。与联大"茅茨不翦，采椽不斫"的茅舍相比，此地俨然似"天上人间"。可惜这4所大学从"联合"蜕变为"联而不合"的情景。但还好校舍全是借用华西的，一切开支按学生多寡的比例分配，经费来源多由哈佛燕京社供给。

7月28日，梅贻琦收到北大校长蒋梦麟前三天的电报"余（蒋梦麟）谓25日去渝"，于是准备今早去重庆，与蒋梦麟一同继续与政府各部门落实联大的教育经费。

梅校长原已托重庆市警察局秘书主任郭喆购买了飞机票，经比较，觉得乘邮车比飞机只晚到一天，既可节省200多块钱，且三个人还不至于分散，于是毅然退掉飞机票，仍和郑天挺、罗常培同坐邮车，于8月7日到达青木关。

8月8日10点，上山访问教育部余井塘次长，据他说陈立夫部长留渝不常回教育部。会晤参事陈泮藻及高教司其他人士，拜托联大事情请多费心。顾毓琇是9日下午回来的，为了节省费用，他约梅贻琦搬到他新居舍去住；让郑天挺、罗常培搬到教育部督学室住。梅贻琦三人回到重庆住在歌乐山。梅贻琦住在八弟梅贻宝家里；郑天挺、罗常培住在吴文藻、冰心的"潜庐"。此刻可以抽时间去看望傅斯年，顺便休息几天恢复恢复疲劳的身体。

叙永分校主任杨振声曾在分校成立之初邀请老舍前来教书，专职大一国文。罗常培在昆明及时将此意转达给老舍。老舍非常干脆地回信："不教书，三年没念书，拿什么教人家？谢谢杨大哥的好意。"5月底，梅校长在重庆初次见到老舍，遂邀请老舍到联大执教。6月18日，西南联大常委会第180次会议议决："本委员会梅主席自渝转来本大学中国文学系主任罗常培先生函，请准聘舒舍予先生来本大学作短期讲演，由本校酌致旅费。应准照聘，并由本校为舒先生购付自渝来昆飞机票来程票价。"此次三人正好与老舍同往昆明西南联大。

梅校长在重庆四处找关系托人购买机票，近来敌机每天昼夜都在轰炸重庆，飞机班次本来就少，轰炸期间航班被取缔，三人焦虑地等待回昆明的机票。

8月15日，郑天挺接到"8月14日西南联大被炸"的电报，马上通知梅贻琦校长。郑天挺拍急电安慰全校学生与同人；梅贻琦发两封电报与蒋梦麟、潘光旦询问回禄之灾的详情。联大被炸，《吴宓日记》中载："8月14日晨起，府前早餐。八点三十分预警即出，警报响起。宓独在堡垒东的田中坐避。十点三十分前后，二十七架敌机来轰炸联大及拓东路。状元楼立刻起火，远见大黑烟。"午后，吴宓至"师院（工校）视察，落弹二十枚新楼全毁。联大新校舍北区弹毁学生三舍及图书馆书库。并教务处、出纳组、校委办公处等。南区毁生物试验室等。校门之云光饭馆夷为平地。昆华南院女舍中四弹。北院弹落操场及大门内无损伤"，此次西南联大被敌机轰炸损失惨重。晚饭时，吴宓在女生宿舍门口"遇到了蒋梦麟、樊际昌、任之恭、查良钊来视察灾情"。

梅贻琦等人在重庆越发坐立不安，尤其是梅贻琦校长和总务长郑天挺更是焦虑万分，对他们两人来说这几天简直是度日如年。终于订到了飞机票，8月23日梅贻琦校长与郑天挺飞回昆明，罗常培与老舍26日抵达昆明。老舍开始数月在西南联大的教学、讲演、交流。

最近，郑天挺家人在整理文件资料时，发现了郑天挺当年三个月蜀道之行的账目清单，足以见证西南联大人的品德。

罗常培（左）和郑天挺
1936年在北大二院

这份账目清单计25页纸，其中支付细账20页（含1页游峨眉山）、报销总账两页、联大（分列梅、郑、罗）报销总账1页、清华、北大（分列梅、郑、罗）报销总账1页。其中6月25日至8月4日账目后面写着："在嘉定峨眉、成都考察参观不支公费。"又：8月8日栏后面三人名下都写着67.50元，在表后注了一句："自成都至重庆135.00元，以半数报账。"盖重庆至叙永（约250公里）为公干，因游峨眉而转道成都，自成都回重庆（约500公

郑天挺1941年蜀道之行账目清单原件

里）其路程多出一倍，故以半数报账。这两条文字所体现出来的原则，为我们展示出什么是"西南联大精神"。今天若皆能做到，则大学之精神也不至于失坠了。

2025年3月25日于北京

志业长昭　乐育垂绩
——追忆我的祖父樊际昌

樊文渊[①]

我的祖父樊际昌教授,曾经先后在北京大学和西南联合大学担任教务长兼心理学系主任。

我没有见过我的祖父,但我的名字是祖父给起的。我出生的那一年即1948年,祖父去了广州,随后去了台湾。

一

祖父1899年出身于杭州一个盐商家庭,曾读私塾。少年时怀教育救国之志,要外出读书,但曾祖父母极力反对,在祖父不满18岁时为他成了亲。好在祖母娘家富有,陪嫁颇丰,祖母支持祖父外出求学。后来祖父考入了上海南洋公学。在这两年多的时间里,祖父接受新思想、新文化,认识了不少良师益友,特别是与比祖父年长15岁的蒋梦麟先生结下了不解之缘。

1918年,祖父从南洋公学毕业,考取了半官费美国留学,乘哥伦比亚号轮船去了美国,同船的有62位清华毕业生,如桂中枢、钱端升、钱昌祚,还有林语堂、郝更生、吴南轩等。

1921年,祖父从美国华盛顿大学心理学系毕业,回到北京,先后在清华大

---

① 樊文渊:樊际昌先生长孙,工程师,退休前就职于上海东方航空公司。

学、北京大学、燕京大学任教，同时在北师大、中国大学教外语。祖父很注意仪表，每次去上课前，都要把脸修饰得干干净净。

1924年曾祖父病危，祖父回到杭州看望，在杭担任浙江省禁烟专员。1925年曾祖父病故，祖父留杭协助祖母料理后事。

1926年，时任北大代校长的蒋梦麟先生函催祖父返校，祖父继续在清华、北大任心理学教授，兼北大注册部主任。

1930年蒋梦麟辞去国民政府教育部长后任北大校长，祖父受聘为北大文学院教授、心理学系主任兼北大课业长（即教务长），从此开始了他一生漫长的治学之路。

当时北大根据国民政府的《大学组织法》，提出北京大学以"研究高深学术、培养专门人才、陶冶健全品德"为方针，调整院系和人选，设校长一人；成立文、理、法三个学院，各设院长一人；设课业长、总务长、秘书长各一人。之后又设置教务会议，明确"教授治校、民主管理"的方针。

1931年教务会议成员为：校长蒋梦麟，秘书长王烈，课业长樊际昌，总务长郑天挺，图书馆长毛准。当时文学院院长为胡适，理学院院长为刘树杞，法学院院长为周炳琳。参加教务会议的还有教授代表：马叙伦、陈用彤、周作人、汪敬熙、陶希圣、江泽涵等。

蒋梦麟任期之初就制定了"辞退旧人，校长做；聘用新人，院长做"的校规。祖父任教务长，负责协助校长、院长、系主任聘请教授。聘请方法：人数多时由校长在宴会上送上聘书；人数少时由教务长筵席聘请；个别人则由教务长设家宴聘请。祖父家的常客有郑天挺、罗常培、李四光、刘树杞等。

北大先后聘请了很多知名学者，贯彻"学术自由、学术民主、兼容并包"的方针，使北大声望日益提高，取得巨大成就。祖父协助蒋梦麟校长，一直辛勤劳动和无私奉献。

1931年，祖父曾在北大图书馆任代理主任。

1926年，熊佛西任北大艺术学院戏剧系主任时，祖父和余上沅、徐凌霄等也去任过教。

1934年新建北大图书馆，樊际昌与哈佛大学教授奥古斯塔

　　祖父对教务工作很严谨，对心理学和英语教学要求也很严格。心理学教案都是夜间用打字机打好，让助教翻译成中文，再经他修改后印发给学生。学生也努力学习，形成了良好学风。

　　现在招考，考试作弊现象时有所闻。20世纪30年代，祖父在北大上海考区监考，当时一位应聘者发现钢笔没有墨水了，祖父就离开考场去为考生找来墨水，中间离开了几分钟。这中间，考生在无人监视的情况下，秩序井然，没有发生违规现象。祖父后来对大家谈起这件意外，很欣赏考生的自觉、自律精神。

　　在考试方面祖父施行了一套看似轻松实际很严肃的办法。1931年后，差不多每年的招生考试，祖父都以教务处邀请的方式，请各院系的专课教授集中在"红楼"地下室的会议室内集中命题、校对、印卷。再到正式考试、考完阅卷评分，前后大约一周时间，教授们都在"红楼"过集体生活。一日三餐一般都由"丰泽园""厚德福"饭店按时送来，直到张榜以后才能自由行动。这是为了招考不出问题，大家清白，杜绝投机舞弊事情发生，学校各方面对这样做都很满意。

祖父在紧张的工作之余,也搞书法,弄笙笛、南胡、箫等乐器。曾与祖母在我父亲和两位叔叔面前合奏《梅花三弄》《高山流水》等。有时还将住在斜对门的刘半农请到家里小饮和曲。祖父与陈雪屏、吴大猷等教授的关系也非常好,经常一起聚会,打桥牌,关系十分融洽。

祖父对蒋梦麟先生始终怀有敬仰之心,偶尔也去毛家湾5号蒋家拜望蒋先生及其夫人陶曾毂女士,但从无取宠之意,这在当时北平高教界传为美谈。

祖父为人随和,交际广泛,又因祖母能烧一手好菜,家中客人不断,常客有陈雪屏、吴大猷、刘半农等。

说起刘半农,这里插一段小故事。

刘半农是北大第一批文学类研究教授,与上课比,他更喜欢写文章,但他的口才并不逊色。在他去世那年春天,曾应邀出席一对青年人的结婚典礼,匆促中出口吟成《贺婚诗》一首,成为文坛佳话。

1934年3月25日,星期日正午,尽管离清明节还有十来天,郁泰然请刘半农到他家吃清明饭。饭后,刘半农到前毛家湾北大校长蒋梦麟家,出席郭亮才、耿御西结婚仪式。

郭亮才与耿御西女士借蒋梦麟家举办结婚仪式,并借主人的名气邀请到许多名流捧场,一举多得。

证婚人是我祖父樊际昌。祖父字逵羽,北师大教授钱玄同(钱三强之父)叫他"哙李关":樊哙的哙,李逵的李,关羽的关,三人的脸非红即黑。但实际上,祖父是翩翩美少年。刘半农和祖父关系随便,曾写打油诗《赠樊际昌课业长》。

祖父是个热闹人,他作为证婚人致辞说:希望新人实行新生活,少养儿子,不要一年一个,二年二个,三年三个,云云。

证婚人演说结束,司仪高呼:"来宾致颂词,公推刘半农先生为代表。"

刘半农事前并未得到打招呼,毫无准备,大窘。连连摇手,请司仪换人。但众人鼓掌,包括蒋梦麟校长在内,笑嘻嘻地望着他,拍手起哄。见校长如此，大家更不让，催促他上台致辞。刘半农无法，不得不勉强登坛。时间已容不得刘半农多想，他只好随想随说，用柏梁体硬凑了一首《贺郭耿之婚》：

张灯结彩毛家湾，诗咏雎鸠声关关。
乃有淑女与淑男，结其婚兮合其欢。
从此努力工作毛家湾，连生贵子一二三。
司仪先生太作难，胡诌几句油榨干。

"诗咏雎鸠声关关"，是发挥《诗经》第一首"关关雎鸠，在河之洲；窈窕淑女，君子好逑"之意。他的第三、第四句，仍然延伸这首诗，所以叫"乃有淑女与淑男，结其婚兮合其欢"；凑至第五句，刘半农忽然想到结婚在毛家湾，未免忍俊不禁，自己笑了起来，虽然与第一句重复"毛家湾"，也顾不上了；第六句与樊际昌抬杠，你叫他少生，我偏叫他生个一二三；第七句骂司仪；第八句自言江郎才尽，正好结束。胡适写诗快，在美国留学就有"榨机"之名，"胡诌几句油榨干"，反其意而用之。

从上台到下台，刘半农费时不过三分钟，是名副其实的"口占"。

1934年刘半农在西部地区进行田野考察时感染了回归热，7月10日回到北平，先被误诊为重感冒，后又被诊为黄疸病。经胡适出面，7月14日祖父陪刘半农住进了协和医院，却不幸已晚，下午3点刘半农病逝，祖父樊际昌又同蒋梦麟、胡适、郑颖孙等人为刘半农购买棺木，办理后事。

从此一代大师不再矣！

二

1933年，中国共产党创始人、北大教授李大钊殉难6周年，因家境困难，家属一直无钱无力为其下葬。已经病得奄奄一息的李大钊遗孀赵纫兰携子女从故乡河北乐亭返回北平，求见烈士生前友好的北大同仁蒋梦麟、胡适、沈尹默、周作人等,请求北大代为办理安葬事宜。时任校长的蒋梦麟慨然允诺。

北大同事感李大钊之事迹相与发起厚葬,这发起的13人中,有蒋梦麟、胡适、沈尹默、周作人、傅斯年、刘半农、钱玄同、马裕藻、马衡、沈兼士、何基鸿、王烈和我祖父樊际昌,每人捐20元。

还有北大同事梁漱溟、友人章士钊、吴弱男夫妇等出手相援,大家集资置办了棺木,才将烈士遗体装殓入棺,由下斜街长椿寺移厝至妙光阁浙寺内停放。其中梁漱溟捐50元、马叙伦捐20元、李四光捐10元。

外地故友闻讯亦有捐助者,上海如鲁迅,捐了50元,国民党一些派系的要人也出钱捐助,如汪精卫一人就捐了1000元、陈公博300元、戴季陶100元,他们或与烈士生前系"同志"(陈公博曾是中共"一大"的代表,戴季陶则曾参与了中共的创建),或曾系"盟友"(汪精卫是国共合作时的国民党"左派"领袖),这些善款都由北大会计科代收。

1933年4月22日公祭举行时,参加者中还有教育部长李书华、农矿部长易培基、国民党中央监委黄少谷(都曾与李大钊于"三一八"后遭北洋军阀通缉),以及烈士生前北大同事胡适、周作人、马裕藻和樊际昌等。(见胡华《中共党史人物传》)

李大钊后来被安葬在北京的万安公墓,是蒋梦麟出面购置的墓地(并为烈士夫人预购了穴地),墓碑则是刘半农撰写的。

我祖父为能给李大钊厚葬出了点力而感到欣慰。

1918年,祖父留美读的是当时新兴的学科心理学。1921年祖父学成回国,1922年中国第一本心理学杂志——《心理》在上海问世了,当时主编是张耀翔。

1934年7月,中国第一批心理学留学生群体陆续回国,祖父等人有计划地组织了聚会活动,参与者遍及京城各大高校,有陆志韦、周先庚、刘廷芳、叶麟、陈雪屏、潘渊等,一时间群英荟萃。

1935年11月,在北京的一次心理学同人的聚餐会上,祖父和陆志韦等人提议组织成立"中国心理学会"得到众人响应,于是推举陆志韦、孙国华和祖父樊际昌共同起草组织章程。

樊际昌(左)与郑天挺
1936年在北大新地质馆楼顶

1936年11月,由心理学者34人发出通知,正式组织"中国心理学会",祖父樊际昌是发起人之一。

1937年1月24日,中国心理学会在南京正式成立,成为中国现有全国性学会中最早成立的学术组织之一,学会刊物为《中国心理学报》。《中国心理学报》的刊出,有力地促进了中西方心理学交流,一度成为中国心理学界对外发表学术成果的喉舌。

1935年"一二·九""一二·一六"运动中,北京大学许多爱国学生被国民党当局逮捕、打伤。祖父作为北大教务长,积极站在学校第一线同国民党当局据理力争、交

1936年冬北大,左起江泽涵、樊际昌、奥斯古、张景钺

涉，并利用各方面的关系，营救被捕者，慰问受伤学生。

12月17日查明校中受伤学生共9人，被捕者5人。当日下午，祖父与北大秘书长郑天挺一同前往协和医院探视受伤学生。

12月19日下午，又赴公安局将被捕同学5人先后无条件保释出狱。

三

1937年，"七七"卢沟桥事变，日军占领北平、天津。国民政府决定北大、清华、南开三校合并南迁，由蒋梦麟、梅贻琦、张伯苓三校长组成校务委员会，由祖父樊际昌和潘光旦、黄子坚等负责学校搬迁事宜。

1937年11月开始，3000余名师生由北京陆续抵达湖南长沙，成立了长沙临时大学。祖父樊际昌是最早抵达长沙的教授之一。

后因日寇不断轰炸，无法安定，长沙临大决定再迁云南昆明。其间，我祖父和学校师生、家属历经艰难险阻，终于在1938年3月下旬抵达昆明。4月2日，三校正式合并改称西南联合大学。祖父众望所归，担任西南联大教务长，直至抗战胜利三校各自复校为止。

1940年，日军又向缅、中、印边境进发，昆明局势趋紧，学校频遭空袭，相关部门不得不下令西南联大做好再迁移的准备。

西南联大校务委员会委派联大教务长樊际昌等人，到四川南部的宜（宾）泸（州）一带踏勘，选择迁校地点，几经比较，最后选定了叙永。

叙永县的官方、士绅、僧侣、民众以及本籍文人黄季陆（抗战时期曾任川大校长）也都热忱欢迎西南联大到叙永办学。以叙永县城精华建筑春秋祠为代表的多处祠堂、寺庙，都如约按时成了分校校舍。联大录取的新生须在12月10日之前全部到叙永分校完成报到。

然而，彼时抗战方殷，汇款邮路不畅，西南联合大学分校如期开学在即，需款孔急。

1940年11月27日，联大教务长、分校筹办人樊际昌向叙永县政府发函请求资金援助。

敬启者，兹因敝校汇款未到，拟请贵县长令饬财委会暂为拨借国币5000元，以资周转，一俟收到校款，当即如数归还。至希惠允办理为荷！

第二天（1940年11月28日），国民政府叙永县县长张大明紧急批准县财委会借款国币5000元（现值约50万元）予西南联大叙永分校，解决叙永分校办学经费周转困难的燃眉之急。叙永县城精华建筑春秋祠等多处祠堂、寺庙，都如约按时成了分校校舍。

西南联大校本部派往叙永分校任教的教师阵容十分强大，其中有现代著名教育家、作家，曾任青岛大学校长的杨振声教授，散文家李广田先生，历史学家吴晗先生，法学家龚祥瑞先生等。在西南联大"精神独立、学术自由、以人为本、兼容并包"精神的感召下，叙永分校迎来了众多的来自全国各地的青年学生，更有旅居海外的华侨学子，他们历经艰辛前来求知学习。

为了追寻祖父的这段经历，2024年的5月，我和夫人从上海辗转重庆、泸州，来到了叙永，探访中国教育史上那段艰难而又奋进的岁月。

叙永县博物馆负责人和县文化局领导热情地接待了我们。

西南联大在叙永成立分校，带动了当地教育、文化和经济等方面的发展，叙永博物馆的负责人谈及此事表露出深深的感激之情。

叙永分校就读的条件十分简陋艰苦，但就在这样的条件下，西南联大叙永分校培养出了一大批人才，有许多人后来成为国内外知名的学者、专家、教授。其中，还有不少学生投笔从戎参加远征军和驻印军，走向抗日前线。

1941年8月中旬，昆明局势见稳，西南联大校务会议决定将叙永分校的学生陆续迁回昆明上学，只留先修班在叙永。至10月下旬，先修班也迁回昆明，叙永分校至此完成了它的历史使命。

西南联大精神在叙永生根发芽，写下了难忘的一页，直至今天，仍是叙永学子学习的楷模。

四

1941年12月,日本偷袭珍珠港,美国对日宣战。1943年陈纳德将军率飞虎队来华助战,大批美方人员来到昆明,为应付语言上沟通的困难,国民政府下令开办"译员训练班",征调西南联大应届四年级男生为美军译员。

祖父樊际昌被任命为译员训练班教导主任,戴世光、鲍觉民主管训练业务,担任英语教学的有陈福田、闻一多等教授。在极短时期内,译员培训班做了大量工作,培养了一大批合格译员,满足了抗战需要,为抗日战争的胜利做出了贡献。

1946年5月,宋子文出任行政院长,因宋与蒋梦麟在美国留学时有同窗之谊,调蒋梦麟任行政院秘书长,我祖父应蒋梦麟之邀,以北大借调之名,担任秘书长蒋梦麟的助手。

1947年春,中美两国依据所签订的经济合作协议,准备筹建"中国农村复兴联合委员会"(简称"农复会"),祖父又随蒋梦麟去广州创办农村复兴委员会。

"中国农村复兴联合委员会"是国民政府和美国政府为振兴中国农村经济而成立的组织。

1948年10月1日,农复会在南京正式成立,蒋梦麟出任主任委员,樊际昌任农复会秘书长、总务长。

1948年9月17日出版的《周论》杂志发表了由祖父樊际昌、周连犀、李涛、毛子水、王聿修、沈隽淇、刘豁轩、陈友松、张佛泉、朱光潜、倪逢吉、齐泮林、胡先骕、王云槐、崔书琴、张起钧等16人署名的文章《中国的出路》。文章发出了中国知识分子要求民主、自由、平等的呐喊。

1949年,祖父随蒋梦麟去了台湾。

迁台后的农复会在其存在的30年中(1949–1979)对振兴台湾农业经济、整合台湾农村社会资源和推动台湾工业化可谓功莫大焉,实为台湾农村现代化的"操盘手"和台湾经济腾飞成为亚洲四小龙的"助推器"。

1964年蒋梦麟在台北去世，祖父即从农复会退休，又先后在台湾政治大学、台湾大学受聘任教，直至1975年病逝。

祖父的一生从事教育工作，他把最美好的年华奉献给了北京大学。祖父以"士为知己者用"为做人准则，忠于蒋梦麟先生，一生追随，竭心尽力。

祖父去世时，身边无子女在台（祖母先祖父而逝），台湾行政院农业委员会负责人李崇道（诺贝尔奖得主李政道的哥哥）、蒋彦士等祖父生前好友组织治丧委员会于台北市立殡仪馆设奠公祭。

为纪念樊际昌风范永垂、奖引后进，农业委员会依祖父生前惠捐款额设置了"樊际昌先生奖学金"。

祖父母安葬在台北阳明山第一公墓。墓地地处阳明山之巅，四周松柏葱郁高挺，举目远眺，台北市内的高楼隐隐可见。祖父的墓地被松柏常青环绕，安静肃穆，墓碑上分别镌刻有蒋介石"志业长昭"和严家淦"乐育垂绩"的题字。与祖父墓地相邻不远的是陈诚等人的墓地。

2006年3月，我携夫人赴台湾祭拜祖父母墓。我对祖父说："我们来晚了！"过去这几十年的路，风风雨雨，激荡坎坷，父母亲都早已离开了人世。曾在中共西北局任职的三叔樊养学离休后至病逝前，一直在嘱咐我要把祖父的生平整理好，让后辈了解真相，让历史回归真实。

2024年12月28日于上海

薪火相传

我的伯父
——著名社会学家王康先生

王 立

我的父亲和他的四哥弟兄俩,都是国立西南联大的学生。四伯王康,字子寿,父亲王子光,以字行,名泽,故闻一多先生称两人为"康生弟兄"。

一 联大叙永分校的《红叶》

1940年秋,四伯王康从铜仁的国立第三中学考入国立西南联大文学院历

王氏三兄弟(1938年初,武汉)
左起:老四王康、老三王达、老五王子光

史社会学系。因是联大当年统考录取第一批分发的学生,一接到通知,他们几个同学立即从贵州的山窝里奔来昆明的国立西南联合大学,满心憧憬着在"五百里滇池奔来眼底"的湖光山色和花木茂密青葱秀丽的翠湖春晓中度过四年大学时光。没想到,刚刚跨进联大新校舍,即被告知本年度全体一年级新生和先修班学生前往联大四川叙永分校就读。于是,四伯和他的同学们重拾行装,在深秋的斑斓中告别春城,乘坐学校安排的西南运输局的货运便车,晓行夜宿将近一周,11月初抵达川南小城叙永。

叙永是座双城,东城和西城的6座祠庙接纳了叙永分校的700多名师生。四伯他们文理法商及师范学院的男生住宿西城的春秋祠,工学院男生住宿紧邻的南华宫,吃饭同在斜对面的府城隍庙。全体女生食宿在东城的帝主宫。校本部在东城的县文庙。因战时交通受阻,多数学生无法在12月10日前到校,故分校校务委员会贴出通知,定于1941年1月2日开始注册,4日选课,6日正式上课。四伯王康的"西南联合大学学生注册片"上,注册时间正是1月2日。

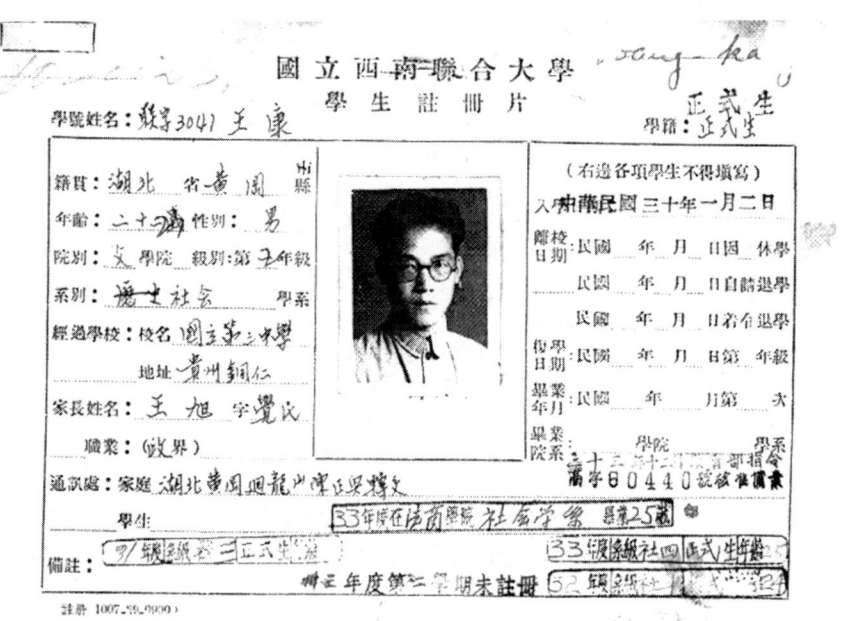

王康西南联大注册片(注册时间1941年1月2日)

因到校较早，四伯王康在正式上课前这段较为空闲的时间里，遍访了叙永东西两城大大小小的祠堂庙宇。他欣喜地发现，女生住宿的东城帝主宫，早先是护国寺，为在叙永经商的古黄州府商人所建，后改称黄州会馆，因黄州人敬奉"帝主"，故称"帝主宫"。王康尽管在南京生长，但黄冈毕竟是故乡，因着这座"帝主宫"，平添了对川南小城叙永的亲近感。

　　与王康同时录取到西南联大文学院历史社会学系的还有国立三中的同学傅乐成，两人的学号接近，王康是"联3041"，傅乐成是"联3052"。只是西南联大从他们这一届开始，历史学系与社会学系分设，傅乐成所在的历史学系仍属文学院，王康所在的社会学系，改隶法商学院。不过大一基本上是基础课，好几门课他们都在一起上，尤其是吴晗主讲的《中国通史》对他们影响极大。多年后傅乐成回忆："吴老师的中国通史，着重历代制度，内容新颖。他讲书甚有条理，也很风趣。但考试分数奇苛，经常是二分之一以上不及格，为同学所恨。他待人也算热诚，但不满现实，常发牢骚，其语极其刻薄。抗战末期，他突然'前进'，时常著文演说，攻击政府。"①

　　1941年4月底，历史系的同学邀请吴晗老师作一次纪念"五四"的专题演讲。那天听吴师演讲的人很踊跃，文庙的大教室（即大成殿）挤满了人。吴师在西南联大作过很多演讲，这应当是他来联大后的第一次演讲。

　　因迁校耽误了一些时日，叙永分校全学年两个学期的教学任务需压缩到七八个月内完成，以致周末也不休息。尽管学习如此紧张，年轻人仍是活力满满，打球、游泳、爬山、打桥牌等课余活动一样不落，还有一些热情极高的同学办起了壁报。《流火》《山泉》《野草》等壁报均是四五人乃至十来人合办，只有王康独自一人办了一份壁报。

　　王康在叙永分校正式上课前的一个多月中，总想找点儿事做，于是琢磨着办一份壁报，想着来时一路看到的深秋景致，便为他将要刊出的壁报取名《红叶》。这段时间分校教员也陆续到校了，王康即将此想法告诉给中文系助教王

---

　　① 傅乐成：《我怎样学起历史来》，载《时代的追忆论文集》，台北：时报文化出版事业有限公司，1984年3月初版，第254页。

志毅老师,并请王老师做导师。王康的想法不仅得到王老师的支持,其夫人王太太更是亲自挥笔为王康的第一期《红叶》配画了刊头。吴晗老师也颇称赞王康的《红叶》壁报,还不时为之出谋划策。吴晗与王康一生的师生之谊即始于此。《红叶》大约半个月一期,6月底便停刊了。最后两期《红叶》,得到了王康的同乡、哲学心理学系的吴传启同学的热情相助。

二　学长老乡殷海光

1941年8月,叙永分校撤销,王康回到昆明联大校本部,遇到了比他高两级的联大哲学系学长殷海光(福生)。殷海光和王康是湖北黄冈回龙山小同乡,两家的祖宅殷家楼和宁家汊相距不过七八里,但两人此前从未谋面。殷海光年少时,随父母迁居上巴河镇,在上巴河读完小学后,到武昌上中学。高中时期翻译出版了查普曼和亨利合著的《逻辑基础》一书。高中毕业后,殷海光在金岳霖的资助下来到北平,结识了许多学界名流。北平沦陷后,他回到家乡。1938年秋考入西南联大哲学心理学系。1942年本科毕业,考取清华大学哲学研究所,师从金岳霖先生。

王康自幼与家人随其父居住在南京,直至1937年秋南京沦陷前夕,他就读的中学被迫停课才回到武昌。1938年初,王康和他的几个从南京来汉的同学相约,过江到设立在汉口市立一女中的"苏浙皖京沪沦陷区省市立中小学教职员及公私立中等学校学生登记处"报名登记前往设在铜仁的国立贵州中学(后改为国立三中)高中部就读。恰逢傅乐成也由长沙辗转至国立三中就学。傅乐成是聊城名门望族傅氏之后,傅斯年是其亲伯父。傅乐成在济南读完小学后,随祖母前往北京,住在伯父傅斯年家,就读辅仁大学附中。其间积极参加"一二·九"运动,被推选为学生代表和游行的主要领导者,于游行当晚被捕入狱,后经伯父傅斯年保释出狱。傅乐成于西南联大毕业后,曾在中学、大学教历史。1949年随伯父傅斯年赴台,在台湾大学任教,遂成为著名的历史学家。

迁回昆明联大新校舍后，王康和傅乐成同时结识了殷海光。殷海光此时已是西南联大小有名气的"辩论家"，经常与左翼学生抬杠、争吵。那时西南联大进步学生占多数，殷海光经常受到围攻。王康是左派学生，但因殷海光是学长和同乡，往往只是听他海阔天空地高谈阔论。傅乐成回忆："我住的那个寝室，共有二十来个同学，并不包括海光兄，但其中有几位是他的同乡。有一段时间，他几乎每晚必来，找他的同乡聊天，直到深夜。"①这寝室里的几位殷海光的同乡，就有王康和吴传启两位。

傅乐成在《悼念殷海光兄》一文中说：

记得他经常穿一套黄卡其中山装，冬天则加一件黑棉布大衣。他说话的声音，永远超过聊天的程度，而像是在演讲；其坚定嘹亮，简直不像发自他那瘦小的身躯。每当他高谈阔论，整个寝室都静下来，他口讲指划，滔滔不绝，有时夹杂着几声怪笑，别人绝少有插嘴的机会。他的若干言谈，够得上是惊世骇俗，而每次所下的结论，无不斩钉截铁，不容怀疑。那时他已颇有名气，是哲学系金岳霖教授的高足，同学对他都有几分敬意。最初我只是他的忠实的旁听者，有时对他的言论不表同意，但一看他那种充满自信的神态，便不自觉地站在他的一边。不知怎的，每次看到他，总会感到自己知识贫乏，缺少他那种因学信道的勇气。②

1993年2月，《殷海光传》的作者汪幸福在北京见到王康时，王康谈道：

我与殷海光在西南联大就熟。那时，他的成绩不错，金岳霖教授很喜欢他。同时，他也是学校有名的右派学生，常为政治问题与同学们辩论，还在"民主墙"上写了不少反共文字。我在"民主墙"上看过他写的几篇反共文章。感觉他的文笔

---

① 傅乐成：《我怎样学起历史来》，载《时代的追忆论文集》，台北：时报文化出版事业有限公司，1984年3月初版，第254页。
② 傅乐成：《我怎样学起历史来》，载《时代的追忆论文集》，台北：时报文化出版事业有限公司，1984年3月初版，第254页。

不错，来得也快，但文章的观点很偏激，内容也很多不实，文章的观点也多是以偏概全，站不住脚。他与人辩论时，劲头很大，声音高昂，似乎真理都在他那一边，他什么都正确。那时，学校进步学生占大多数，他一辩论起来，总是有人围攻他。辩论激烈了，有时还发生骂人、动手的情况。他的个头小，怕吃硬亏，所以一遇进步学生愤怒或辩不赢时，就跑开了。

我与他虽系同乡，由于观点立场不同，爱好也不一样，直接接触不多。从他那时的个性、为人看，我判断他将来是个政治人物。①

抗战胜利后，殷海光来到重庆，担任《中央日报》主笔。赴台后，在台湾大学教授逻辑学，深得学生喜爱。殷海光参与了胡适和雷震创办的影响巨大的《自由中国》杂志，被誉为"反蒋先锋、民主斗士、抗暴旗手、启蒙大师"，是20世纪中国自由主义知识分子的典型代表。

三　在西南联大"民主堡垒"中

在西南联大，王康直接接触到陈达、潘光旦、吴泽霖、李景汉、陈序经、陶云逵、李树青等著名的社会学、民族学、人类学教授，以及张奚若、闻一多、朱自清、曾昭抡、吴晗、费青等国文、历史、哲学、政治学、经济学、化学、生物学方面的著名教授。这些教授，有的早年加入中国同盟会、参加过辛亥革命，有的参加过五四运动，绝大多数曾经留学欧美。他们对国家爱之深责之切，高举科学与民主的旗帜，是西南联大这座"民主堡垒"的中坚，对王康等青年学生的影响十分巨大。

从1941年8月到1946年7月15日闻一多先生殉难的5年间，王康与闻一多往来亲密，闻一多在给其胞兄闻家骅（王康的姑父）的信中写道："康生弟兄与弟过从甚密，思想亦极相投。康生文笔与口才尤能出众，二人均已成青年领

---

① 汪幸福：《殷海光传》，武汉：湖北人民出版社，2000年9月第1版，第36—37页。

1940年代王康初到昆明,摄于滇池边

袖,觉民兄得此双璧,真羡杀人也。"①

  王康自二年级起,担任社会学系学生会主席。社会学系学生会坚持每两周在联大新校舍"民主墙"上出一期《社会》壁报,得到系内教授和学生的支持,李景汉、李树青教授还为壁报题词。《社会》壁报在联大校内颇引人注目,在民主运动中产生了较大影响。

  王康他们定期举办各种学术活动,其中有社会问题的专题报告会,有婚姻与恋爱、战争与和平等能吸引多数同学兴趣的辩论会,有纪念"五四"的时事讨论会。在李公朴先生留寓昆明时,王康特地请李先生来校以战时教育为名,介绍陕甘宁边区及敌后的情况,为此王康受到联大训导长的警告。这些活动一直坚持到1944年民主运动高潮到来之后。

  1944年5月,联大的学生们和教授们密切合作,公开举办时事演讲会、座

---

① 闻黎明、侯菊坤:《闻一多年谱长编》,上海交通大学出版社,2014年12月,第860页。

谈会、诗歌朗诵会、文艺晚会等活动，大规模地纪念五四运动，成为昆明学生运动、民主运动的新起点。这些活动，闻一多、张奚若、费孝通等都参加了，并对王康这些青年学生给予热情的支持和帮助。

1944年6月，美国副总统华莱士抵昆明访问前夕，王康联合西南联大7个进步的壁报临时组成一个"壁报协会"，决定联合起来出一期英文壁报。华莱士到联大参观的消息王康他们头一天才得到，时间紧迫，他们只得向闻一多求助，闻一多硬是挤出时间帮他们组织并审阅英文稿件。王康他们几位同学经过连续20多个小时的紧张突击，终于编制出一张高二丈宽四丈的英文壁报。其弟王子光等同学克服重重困难，想方设法将英文壁报钉在联大新校舍的"民主墙"上。壁报刚张贴好，1个多小时后，华莱士一行就抵达联大了。尽管陪同的政府官员设法带着华莱士绕过"民主墙"，然而壁报实在太显眼了，华莱士的随行人员还是将壁报拍摄下来，在美国报纸上刊登出来。

1944年7月7日，由西南联大"壁报协会"出面，联合云南大学、中法大学、英语专科学校三校的学生自治会，共同邀请十多位教授，在云南大学致公堂举行"纪念抗战七周年时事报告晚会"。这是自皖南事变以来，昆明四所大学学生联合举办的第一次政治性的大规模集会，潘光旦先生说到大会的情形："出席的多至三千余人，会场内外，挤得水泄不通，景况的热闹，真是得未曾有。就昆明一地说，竟不妨说是空前的。"①

这样大规模的时事报告会，自然会受到官方施加的压力。报告会上，闻一多的响亮发言，博得听众的热烈鼓掌。报告会结束，同学们送先生回家。路上，闻一多对大家说："我原本不准备讲话的，主席王康几次递条子叫我发言，我都回绝了。但听到那位校长替官方讲话，我就坐不住了，不能让那些谬论长了歪风邪气，影响大家的情绪，更危及大会的主旨。""我是'扶正祛邪'，弘扬正气，驱散邪说，做你们的后盾。支持大家关心国家民族命运，支持大家争取民主。我不这样做，让谁来做！"②

---

① 潘光旦：《说学人论政》，《自由之路》，商务印书馆，1946年9月，第361-364页。
② 王子光：《无尽的哀思》，《回忆纪念闻一多》，武汉出版社，1999年9月，第520-532页。

正是在西南联大这座"民主堡垒"中,王康与闻一多及其家人、同事、朋友、学生的密切接触,为日后闻一多传记的写作奠定了基础。吴晗在《闻一多的道路》一书的"序"中说:"一多先生住在昆明西仓坡联大宿舍的几年,经常来往的客人中,作者是其中之一。昆明每次有一多先生出席的演讲会、座谈会、讨论会,作者无不在场。"①

四 云南大学的"魁阁"学人

1944年秋,王康从西南联大毕业,进入费孝通教授主持的云南大学社会学系任教,成为"魁阁"的一员。魁阁在呈贡大古城,1940年秋吴文藻教授调往重庆,陶云逵接任云南大学社会学系主任,因昆明常遭到日机轰炸,陶云逵便把云南大学社会学实地调查工作站安置到他曾经住过的魁阁,于是魁阁成为云大社会学研究的根据地,前前后后有十几位云大社会学同人在此生活、工作,直到1945年8月抗战胜利后迁回昆明云南大学校内。这便是日后为学界称道的"魁阁"团队。

费孝通是社会学家,且是民盟成员,他一面主持魁阁中心的学术研究,一面参与民盟工作和民主运动,并将两方面有机地结合起来。魁阁中心成员的研究各有侧重,鉴于王康大学时代即为学生干部,亲身参加昆明的学生运动,费孝通安排王康做青年学生思想状况调查以及学生运动方面的研究。王康用了五六个月的时间调查访问,完成了社会调查报告《昆明大学生的思想与精神生活》。其间王康不仅在《自由论坛》《云南日报》等报刊上发表文章,还负责编辑《自由论坛》周刊。

《自由论坛》是潘光旦、王赣愚、费孝通、闻一多等民主教授倡导创办、郭相卿任发行人的一份月刊,1943年2月15日创刊,至1945年3月20日终刊,共发行3卷计16期月刊。1944年夏,为谋发展,自由论坛社社务委员会经商议决定

---

① 吴晗:《〈闻一多的道路〉序》,史靖《闻一多的道路》,生活书店,1947年7月。

1944年，王康（左）、张之毅（中）、费孝通（右）在呈贡大古城魁阁三楼讨论问题

增办周刊。周刊为对开4版小报，因每周日出刊，冠名《自由论坛·星期增刊》，由王康担任编辑。1945年3月17日第20期起定为《自由论坛·周刊》。周刊作为报纸，除发表时政评论外，还发表一些文学艺术类的作品，题材广泛，可读性强，吸引了不少读者，大大增加了发行量。

因《自由论坛》时常发表一些批评时政的文章，因而受到当局新闻审查部门的警告，发行人唯恐此事影响仕途，1945年9月中下旬，连续在几家大报上刊登启事，竭尽全力撇清与民盟的关系。为澄清事实，说明真相，自由论坛社社务委员及全体社员针锋相对地在报纸上发表了声明和启事，宣布解散自由论坛社。

为了有一个由民主教授们主导的倡导民主思想、发表国是见解的舆论阵

闻一多刻"时代评论社章",边款刻记 "评论社成立之夕,吴晗捐石闻一多刻,卅四年十月二日刻于昆明"

地,10月2日晚,闻一多、吴晗、张奚若、楚图南、费孝通、费青、向达、尚钺、闻家驷、吴富恒、张之毅、王康、袁方、胡庆钧等集聚在云南大学社会学系办公室,商讨创办一份刊物。会上大家一致赞同成立"时代评论社",出版《时代评论》周刊,并商定办刊经费由闻一多和吴晗负责筹措,费孝通任主编,王康为发行人,编务等一应事务交由王康办理。因为有着痛失自由论坛社的前车之鉴,会议结束后,闻一多连夜用不久前吴晗买的一枚寿山石赶刻出"时代评论社章"。第二天闻一多将刻好的"时代评论社章"交给王康,嘱咐王康去昆明市政府办理呈请备案并转呈内政部登记的相关手续,王康遂以"史靖"的笔名出任《时代评论》周刊发行人。

《时代评论》周刊于1945年11月1日创刊,王康负责总体编辑出版发行,取稿、送件、卖报等事则由其弟王子光承担。《时代评论》周刊所载文章以"反对内战,争取民主"为主旨,呼吁民主、自由、和平,反对独裁和内战,抨击时弊与批评当局的错误政策,推动昆明民主运动的蓬勃发展。

昆明"一二·一"惨案发生后,国民党封锁消息,不许各报刊进行报道。《时代评论》周刊冲破新闻封锁,将12月8日刊出的第6期辟为纪念四烈士专号,四个版面全部用来报道"一二·一"运动的消息和评论文章,向社会各界公开事实真相,揭露反动派的杀戮行径,昆明市民争相购买传阅,反响十分强烈。

接下来的各种活动,闻一多和王康这对师生始终站在一起。昆明教育界发表的《宣言》《代电》等,都有闻一多和王康的签名。

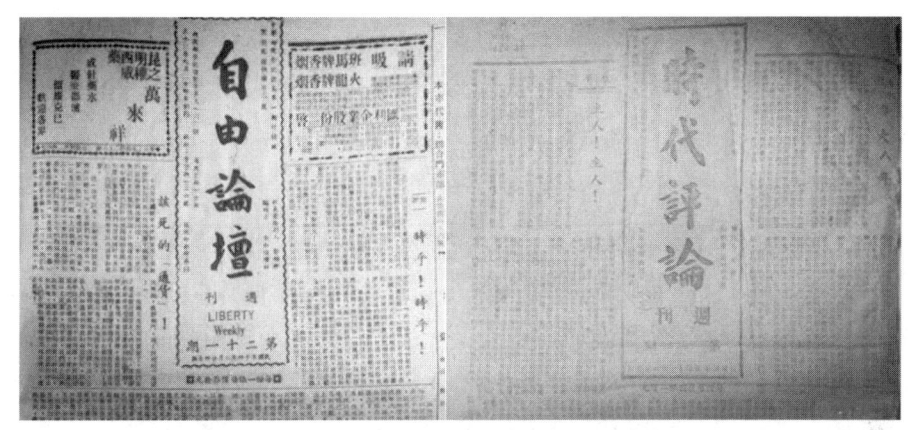

《自由论坛》周刊与《时代评论》周刊书影

闻一多对王康总是委以重任，1946年2月17日下午，昆明政治协商会议促进会、文协昆明分会、昆明学生联合会、民主周刊社等10个团体在联大新校舍联合召开"抗议重庆二·一〇惨案、坚持严惩一二·一惨案祸首大会"，闻一多担任大会主席。会上宣读的《宣言》便是当日上午闻一多嘱王康在民主周刊社内赶写，他自己润色定稿。

王康主持的活动闻一多也总是施以援手。西南联大复员前夕，昆明校友会为欢送母校师生，筹备举办一个话别会。当局对各种活动严加控制，话别会找不到合适的场所。闻一多出面找龙云长媳胡淑贞借会场。4月14日下午，话别会在大东门外的龙云公馆举行，到会的有60余位教授和200余名学生。话别会由王康主持，闻一多作了《向青年学习》的讲话，疾呼要学习青年关心国家民族命运、勇往直前的革命精神。

1946年5月4日上午，西南联大在新校舍图书馆前举行结业典礼，西南联大正式宣告结束，三校师生开始分批北返。王康和禄厚坤这对被时人称作"楚才滇美"的恋人，准备在离开昆明前举行订婚仪式。禄厚坤是云南人，其父禄国藩早年在日本参加同盟会，曾为护国起义将领，也曾任云南省宪兵司令兼昆明警备司令等职。6月24日在清华大学办事处，闻一多、潘光旦两先生共同主持了王康、禄厚坤的订婚仪式，出席订婚仪式的有李公朴、张奚若、费孝通、吴晗等,在昆明轰动一时。订婚仪式上,闻一多高兴地应允为两位新人刻一对象牙图章,已经写好印模纸样稿准备动手,谁能想到20天后,闻一多竟遭特务枪杀。

闻一多被刺两小时后,即7月15日傍晚,美国驻昆明领事馆负责文教的副领事Roser开着吉普车来到云南大学,由王康带路,首先将费孝通先生一家三口、王康以及另一位助教接到美国领事馆。接着,Roser准备再让王康带路去接张奚若教授等人。领事馆大门一开,只见门外站满了荷枪实弹的宪兵,Roser马上要王康下车,不要出门,自己一人开车去接张奚若、潘光旦、楚图南、尚钺等教授。当晚一共接了13人到领事馆避难,其中2名小孩儿。

王康在领事馆待了三天,其间开始酝酿撰文纪念一多先生。第四天,未婚妻禄厚坤来到美国领事馆对外开放的阅览室,在阅览室美方管理员帮助下找到王康,告诉他外面现在平静了。于是王康换上禄厚坤带来的长衫,同禄厚坤一同离开美国领事馆,回到云南大学。一到云大,学生们纷纷前来看望并慰问王康。

7月下旬,王康携禄厚坤复员北返,在武昌和黄冈家中住了一个多月。9月,王康接到清华大学联络处通知,与禄厚坤辗转到达北平,前往清华大学研究院社会学部报到,师从潘光旦先生,禄厚坤入北京大学教育系就读。

五　为闻一多立传

从闻一多遇难到北返清华大学的一路上,王康悲痛不止、愤怒难平、思绪万千。这样一个血气方刚的理想主义的青年知识分子,决心用手中的笔,为他认定的正义事业和为正义事业献身的英雄呼喊。

来到清华大学研究院,王康住进学生宿舍"新斋"。学习研究之余,继续参加民主运动,同时倾注满腔激情为一多先生立传。在新斋宿舍书桌的那盏台灯下,王康奋笔疾书。1947年清明节前一天凌晨,王康写完《闻一多的道路》最后一句话,天际便露出了鱼肚白。他拿起书稿,快步走出新斋,一路小跑至吴晗教授家中,将带有余温的书稿交给吴晗老师。这一天,距闻一多先生殉难仅9个月。

《闻一多的道路》选取传主一生中几个重要时期、几个关键事件,将一多先生一生所走的道路、一多先生自由与民主之思想、独立精神与人格,生动地展现在大众面前,作者的爱和憎、敬和痛,从笔端喷泄而出。谈到该书的写作,王康说:"诚如书名所提示的,作者唯一的私衷,乃在说明闻一多先生的四十八年生命所经过的历程,在这个动荡变乱充满了血腥烽火和人民的痛苦呻吟的时代里,一个知识分子如何成长,如何面对现实,最后如何结束了他的生命,选择了他最终所要追求的目标。这样,闻一多先生就用他的生活与鲜血写成了一首壮丽的史诗,为知识分子指引了一个应该迈向的目标,并且用他的一生为知识分子开拓了一条迈向目标的道路。"①

《闻一多的道路》问世后,即引起了时人的关注,学术界对《闻一多的道路》给予了高度认同,发表了多篇书评。1990年代,专事闻一多研究的学者商金林教授说:

《闻一多的道路》作为第一本闻一多传记,本身就富有开创性的意义。吴晗在为这部传记写的序言中,充分肯定了史靖的关于闻一多走上"斗士"的道路"纯是出于思想上的自觉",以及闻一多思想的转变"是由于他认识了问题,接近并且生活在人民中"的论述。②

对于《闻一多的道路》的不足,当年就有学者提出:"我们很希望继《闻一多的道路》以后能有一部更完备周详而又谨严的闻先生的传记问世,用以弥补《闻一多的道路》所有的遗憾,让这位诗人兼学者兼斗士的一生光辉得以永恒。不知闻先生的友人而又最了解闻先生的朱自清吴晗先生有暇执笔不?"③

---

① 史靖:《关于〈闻一多的道路〉》,上海《时与文》第2卷第5期,1947年10月10日,第20–21页。
② 商金林:《闻一多研究书评》,天津教育出版社,1990年10月,第283页。
③ 徐述纶:《闻一多的道路》,《观察》第3卷第3期,1947年9月1日,第24页。

未曾想，评论家所期盼的更完备周详的闻一多先生的传记的写作使命，历史性地留给了《闻一多的道路》的作者王康。继之，王康陆续出版了《闻一多》《闻一多颂》《闻一多传》等闻一多传记，以及1980年出版的王子光、王康主编的《闻一多纪念文集》。

1947年初版《闻一多的道路》

1979年出版的《闻一多传》，封面为闻立鹏设计

从1946年起笔《闻一多的道路》，至1979年《闻一多传》收官，王康倾情半个多甲子实现了他人生的第一大夙愿——为先烈立传、为时代留言。

1979年后，王康回归社会学界，为中国社会学重建呕心沥血，终于在有生之年开启了中国社会学的复苏和兴旺之路，以偿他人生的第二大夙愿。

六 清华大学的社会学研究

1946年秋，同王康一同复员回到清华大学的还有西南联大社会学系助教袁方、全慰天,次年,云南大学社会学系任教的胡庆钧也来到清华大学社会学系。

《战争与革命中的西南联大》作者,美国弗吉尼亚大学易社强教授(左)
多次访问王康,这是1980年在王康家中合影

于是,4位在昆明和潘光旦、费孝通等教授一同参加民主运动的社会学系青年教师齐集清华大学社会学系,除王康为清华研究院社会学部潘光旦先生的研究生外,其余三人都是教师。

1947年春,费孝通结束3个月的英伦访问,来到清华大学社会学系,又一次将几位年轻的社会学人凝聚起来,继续他们的社会学中国化研究。

一到清华,费孝通热切期望将他所了解到的英国的状况介绍给国内读者。他希望用科学方法

1947年12月摄于清华费孝通宅前
左起:张祖道、费孝通师、王康、费师女公子费宗惠、
费师母孟吟、王子光、裴毓荪

考察欧美的社会制度，找到一条比较符合中国实际的社会发展之路，立即着手翻译霍尔（J.E.D.Hall）的《工党一年》。为使《工党一年》及时出版，费孝通将该书第15至第21章交给王康翻译。王康此前写文章介绍过英国费边社、英国社会学家霍布豪斯，翻译过美国人类学家戈登威泽（A.Goldenweiser）著作的章节《论演进论派》，发表过《人民的权利》《第四种权力析论》等论述民主政治的文章。费孝通认为王康能够胜任此项工作，这样自己便可腾出时间为该书作序。1947年9月费孝通与史靖（王康）合译的《工党一年》由生活书店出版。

《工党一年》书影

《皇权与绅权》书影

作为一个社会学者，费孝通在对欧美的社会结构和政治制度进行考察后，开始寻求中国社会发展的道路，他决定像做现实社会的实地调查那样，从中国史籍文献中去了解中国社会结构及权力运行机制，于是他与历史学家吴晗约集了袁方、全慰天、胡庆钧、史靖（王康）4位从昆明来到清华大学的青年学者，组织了一个"中国社会结构"的讨论班，论题即"皇权与绅权"，采用魁阁时期开始的"席明纳"形式，每两周由一位参与者宣读自己所撰论文进行讨论，之后陆续发表。后应储安平之邀，编成《皇权与绅权》一书，1948年12月由观察社出版。

七　南下武汉迎接新中国

1948年夏，中共平津学委书记黎智（闻一多二哥次子）委托王康弟兄带领清华大学的十几名地下党员和学运积极分子南下武汉，利用其父在湖北的社会声望和社会关系，安排他们以教员身份做掩护，立足下来，开展工作，打开局面，迎接武汉解放。于是王康离开清华大学，受聘到武昌中华大学社会学系任讲师、教授。行前，费孝通先生嘱王康教学之余，在当地继续做绅权、士绅和知识分子的调查研究，特别提到通过对闻一多先生个人传记的撰写，进行当时的中国社会及知识分子的社会学研究。

康弟子光回到武昌后，在湖北省立第一女子中学高中部任教。与他同来的这批学生，则由其父王旭先生设法安排几人在武汉三镇的几所中学任教，多数则到王父创办的私立黄冈龙山中学当教员。为联络方便，王康同时兼任龙山中学教员，每周从武昌到龙山中学上课一天。另有两名清华学生暂时去到西南联大校友郎昌浩任校长的汉川马口中学任教，此时郎昌浩的弟弟郎昌清也在该校任教。

康生弟兄回到武昌后，住在胡林翼路336号其父家中。这是一所五进大宅院，最后一重院子紧依蛇山。1938年初，日机狂轰滥炸，院中两重房屋被炸毁，其父即着人在蛇山脚下挖了两个小防空洞。抗战胜利后，儿孙们陆续回到武昌，其父便在院中一侧新盖了四间平房，安置下康生弟兄及长孙等四对新人，大宅院中生活着三代同堂的20多口人。这一大家子人中，有读书的也有教书的，进进出出的不是学生就是先生，周末要么音乐会要么舞会，引来不少人的赞许和羡慕。殊不知，唱歌跳舞只是个幌子，此处实为武汉地下党的联络点、交通站、印刷组和活动中心。胡林翼路336号对面就是武昌警察局的一个分局，这个看似危险的地方，反倒成为地下党的活动之处。前院住着中共武汉地下市委武昌分委委员孙运仁，地下党领导的武昌印刷组设在后院蛇山脚下的防空洞中。武汉地下党的几条线同时通向这里，不过大家心照不宣，像刻钢板、油印、保管、分发传单这类工作，更是配合默契。武昌大街小巷、学校工厂的许多传单便是来自这座宅院里。1948年的最后一天，宅院中的防空洞里通宵达旦赶制毛泽东为新华社所作1949年新年献词——《将革命进行到底》。1949年元旦凌晨，武昌大街小巷各家店铺、住户的门缝儿里，塞进了还散发着油墨味儿的传单。

1949年5月武汉解放，王康进入中南局青年工作委员会从事青年工作，先后担任《新青年报》编辑组组长、中南青年出版社总编。1952年调到北京中国青年出版社，任社会科学编辑室主任。

八　致力于中国社会学恢复与重建

中国大陆社会学在1952年院系调整中取消。打倒"四人帮"后，中国大陆开始酝酿恢复重建社会学。1978年有关方面首先征求了费孝通、王康等几位抗战时期在昆明从事社会学教学研究的社会学者的意见，以后又分几次座谈，先后征集了曾经从事社会学教学研究的二三十位学者的意见。于是中国社会学重建的任务历史地落在费孝通与他曾经的魁阁团队成员肩上。费孝通在民盟中央为社会学重建提供了办公场所，并将具体工作交给助手王康去做。中国社会学重建的筹备工作就这样起步了。

根据4次座谈征集的意见，由王康起草、费孝通先生亲自修改的《关于建立社会学的意见》提交给了中国社会科学院规划联络局，陈道先生时任规划联络局局长。《意见》提出的在京召开社会学座谈会、筹建"社会学研究会"、筹建"社科院社会学研究所"、开展国际交流合作、举办培训班、在大学设立社会学系等六项建议及时得到社科院领导的批复并即刻开始实施。

1982年4月在京"魁阁"学人欢送吴泽霖老师离京合影
前排左起：吴明昌（吴先生长女）、孟吟（费孝通夫人）、吴泽霖、费孝通、张之毅
二排：左2张荦群，左3史国衡
后排左起：全慰天、王康、胡庆钧、袁方

1979年3月15日至18日，由全国哲学社会科学规划会议筹备处主持的"社会学座谈会"在北京召开，出席座谈会的有吴文藻、费孝通、李景汉、戴世光、林耀华、袁方、王康、张荦群、全慰天、张子毅、李有义等曾经从事社会学教学研究的专业人士60余人。社科院胡乔木院长出席座谈会，于光远副院长到会讲话。3月18日下午，与会人员一致赞同成立"中国社会学研究会"，讨论通过了研究会工作条例，选出了50人的理事会，为台湾社会学者保留了理事名额。理事会推选费孝通为会长，田汝康等7位为副会长，聘请了十几位老一辈学者为顾问。3月19日，中国社会学研究会召开第一次理事会，会上决定成立研究会办事机构，由王康任总干事，处理日常会务。

"中国社会学研究会"的成立标志着中国社会学正式恢复重建。尽管研究会人员编制很少，但社会学重建的各项工作开始迅速、紧张、有序地按照计划——成立社科院社会学研究所筹备组、在有条件的大学开设社会学系、开展国际交流与合作、举办培训班、创办刊物等各项工作紧锣密鼓地运行起来。

座谈会结束两天之后,"中国社会科学院社会学研究所筹备组"启动,主要人员有费孝通、陈道和王康,也就是后来被称作社会学重建的"三驾马车"。筹备组在费孝通先生领导下,陈道局长负责与社科院领导及各部门沟通协作,王康负责全盘业务工作。三人密切配合,各项工作进展顺利。

中国社会学停滞多年的国际学术交流与合作旋即展开。3月开始,日本、美国等国的社会学家来访。5月,费孝通会长赴美国访问交流。他找到了匹茨堡大学社会学系杨庆堃教授,谈起中国社会学的重建,杨教授立即表示积极支持,愿为中国社会学重建提供帮助:一是借助他在美国和香港打下的基础,提供学术上的帮助;二是申请由他任董事的岭南基金会提供经费资助。

8月,受社科院委托,费孝通与杨庆堃教授洽商邀请一批美国社会学家来华讲学。10月20-21日,杨庆堃和费孝通在多伦多会晤。28日,费孝通从加拿大关尔夫大学写信给陈道和王康,将他与杨教授洽商的美国社会学家代表团来华访问的具体事宜一一告知二人,要他们早做准备,并嘱"这是我们社会科学方面举办的第一次请外国学者作有系统的学术演讲,我们一定要把它搞好,……这次试验性的学术交流活动搞得好,以后就可以进一步发展"。

11月初,社科院宦乡副院长出访美国,在纽约与杨庆堃教授会面,商谈中国社会学重建之初拟进行的国际学术交流活动。12月初,由美国匹茨堡大学校长波斯瓦及社会学系杨庆堃、霍尔兹纳、涅尼瓦萨教授组成的美国社会学者代表团一行4人来华,受到姚依林副总理的接见,并在北京、上海、杭州、广州、香港等地访问讲学。13日,杨庆堃教授在北京与费孝通、陈道、王康等人商定1980年5月至7月在京举办社会学暑期讲习班的工作日程及各项具体事宜。20日,"社科院社会学研究所筹备组"向社科院提交《关于邀请一批美国社会学者1980年来我国讲学一事的报告》,上报双方商定的举办1980年社会学暑期讲习班的详细方案。

1980年1月18日,经过近一年的筹备,中国社会科学院社会学研究所成

1979年12月,美国匹茨堡大学教授访问上海
杨庆堃(左1)、涅尼瓦萨(左2)、波斯瓦(左5)、霍尔兹纳(左6)、王康(左7)

立,首任所长费孝通,副所长王康,顾问赵范,党支部书记由陈道兼任。

1980年5月26日至7月30日,第一期社会学暑期讲习班在北京举办,美国匹茨堡大学社会学系教授、香港中文大学社会学系教授以及费孝通、袁方、王康等为讲习班授课。

1980年9月,王康应邀赴美,任匹茨堡大学高级研究员和纽约州立大学客座教授。在美期间,王康访问了十余所大学,除讲学外,还与美国社会学界及社会学者进行了广泛的联系与交流,为国内1981年即将开办的南开大学社会学专业班联络师资,制订课程计划等,第二期社会学讲习班的筹备工作也是王康在美期间与诸位教授研究制定的。

1981年春,经教育部同意,由中国社会学研究会、社科院社会学研究所支持,南开大学举办了为期一年的社会学专业班,王康请来了布劳、林南、李哲夫、英克尔斯等海外学者为中国社会学"补课"。

1981年6月1日至7月30日,第二期社会学暑期讲习班在北京举办,讲习班所开课程多由来南开专业班授课的外籍教授兼任。

1981年7月30日第二期讲习班结业合影
二排坐者:陈道(左10)、费孝通(左13)、王康(左19)

第二期讲习班举办期间,6月20日,湖北省社会学会致函中国社会学研究会,商请协助该会于次年在武汉举办社会学研究班一事。王康即着手与美国社会学会中国联络代表林南教授洽商。9月,"北美华裔社会学人协会"在美国成立,武汉社会学研究班的教学研究计划便是与该协会合作制定并实施完成的。

1982年3月至5月在华中工学院举办的"武汉社会学研究班",接受了来自全国各地的120位学员，他们连同此前北京举办的两期讲习班的学员，成为中国社会学重建的"种子"，在各地各校的社会学学科建设中发挥了骨干作用。

三四年间，各省区社科院社会学研究所和社会学学会陆续成立，社会学系（所）在部分高校相继设立，社会学著作、期刊、教材陆续出版，中国大陆社会学的正规教育、科研体系开始逐步形成，并与国际同行进行广泛的学术交流与合作，中国社会学走向了世界。

1982年，在原华中工学院（现华中科技大学）老院长朱九思的支持下，中国社会学研究会年会于5月22-26日在武汉华中工学院召开。本次年会决定"中国社会学研究会"更名为"中国社会学学会"，继续保留台湾学者的理事名额。27-29日，中国社会科学院社会学研究所、中国社会学会在武汉召开"社会学规划座谈会"，提出了中国社会学的初步规划和设想。至此，中国社会学重建阶段的目标基本实现，中国社会学学科开始走上有序发展之路。

这次会议之后，朱九思院长高瞻远瞩，率先提出在该院建立社会学研究机构，王康给予了热情支持。1983年，华中工学院设立社会学研究所，受朱九思院长聘请，王康即任首任所长。1985年，华中工学院社会学研究所改为社会学系，王康即为该系首任系主任。正是朱九思院长这位老教育家与社会学家王康的共识和努力，使华中工学院成为全国较早设立社会学系的高等院校。

四伯王康曾经对我说，在他已近花甲之年，能亲自参与中国社会学的恢复和重建，对他们这些当年的社会学人来说，太值得庆幸了。那些年虽然很累，但心情很舒畅，终于能为国家做些力所能及的贡献，只是年纪大了，时不我待啊！

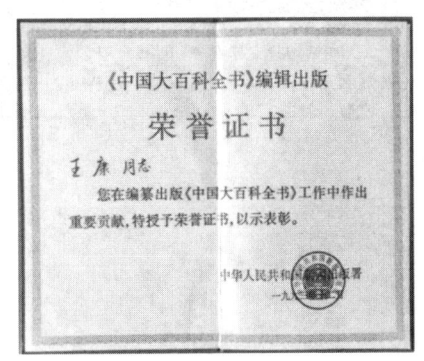

王康获得的《中国大百科全书》编辑出版荣誉证书

至此，我完全理解了伯父的初衷，自然也就理解了他如何能在繁重的事务工作缠身的情况下，坚持学术研究，开展学术交流，赴国内外讲学、编撰出版论著，使命使然。

1990年，王康由中国社会科学院社会学研究所调任中国政法大学教授。2017年3月，我国老一辈社会学家王康在北京逝世，享年98岁。

由中国社会学会、中国社会科学院社会学所、云南大学民族学与社会学学院联合主办的
《现代中国与乡土传统——"魁阁"80周年暨中国社会学恢复重建40周年学术研讨会》合影，
2019年12月7日摄于呈贡大古城魁阁，前排右4为本文作者

2025年4月30日于北京

我的母亲彭兰先生

张晓岚[①]

离春节还有几天的一个寒冷冬日——1988年1月24日,母亲彭兰先生因患癌症溘然长逝,享年70岁。30多年来,我多次在梦中与母亲相会,但每每高兴于能再次见到母亲的时候,醒来却是一梦,不禁潸然泪下。

1918年2月16日(正月初六)母亲出生于湖北鄂城彭李下村的一个官宦人家,外祖父彭兆松(字宏大)是清末丁酉科解元,戊戌科武进士119名,钦点三等侍卫,曾任湖北陆奚口水警三区大区长。据彭家族谱记载,彭宏大考武进士时,先考文,成绩靠前,再考武时,他舞青龙偃月刀,失手把刀掉落,顺势用脚勾起,考官问道:"这是什么动作?"他答曰:"海底捞月。"考官说:"武差一些,文不错。"就取了119名。后来在黎元洪帐下任参事,据说在黎元洪落难时,是外祖父把黎元洪背出总统府。1923年,外祖父因病去世,外祖母肖氏带着5岁多的母亲回到浠水她的娘家,让母亲的舅舅教母亲读私塾,当她的舅舅说出上联:"围炉共话三杯酒"时,时年9岁的母亲立刻答出下联:"对局相争一桌棋",表现出了极高的文学天赋。父亲每次提到母亲的这段佳话,就会对我们说:"你们的母亲是西南联大的才女,如果不是新中国成立后30年的政治运动,在文学上、学术上,她会有很高的成就,政治运动把你妈耽误了。"外祖父三十几岁去世,去世时,母亲只有5岁多,是外祖母一人把母亲拉扯大的。很难想象,近百年前的封建社会,孤儿寡母是如何生活的,母亲又是如何上了西

---

① 张晓岚:彭兰先生长子,中国文艺评论家协会会员,中投汇沣置业有限公司高级工程师,已退休。

南联大，我不能不佩服外祖母和母亲——两位伟大的女性。

1938年夏季武汉沦陷前夕，母亲从武昌省立第一女子中学毕业后，在武昌参加高考，三个志愿全部填的是北京大学，她说："非北大不入。"同学们戏称母亲是准北大生。1938年8月，考取北京大学中文系的母亲变卖家产后，准备带着外祖母远赴昆明上学。从浠水到汉口后，外祖母患痢疾，住在法租界的医院，此时正值日军轰炸武汉，医生、护士都躲进了防空洞，她眼睁睁地看着外祖母得不到医治而去世。接着日本占领武汉，她失去了在武汉沦陷前前往昆明的机会，每谈及此事，母亲对日寇的仇恨都会溢于言表。1938年秋季到1940年夏季的两年，她苦闷地徘徊于汉口狭小的法租界内，直到1940年夏季买到一张通行证，才化装成老太太，乘小船离开武汉。一路上，与三位考取西南联大

西南联大叙永分校1940年度一年级中文系、外文系学生名单

的同学郎昌清、龚道钰、杜继彦一起，历经艰难险阻，辗转到达西南联合大学四川叙永分校。据说，1940年，日寇频繁轰炸昆明，西南联大准备迁往四川、云南交界处的叙永，所以，当年入校的西南联大学生都在叙永入学。1941年夏季，西南联大放弃了迁往叙永的计划，叙永分校遂即关闭，母亲跟随叙永分校回迁昆明本校，成为闻一多先生的学生。1944年6月15日端午节闻一多夫妇收母亲为干女儿，从此母亲也把老师的家当作了自己的家，直到今天，我们和闻家还像亲人一样来往。据父亲回忆，1946年7月10日父母离开昆明回武汉前，去闻一多先生家中道别，闻一多先生嘱咐父母二人，回武汉后，要尽快北上，避免国共分江而治而不能进入解放区。当车从昆明出发走到贵阳时，父母得知闻一多先生遇害，悲痛万分，母亲起草了给闻一多夫人的唁电，电文如下：

干妈：

想不到我们就是那样地同干爹永诀了，当我们听到李公朴先生被害的消息，我就担心干爹的安全。十六号我梦见了他，他仍旧像平时一样穿着一件灰长衫，只是表情常沉默。惊醒后，我感到非常恐慌。十七号的清晨，就在报上看到了那不幸的消息。我们的恐慌变成了事实，我的心碎了，肠断了，感到天地陡然变得这样的狭小，我恨不得要到百丈的悬崖上去狂啸。满腔悲愤，何日能伸？！干妈，我们这一群可怜的弱者……何日不在生命的危险中。干爹死了，但是他却永远生存在爱好和平正义者的心灵中，他是为正义而牺牲，为民主而流血，希望您不要过度的悲哀，要很坚决地活下去。小弟小妹要你扶持，使他们能成为一个健全的国民，继以慰在天之灵。我本想乘机返昆，无奈交通阻塞，只有西望昆明，暗挥热泪。大弟不知脱险否？俟其痊愈后希早日扶柩返汉。经济方面，请奉是否能代为筹划？希速函告，勿视儿等为外人，此后弱弟幼妹情若同胞，当力求略尽姊兄之责。

泪与笔俱，言不成章，仅此敬候痊安。大小妹统此。

英、兰儿同上。七，十七。

母亲在西南联合大学昆明校本部读书期间，担任联大湖北同乡会主席。

据父亲讲,母亲这时已经显露了诗才,不时在读书报告的末尾附上几句诗,颇得闻一多、罗庸、朱自清、浦江清几位老师的赏识,罗庸老师常常把她的诗抄在黑板上让大家共赏。此时的大部分诗作都是盼望抗战胜利、思念沦陷家乡的内容。

五律日暮感怀
国破家何在,层山涌暮云。
凄风人独立,古木雁中分。
孤塔迎残照,荒烟拥乱坟。
吴钩无觅处,空对夕阳矄。
(1943年于昆明西南联大,载华夏出版社《若兰诗集》)

虞美人
梦回斜照春寒重,笑把双肩耸,小楼间凭看残红,始觉春将归去恨无穷。
千枝照月玲珑影,惜此良宵永,新词美酒遣愁思,醉卧花荫待晓有谁知。
(1944年暮春于昆明西南联大,载华夏出版社《若兰诗集》)

真像空谷中的幽兰,显得很寂寞,很凄切,却总想为人世间散发出一点清香。母亲念中文系二年级时就曾在昆明的报纸上以"谷兰"为笔名,发表过许多古诗词。她和同班同学或同乡同学来往,也常以诗相酬和,联大不少同学对她以"联大才女"和"女诗人"相称。1944年秋季在闻一多教授指导下,完成毕业论文《高适系年考证》(此文发表于《文史》杂志1963年第3辑)。

父亲张世英先生在西南联大毕业后即跟随冯文潜先生前往南开大学任教,从1946年8月到1951年夏季在南开大学执教五年。母亲于1947年初到1949年夏季在南开大学中文系担任助教,两年多后回到武汉,担任武汉第二女子中学教务主任。

父亲1951年夏季回到武汉,担任武汉大学哲学系讲师一年后,于1952年从

1949年5月14日彭兰先生于南开大学留影

武汉大学回到母校北大。母亲随后于1953年从武汉回到母校北大，直到1988年去世，在北大工作35年。从1952年到1982年，我家一直住在北大中关园的平房72号。1966年"文革"开始后，原来并不宽裕的75平方米房子又隔出两大间、25平方米给工人住，一家三代六口人挤在50平方米的房子里边，甚是拥挤，直到1982年以后，才搬入现在的中关园43号公寓。应该说母亲一生虽然才华横溢，为人谨慎、善良，却没有过上好日子。她一生只想当一个教师、诗人，做学问中人，却总是被卷在政治运动的旋涡中而耽误了。特别是"文革"中，已经50多岁的母亲被下放到鲤鱼洲北大五七干校劳动两年，回北京后，就查出了严重的心脏病。记得1970年，我去鲤鱼洲干校探亲，看到白发苍苍，裤腿高卷，背着锄头下地的母亲，看到每晚劳动后还要开会"清理阶级队伍"、闷闷不乐的母亲，我的心格外难过。正如中文系教授陆俭明在回忆文章中说的：中文系在鲤鱼洲，年龄最大的有三位，包括彭兰先生。今天生活越来越好，就越是常常想念她，就越是对她怀着深深的感激、深深的怀念、深深的愧疚。我常想，如果母亲能活到今天，跟着我们一起开车出去旅游，那该多好啊。

母亲一生与人为善，总是教导我们"做一个靠得住的人"。

父亲家里兄弟姐妹六人，由于二姑夫有所谓"历史问题"，家中生活十分困难，父亲每月要寄给二姑姑家20元钱，一寄就是十年。1964年，二姑姑的大儿子傅再起大学毕业，生活条件改善，可以不寄钱了，又逢小姑夫去世，每月又要给小姑姑家寄15元。就这样寄了十几年，母亲一直支持，从没有说过一句话。1970年底，母亲从江西鲤鱼洲回北京探亲路过武汉，我和母亲相聚于武汉姑姑家。母亲每见到姑姑的一个孙辈，就发20元钱，嘴里念叨着"这又是一代人呀！"随即把钱塞在孩子手里。

在中关园，我家后门对着汪子嵩伯伯家前门，是邻居。大约是1959年后，汪伯伯因参加中央组织的北大、人大赴河南农村调查组而被打成"右倾"，下

1970年底彭兰先生从江西鲤鱼洲干校回北京探亲路过武汉与子女张晓嵋、张晓岚合影

放到门头沟斋堂劳动改造，汪妈妈一人带着三个孩子还要去医院上班，异常辛苦。汪伯伯偶尔回家一次，家中也是空无一人，特别是冬天，家里没有生火，就更是凄凉。母亲看到汪家此情此景，就让保姆送一壶开水过去，并嘱咐保姆帮助汪伯伯把火生起来，好让屋子里有点温暖。就是这样一件小事，也受到系领导的批评。母亲回答说："我党政策是政治上划清界限，生活上关心，给出路。"那位领导一时也无话可说。当时一般的老百姓生活都很困难，汪伯伯每次回家，脸上浮肿得很厉害。这样的日子过了大约两年，学校传达中央关于甄别的文件，母亲听了文件的传达，就在第一时间暗示汪伯伯可以甄别了。汪伯伯很快写了甄别申请，冤案终于获得彻底平反。

小学四年级暑假，妈妈带我一起参加北大的十三陵会议时，程贤策叔叔常带我去爬北大昌平200号分校的小山。他经常是爬到半山腰就停下了，看着我跑上山顶，他气喘吁吁地说道："我们老了，还是革命接班人厉害呀。"在我的印象中，程贤策叔叔是和蔼可亲的一介书生，"文革"中却命运悲惨。"文革"开始后，红卫兵到处打砸抢。一天，中文系的红卫兵气势汹汹地去二院（当时中文系在二院办公）揪斗程贤策叔叔，母亲看到后立即让程叔叔躲进二院的女厕所，自己站在门口掩护，直到红卫兵离开，她才让程叔叔出来，程叔叔躲过一劫。但是，在随后的日子里，程叔叔还是不堪揪斗、侮辱而自杀身亡。

1978年，北大为程叔叔平反，母亲作《一剪梅》词悼念：

十二年华逝水流，忆在心头，恨在心头，
黄金台上鸟啾啾，生者堪忧，死者堪愁。

突起狂飙四害休，光照燕幽，彩射全球，
沉冤昭雪万民讴，业绩长留，妖雾长收。

（载华夏出版社《若兰诗集》）

母亲的诗以真挚的情感写出了对程叔叔的悼念之情。

从1949年新中国成立后到1978年改革开放近三十年中,母亲本着人性的善良,同情弱者,同情受迫害的人,不顾及自己受到牵连,总想对他人的困难施以援手。记得中文系教授乐黛云阿姨在回忆母亲的文章《从不伪饰总想有益于人》一文中写道:彭兰大姐属于那种正直、真诚、善良,有时善良得让人心碎的人。我觉得乐阿姨说得一点不过,母亲确实是这样一位善良得让人心碎的人。

2025年4月18日于北京

我国单模光纤之父黄宏嘉院士

王 立 吴 嘉[①]

2021年9月22日,中国科学院院士、我国著名的微波电子学家、光纤专家,上海大学名誉校长黄宏嘉教授在上海逝世,享年99岁。告别仪式上,次子黄柯吐露的心声,概括了其父黄宏嘉院士的一生:

父亲的一生犹如泰山北斗。作为西南联大八百学子的一员投笔从戎,担任随军翻译参与滇缅前线的抗战,展现了浓浓报国情怀;赴美留学,继而放弃攻读博士,毅然归国,展现了深深爱国情意;撰写的《微波原理》开创了科学领域的新境界,研制的单模光纤为通信事业建立了至伟功勋!

爱国、报国、自强、坚韧,"叙永哥"黄宏嘉院士,用一生的奋斗,实现了"努力成为一个实在的、忠实的、老实的,不是虚夸的、虚假的科学工作者,做一个纯粹的、真正搞科学的科学工作者"的初心。在叙永第一次唱响激昂的《国立西南联合大学校歌》时,"千秋耻,终当雪。中兴业,须人杰"的歌词,便深深烙印在黄宏嘉心中:国家需要保卫,他义不容辞地飞越驼峰奔赴印缅战场;国家需要建设,他义无反顾地渡过重洋回国奉献学识。

黄宏嘉院士"波""光"闪耀的诗意人生,其为国为民为科学献身的精神,被国人瞩目和景仰。

---

① 吴嘉:中国石油大学(北京)地球科学学院副教授、博士生导师。

一

1940年秋，黄宏嘉考入国立西南联合大学工学院机械工程学系，学校规定，全体一年级新生前往叙永分校就读。

黄宏嘉永远记得1940年7月在四川合江国立第二中学考场参加国立大学统一招生考试的情形。7月22日上午，最后一门科目生物考试刚刚结束，防空警报骤然响起，同学们急忙躲进防空洞。13时46分，日机开始分批轰炸合川县城，一时间地动山摇，防空洞里碎石土块不断掉落下来。待警报解除后走出防空洞，只见全城火光冲天，瓦砾遍地，死伤者无数。他们立即由老师带领，整队进入城区，帮助驻军和老百姓在残垣断壁中抢救伤者和物资。这次轰炸中，黄宏嘉等人敬重的国文教员戴劲沉父子和一位女同学不幸遇难，同学们无比悲痛，很多人泣不成声。

1941年8月初，学年考试结束，根据联大校务会议决议，叙永分校撤销，黄宏嘉和同学们来到昆明。

西南联大校本部在昆明大西门外的新校舍，工学院单独设在城东拓东路上的迤西会馆、江西会馆和全蜀会馆。这三个会馆相邻，都是保存完好的百年以上的老建筑，屋宇较为宽大，生活条件比叙永改善了许多，最明显的是饭厅有桌子，能够站着吃饭了。学习条件更比叙永优越，学生们可以接触到更多的老师，视野开阔了许多。经过大一的学习，黄宏嘉对电磁学的兴趣日益浓厚，尤其是听到电机系主任章名涛教授介绍说，电讯是新兴学科，国家正急需这方面的人才，于是申请转到电机工程学系。

工学院教学着眼于拓宽和夯实学生的基础知识，将工科的物理类课程与理学院物理系的课程合在一起上，由著名物理学家吴有训、王竹溪、任之恭等大师亲自授课，因此黄宏嘉在物理学和电磁学方面打下了扎实的基础。

大二下学期的《电声学》由马大猷教授主讲，一次上课前，黄宏嘉提前来到教室做电声学作业，马大猷教授走到他身后看了一会儿，拿起他的课堂笔记本，就上面所记的内容交谈起来。多年后，黄宏嘉还记得马大猷教授说："声音的本质是波。声学吃透了，今后的光学、电磁学、无线电学就很容易了。物理学的各个学科之间，是融会贯通的……"20世纪50年代后期，黄宏嘉在"耦合波"理论的基础上发展出了自己的微波传输理论，以后又创立了"超模式"理论，即受到了马大猷教授的启迪。

二

1943年是中国人民抗日战争和世界反法西斯战争的重要转折点。由于美国同盟军的援助，急需大量译员。1944年3月，黄宏嘉作为西南联大第二批应届毕业生应征加入中国驻印军。因前线急需用人，他们在"译员训练班"的受训时间缩短为三个星期。黄宏嘉和同期结业的16名同学搭乘美军C-47运输机自昆明启程，飞越喜马拉雅山，在印度汀江机场降落。他们飞行的这条航线，即是著名的"驼峰航线"，抗战期间援华物资就是通过这条航线，源源不断地运往昆明。

抵达印度后，黄宏嘉被分配到中国驻印军新22师66团三营，任少校翻译官。任职命令宣读完毕，大家分别上了来接人的吉普，挥手告别，每个人心里清楚，这一去也许就是永别。

5月上旬，中国远征军向怒江以西发动全线进攻，驻印军对孟拱河谷全力反攻，黄宏嘉所在的新22师是抗战中的铁军，曾让日军闻风丧胆。但由于是在崇山峻岭中作战，中国军队经常处于临绝地以攻天险的困境，伤亡极大。日军利用茂密的森林埋伏狙击手，专门狙击中国军队的指挥官，新22师在5个月的作战中竟牺牲连长57名。黄宏嘉所在的三营也几次遭遇险境，他真正体验到战争的惨烈。

密支那战役结束后，黄宏嘉所在的新22师和其他两个师整编为新编第6军，黄宏嘉从一线部队调至中国驻印军副总指挥部，负责美军新闻团的联络翻译。1944年10月中旬，中国驻印军发起反攻缅甸的第二阶段战役，新6军由孟

2008年，黄宏嘉重返西南联大旧址，在《国立西南联合大学抗战以来从军学生题名》碑前留影

拱南下攻取八莫、南坎、腊荣等地，势如破竹。1945年1月27日，中国驻印军与中国远征军在畹町附近的芒友胜利会师。芒友会师后不久，黄宏嘉奉命回国，在昆明美军一驻华单位继续担任翻译。服役期满后，黄宏嘉返校办理毕业手续，西南联大按从军学生优待办法授予黄宏嘉学士学位。黄宏嘉告别昆明，回到重庆和家人团聚。

三

1946年春节过后，黄宏嘉收到北京大学物理系马大猷教授的邀请，到北大物理系担任助教。

1947年4月初，黄宏嘉参加了教育部公派留学生考试，成绩名列"理工学院类"第4名，他即请已在美国密歇根大学物理系留学的好友朱光亚帮忙联系入学事宜。等待出国这段时间，黄宏嘉转到上海交通大学朱物华教授处担任助教。

1948年7月初，黄宏嘉到达密歇根大学，重逢好友朱光亚。朱光亚正在攻读核物理博士学位，并担任北美基督教中国学生会中西部地区分会主席和留美中国科学工作者协会中西部地区分会会长。

黄宏嘉一直执念于工业救国，于是选择了自己感兴趣的微波技术，进入密歇根研究院的微波工程实验室攻读硕士研究生。黄宏嘉学习刻苦，成绩优秀，很快赢得了密歇根大学研究院教授的好评。

尽管学习紧张，黄宏嘉仍时刻关心着祖国的局势。1949年农历大年初一，留美中国科学工作者协会中西部地区分会邀请中国学生、学者举行团拜会，欢度中国的传统佳节，杨振宁、李政道也从芝加哥大学赶过来参加团拜。会后，朱光亚特地把西南联大的几位校友请到他的住处小聚，大家正在闲聊的

1949年，美国密歇根大学，黄宏嘉与朱光亚合影

时候，朱光亚递给黄宏嘉一张《将革命进行到底》的油印传单，黄宏嘉立即被这篇毛泽东为新华社写的1949年新年献词深深吸引。

寒假期间，黄宏嘉和妹妹黄颂康一起到密苏里州堪萨斯城的二哥黄宏煦那里团聚。黄宏煦经北美基督教中国学生会安排，住在当地很有声望的沃汉家里。沃汉管理着一家煤气公司，他为人善良，乐于助人，很同情中国人民的遭遇，非常高兴黄宏嘉兄妹来他家做客。沃汉夫妇没有子女，把黄宏嘉三兄妹视如己出，关爱备至。兄妹三人尊沃汉夫妇如父母，称呼沃汉为Dad。沃汉夫妇还给黄宏嘉起了一个Davie的英文名。

1949年6月，黄宏嘉顺利取得了密歇根大学硕士学位，并提交了在密歇根大学和里海大学攻读博士学位研究生的申请，两所学校都录取了黄宏嘉，且给予他全额奖学金。此时，留美科学工作者协会经常举办各种恳谈会，介绍国内情况，积极动员留学生返回祖国参加新中国的建设。黄宏嘉好像听到了祖国母亲的殷切召唤，痛下决心，放弃留在美国继续攻读博士的想法，决定立刻回到祖国去。他和妹妹再次来到堪萨斯城，三兄妹在沃汉老爹家会合，准备回国。因黄宏煦还没有拿到学位，黄宏嘉便和黄颂康先走。但当他们开始办理回国手续时，才发现美国到中国的轮船已经全部停航，美国政府也开始对在美中国学生、学者加强了监控，限制他们离开美国。

为难之际，沃汉利用他的社会地位，向移民局出具担保函，获得了允许黄宏嘉兄妹前往欧洲旅行的许可。1949年8月29日，黄宏嘉兄妹俩登上了从纽约启航开往荷兰鹿特丹的"新阿姆斯特号"邮轮，离开美国，绕道欧洲，奔向祖国的怀抱。临行的前一天，黄宏嘉在纽约给沃汉夫妇寄去了一封饱含深情的信：

我急于回国的唯一原因，我想，不是我不够爱美国，而是我更加爱中国。我爱中国的全部，不仅是她的美德，而且，甚至也爱她的贫困和不幸……

9月20日，黄宏嘉和妹妹回到了阔别一年多的祖国。到达香港以后，按照出发前朱光亚给他的指示，黄宏嘉到香港大学找到了曹日昌教授。由于广州尚未解放，陆路口岸过不去，海上客轮也都停航了，唯一的办法是搭乘货轮。鉴于路上很辛苦也很危险，黄宏嘉决定自己一人搭乘货轮先走。

1949年9月30日一大早，曹日昌把黄宏嘉送上一艘开往秦皇岛的运煤小火轮。10月1日，小火轮进入台湾海峡航行。正是这一天，毛泽东在北京天安门城楼向全世界庄严宣布：中华人民共和国中央人民政府今天成立了。

10月6日下午，小火轮终于靠上了秦皇岛的运煤码头。黄宏嘉兴高采烈地走下了小火轮，立即买了下一班开往天津的船票，到天津换乘火车抵达新中国的首都北京。

虽然黄宏嘉错过了开国大典，不过他很快得到了补偿。1950年10月1日，北京举行盛大的国庆一周年庆祝大会和阅兵式。黄宏嘉作为归国代表，受到中央人民政府政务院的邀请，荣幸地登上了天安门观礼台观礼。

1950年10月1日，黄宏嘉在天安门观礼台上，参加首都各界庆祝国庆一周年焰火晚会

四

黄宏嘉在美国学的是微波通信，这是他一生的兴趣所在，从微波到光纤，黄宏嘉始终站在中国通信技术革命的最前沿。

回国后，黄宏嘉被分配到北京铁道学院，此时国内尚未开展微波通信方面的研究，黄宏嘉根据铁道生产的需要，把刚刚兴起的自动控制作为自己的研究方向，承担了铁道通信系统中微波部分的设计工作。

1956年1月29日，黄宏嘉光荣地加入了中国共产党。

黄宏嘉心心念念的还是中国何时能够发展自己的微波通信事业，他一直关注着国际微波技术的发展动态，终于盼到中国要搞微波通信了。1959年3月，国家科委正式批复由中科院和邮电部联合开展"毫米波波导管远距离多路通信"研究项目，黄宏嘉被任命为这个中心研究室的技术副主任。

经过艰苦的努力，黄宏嘉在国内最早研制出8毫米微波圆电波H01波导管，这是当时国内少有的能够和美苏基本同步的技术成果，宣告了中国在微波通信领域已经站到世界前沿。

"毫米波波导管远距离多路通信"项目成功之后，黄宏嘉尝试以耦合波的统一理论来阐述微波的基本原理。1963年和1964年，黄宏嘉的《微波原理》上下两卷先后出版，这是国内该领域的第一本专著，创立了我国自己的微波通信理论性体系，无论对黄宏嘉本人还是对中国的微波通信事业都具有里程碑式的意义，它向世人揭开了微波通信神秘的面纱，促进了微波通信事业的普及应用。

1964年3月，黄宏嘉被点名调到中国科学院负责参与筹建上海光学精密机械研究所，准备开展激光应用方面的研究。他被委以重任，担任了所党委会成员、学术委员会副主任、理论室主任、研究员，同时兼任《激光》杂志主编，忙得不亦乐乎。

然而此时，中科院按照上级"通过社教运动教育和改造知识分子"的统一要求，大批下放科研人员到农村参加"四清"。黄宏嘉需要"说清楚"的事项很多，但他倒是很坦然，叫写什么材料就写什么材料，写材料时照样是一笔一画、一丝不苟，写完说明材料，还是继续做他的研究。1965年5月，他的《从微波到光》出版了，这是国内关于光纤可能用于通信的最早文献。这本科普读物从微波和光学互相渗透、互相结合的角度，提出了微波光学的一些基本概念，预言微波和光学巧妙地合在一起，有可能解决微波或者光学单方面难以解决或难以很好解决的问题。

这一年，黄宏嘉43岁，年富力强，正值学术生涯的黄金时期，然而时势不由人，"社教"还没有结束，"文革"就开始了，黄宏嘉的事业被按下了暂停键，但他仍以各种方式持续自己的研究。1977年，国内形势发生了变化。9月，黄宏嘉重新成为上海光机所研究员，并且开始招收研究生。

1978年3月18日，黄宏嘉出席了在人民大会堂隆重召开的全国科学大会开幕式。他看见老师马大猷、学弟朱光亚端坐在主席台上。全国科学大会开幕前，黄宏嘉专程去声学所看望了马大猷教授。师生各自饱经沧桑，如今久别重逢，竟无语凝噎。

这次大会上，黄宏嘉的"微波耦合波理论的研究"荣获全国科学大会重大科研成果奖"突出贡献奖（个人奖）"。此后，黄宏嘉在此基础上创立了光纤传输的"超模式"理论。

1979年6月，黄宏嘉调到上海科技大学，出任分管科研的副校长，他的目光聚焦在光纤通信领域，决定重启这个已经耽误了十几年的项目，立即在校内创建了波科学研究所。并与上海石英玻璃厂合作，开始试制单模光纤。

在研制单模光纤的两年多时间里，黄宏嘉一直住在学生宿舍一间简陋的房间里，把自己所有的精力都扑在项目上，连春节都是在实验室里度过的。在黄宏嘉的带领下，经过课题组全体成员的共同努力和上海石英玻璃厂的通力协作，我国第一根单模光纤终于诞生了，填补了国内空白。1980年11月，58岁的黄宏嘉当选为中国科学院学部委员。

单模光纤试制成功后，国家科委将单模光纤研究列入了国家"六五"攻

黄宏嘉在实验室测试他的应力型保偏光纤的性能数据

关重点项目。1986年2月,黄宏嘉主持的这项研究通过了国家鉴定,标志着我国光纤研究在实用化方面已经取得突破进展,使我国光纤技术进入世界先进行列。黄宏嘉因此被称为"中国单模光纤之父"。

黄宏嘉并没有就此止步,紧接着全身心投入特种光纤的研制之中。2007年4月,黄宏嘉的"宽带光纤波片"获得美国发明专利授权。美国贝尔实验室以发明人之姓名命名此种宽带波片为Huang wave plate(黄氏波片)。

五

黄宏嘉不仅是一位科学家,还是一位继承黄氏家族书香的诗人。黄宏嘉的曾祖父黄道让是晚清著名诗人,父亲黄右昌,被尊为中国开创罗马教育法第一人,出任北京大学法律系首任系主任。黄右昌登坛授课之余,回到家里,勤则埋首著述，挥毫泼墨，惰则焚香品茶，闭目养神，间或训长抚幼，督导孩儿功课。黄宏嘉就是在这样满屋书香的熏陶中成长起来的。

黄宏嘉从中国驻印军退役后赋闲在家的那段日子，跟随父亲黄右昌学写旧体诗。一天，黄宏嘉漫步小溪边，见秋阳映照下的林木黄叶斑斑，流水潺潺，不禁诗兴大发，吟成《山村秋兴》：

落叶斑斑黄，寒鸦点点黑。多情似流水，常伴高山侧。

此后几十年黄宏嘉埋首科研，偶有闲暇，兴之所至，也还是会吟诗作乐。晚年在与儿子聊天中，随口吟诗一首：

饮茶父子话家常，但愿长久保健康。莫道神仙居狭小，观鱼胜过富春江。

当年，父亲黄右昌对黄宏嘉寄予厚望，希望他报考文科，以传承黄氏家族200年诗书文脉，无奈黄宏嘉矢志不渝，一心从事科学事业。却不曾想到，黄宏嘉骨子里具有的诗人气质反而成就了他的科学事业，正是他那诗人独具的想象力，使他的科学思想得以自由驰骋，使他在理论上大胆创新，最终打通了从微波到光的理论模式，确立了自己的理论体系，成就了"叙永哥"黄宏嘉院士"波""光"闪耀的诗意人生。

2025年4月18日于北京
（本文照片由黄宏嘉院士之子黄柯提供）

揖别朝天门　南下叙永城
——忆父亲黄宏嘉的联大求学路

黄 柯[①]

1940年9月，国立西南联合大学录取终于放榜，黄宏嘉终于等来了被国立西南联合大学录取的消息，如愿以偿进入西南联大工学院的机械工程学系。那时，在黄宏嘉心目中，只有机械才是真正的工科，才能造枪、造炮、造飞机，所以选报了当时非常热门的机械工程。二哥黄宏煦也从武汉大学转入西南联大，进了工学院土木工程学系。兄弟二人再度成为校友，还在同一个年级、同一个学院。

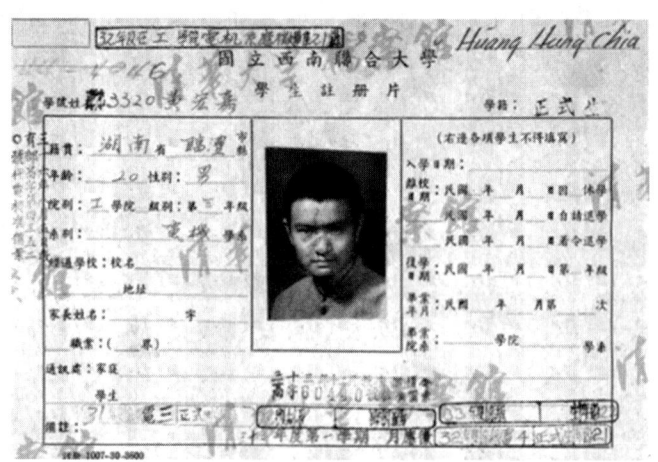

黄宏嘉的国立西南联合大学学生注册片（清华大学档案馆提供）

---

① 黄柯：黄宏嘉院士次子，上海路达电器有限公司总经理。

这一年西南联大放榜比其他大学晚了将近两个月，是有原因的。

1940年，希特勒在欧洲绕过马其诺防线，占领了法国。日本趁法国战败、无暇东顾的机会，大举入侵法属印度支那，迅速占领了越南，屯兵中越边境，觊觎中国西南。日军飞机开始从越南机场起飞，轰炸昆明。英国在法国的20万大军千里大溃败，由敦刻尔克仓皇退回本土，大英帝国已无力顾及在亚洲的殖民地，只能答应日本条件，封锁中国西南唯一的出入境通道滇缅公路，换取英军在缅甸苟且偷安。即便如此，日军也随时可能入侵缅甸，威胁云南。风云诡谲，转瞬间云南从后方变为前线，原本以为远离战火的西南联大，再次处于险境。

由于战局不容乐观，国民政府敦促西南联大再次迁校。当时，国内知名大学除国立厦门大学迁至福建长汀、坚持敌后办学外，大部分名校都迁到了四川。如中央大学迁到重庆，武汉大学迁到乐山，同济大学迁到宜宾。因此国民政府要求西南联大也迁入四川。四川省政府对西南联大入川表示热烈欢迎，提供了白沙、泸县、宜宾、叙永供西南联大选择。经过实地考察，校委会选定临近泸县的川南小县叙永为新的校址。叙永是云贵川三省交界地区的一座边城，陆路有川滇公路过境，乘汽车可直达昆明，如果迁校的话，交通比较方便；水路坐木船可通泸县，然后沿长江直达重庆，也便于中央对学校的控制。

西南联大事先派人到叙永，与叙永有关人士洽谈迁校事宜。筹备工作尚未妥当，重庆当局又一再催促学校迁川。于是，作为一个折中，西南联大叙永分校就在毫无准备的情况下仓促成立。

9月，西南联大在报上刊出公告，要求1940级新生和先修班同学，一律在12月10日前到叙永分校注册上课，原在昆明的学生继续留在昆明，根据战事的发展再做决定。

二哥黄宏煦不知道这个情况，早在8月就先行去了昆明。现在后悔也来不及，只好自己设法从昆明赶到叙永报到。

11月下旬，黄宏嘉收拾行装，辞别父母兄弟姐妹，在重庆朝天门码头登上民生公司客轮，溯江而上，前往西南联大，开始他的大学生活。

启程的那一天早晨，重庆难得云开雾散，晴空万里。朝天门码头熙熙攘攘挤满了人，旅客、挑夫、小贩摩肩接踵，喧嚣嘈杂。黄宏嘉背着简单的行囊，登上了由重庆开往宜宾的"民望"号客轮。

"民望"号客轮是民生公司最早投入川江航行的轮船，船上设施已经比较陈旧。抗战期间，运输紧张，船票一票难求，黄宏嘉好不容易才买到统舱票，没有座位，就在甲板上随便找了一个位置安顿下来，和一群流亡学生、受伤士兵挤在一起。

早上7点15分，轮船拉响汽笛，趸船上的工友解开缆绳，轮船慢慢驶离码头，向长江上游缓缓驶去。此时，万丈阳光洒在江面上，反射出一片耀眼的金光，晃得黄宏嘉睁不开眼，江心不时地吹来阵阵凉风，让黄宏嘉觉得神清气爽，比闷在家里的感觉舒服多了。在家里，黄宏嘉明显感到二姐黄绍湘和二哥黄宏煦同父亲黄右昌格格不入，很少说话，二姐二哥甚至尽量避免回家，家里的气氛并不和谐。如今自己能够借上学的机会逃离家庭的环境，也觉得如释重负，心情格外轻松，并没有什么离愁别绪，反而对未来的大学生活充满向往。

11月的长江已经过了汛期，但水量依然充沛，江面平缓如镜，轮船虽是逆流而上，但速度还是比较快。黄宏嘉跑到船舷，凭栏眺望岸边的农家风景。甘蔗和稻谷早已收割，田野里只剩下草垛，一排一排犹如站岗的士兵；间或有一片片果园，正值橙黄橘绿，装点着江山。

下午四点半，轮船到了江津县城，靠岸稍做停留，补充给养后，继续前行。太阳将要落山之际，轮船到达白沙码头，只见夕阳西照，晚霞满天，烟波渺渺，暮霭沉沉，恰是一幅"一道残阳铺水中，半江瑟瑟半江红"的生动图画。

川江不能夜航，轮船要在这里停靠过夜。黄宏嘉趁机下船到镇上溜达了一圈。白沙镇属于江津县，这里江面宽阔、水流平缓，是长江上游难得的深水良港，而且是川黔滇驿道上的一个重要集镇。国民政府迁都重庆以后，这里被重庆卫戍总部确定为战时首都机关疏散地，设有重庆市户口疏散白沙指挥所，省内外一批机关、工厂、学校纷纷迁来此地，使这个昔日的水码头更加繁荣,成为抗战大后方的一个经济文化重镇,同时还成为"新生活运动"的示范镇。这时正该吃晚饭,街上熙熙攘攘,临街的小酒馆座无虚席,食客们吆五喝六,好不热闹,完全没有战时气氛,倒有几分升平景象。船上的饭难吃,分量还少,黄宏嘉忽然觉得肚子饿,于是找到一个小摊,冲了一碗米花糖开水喝下,又香又甜还热乎,喝完抹抹嘴,觉得好惬意。

晚秋的天黑得快,黄宏嘉不敢久留,匆匆回船。朦胧的月色下,江风习习,已经略有寒意。黄宏嘉进船舱找了一个角落,解开背包,裹上被子蜷成一团,蒙眬睡去。到第二天一早醒来,轮船早已开航。长江上游重庆以上河段,水流比较平缓,江面比重庆段更为开阔,轮船的速度也更快。下午4点,船就到了泸县码头。

泸县,古称"江阳",南朝梁大同年间(535-546)置泸州,民国初年废州设县,改名为泸县,但是民间仍然习惯性把泸县县城称为"泸州"。泸州是长江上游重要的港口城市。由重庆前往贵州、云南,大多乘船到泸州,然后弃水登岸,各奔前途,泸州于是成为长江上游非常繁华的水码头。

泸州位于长江和沱江交汇处,也是两江四岸三镇的格局。西南联大叙永分校的新生接待站设在长江南岸蓝田坝的中国旅行社招待所。黄宏嘉于是重新背着行囊坐轮渡过江,好不容易找到中国旅行社招待所,天已经黑了。负责新生接待的是黄中孚老师,他查验了黄宏嘉的入学手续,然后告诉他:"学校没有接新生的专车,接待处有西南公路局免费的搭车票,每天可以捎带几个人。你只能先在这里住下来,也可以另外找地方住,每天到这里来守候,看有没有当天的搭车票,也可以去码头搭运货的小木船,沿永宁河去叙永,不过坐车只需要六七个小时,坐船要三天。"黑灯瞎火的,另找住处太麻烦了,黄宏嘉只好在这里住下来。一看房价,两人住的房间一张床一晚要四块一,嫌太贵,于是住了通铺。通铺里住的好多都是本校刚录取的新生,也是在这里候车,大家并不觉得生疏,黄宏嘉感觉时光仿佛回到了南温泉的学生营。

就这样等了将近半个月,黄宏嘉终于在一天早上9点钟爬上了一辆开往叙永方向的卡车。卡车刚好没货,满载兴高采烈的西南联大1940级新生,顺着川滇公路南行，驶往他们的目的地——西南联大叙永分校，一个充满希望的彼岸。

天已经转阴，浓云蔽日。弯弯曲曲的公路旁，密布着桂圆树和柑橘树，乌泱泱的果园在川南冬季阴沉的天空下一片墨绿，透着顽强的生机。车开起来，风飕飕地吹在脸上，师生们倒也不觉得冷，反而有点凉爽。车过纳溪县后，就沿着永宁河曲折前进。越往上游，水越澄碧，山形也渐渐奇峭，然而半山腰以下全是梯田，弯弯曲曲的田坎勾勒出大山曼妙的曲线，田里麦苗盈畴，绿油油一片，山坡土埂也密密麻麻种满了庄稼。黄宏嘉久闻川南物华天宝、人民勤劳，看来确实名不虚传。难怪当年诸葛亮能以蜀地一隅去抵抗中原。如今抗战，四川又成为大后方，他不禁想起诸葛亮"务农殖谷，闭关息民"的策略，比诸今日，不是"闭关"而是"守土"，更觉得形势逼人。

下午四点半，卡车驶进了叙永县城。因为车上大多数是西南联大的新生，所以好心的司机好事做到底，干脆把他们直接送到了学校。卡车穿过一条小街，在一座庙宇门前停了下来。迎新的老师闻声从大门里跑出来，高声喊道："到了，同学们下车！大家去注册处报到，分配住处。"

黄宏嘉下车，抬头一看，庙门上方塑着两个泥金大字：文庙。墙上用毛笔写着两行字：国立西南联合大学叙永分校筹备处。

叙永县城分为东、西二城，分别建在永宁河两岸的台地上，由蓬莱桥和永和桥上下两座石桥连接，"双桥夜月"还是"叙永八景"之一。叙永分校的校舍星散城中，在东、西二城都有分布，学生上课、吃饭，都从桥上经过，两座古桥因而也热闹起来，风景与从前又有所不同。

在西南联大执教的朱自清，也曾经到过叙永，对叙永的边城风情印象颇深。他这样描绘当时的叙永县城：

叙永是个边城。永宁河曲折从城中流过，蜿蜒多姿态。河上有上下两桥。站在桥上看，似乎颇旷远；而山高水深，更有一种幽味。东城长街十多里，都用石板铺就，很宽阔，有气象，西城是马路，却石子像刀尖似的，一下雨，到处泥浆，两城都不好走。

叙永县城由于地处川滇黔交界处，是永宁河水运的终点，所以一直是重要的水陆接驳物资集散地。川滇公路修通以后，叙永县城成为盟军援华战略物资运输的重要节点，每天有上百辆的汽车穿城而过，还有无数的马车、牛车在这里停留过夜，于是一天天逐渐繁荣起来。不过县城常住人口并不多，除了县政府、机关、驻军单位以外，就是一些大大小小的庙宇和零零星星的商店、饭铺和茶馆。西南联大在这里建立分校，总算是给这座古老的边城带来了热闹的人气。

叙永的西城，因为有公路过境，所以以商业为主，较大的商店都在西城。西城的春秋祠原来是陕西会馆，据说是由几个陕西盐商集资，在清光绪二十六年（1900）建造的。整座建筑坐南向北，长方形布局，沿中轴线从前到后有4个封闭式四合院，依次为乐楼、大厅、正殿、三官殿，气度非凡。著名语言学家罗常培说它"建筑得很宏丽，朱甍碧瓦，画栋雕梁，真有点儿像北平的几个大祠宇"。祠内殿堂金碧辉煌，百鸟窗玲珑剔透，大殿前面有戏台，戏楼台檐那块"周武王大会八百诸侯于孟津"的雕刻，场面恢宏，人物栩栩如生，左右有厢房，都是木质两层。整座建筑规模宏大，富有文化气息，于是就给了文学院、师范学院、法商学院和理学院男生共用。南华宫与春秋祠相邻，房子比较破旧，但是规模比较宏大，工学院男生多，就安置在南华宫。除了厢房用作工学院的宿舍外，大殿被辟为大教室，可供200来人上课，就作为各院系公用。实验室、图书室分设在劝工局、天上宫，食堂设在城隍庙。教授们集中住在春秋祠对街的一所大院落里，助教因为要随时答疑，就住春秋祠的后进，和学生们在一起。

东城比较安静，是读书的好地方，那里的商店性质和西城也不同，卖纸的、刻书的、印佛像的都在东城。学校的"主校区"在东城的文庙，办公室、教室也在这里，因为这边房子比较宽敞，且文庙向来是读书人聚集之所，用作分校总部也恰如其分。女生人数比较少，就集中住在东城的帝主宫。因是女生宿舍，被列为禁地，不能随便出入。

黄宏嘉到校比较早，这时学校的后勤还没有完善，宿舍的床也没有到，同学们就在地上直接铺上稻草打地铺。山区的冬天阴冷，破庙四壁透风，黄宏嘉常常在半夜被冻醒，把棉被裹一裹接着又睡。没有自来水，早上就直接到河边洗漱。饮用水也是到河里去挑，然后用明矾澄清一下。黄宏嘉头几天不大适应，还拉过肚子。饭堂更为简陋，连饭桌都没有，就在地上用粉笔画上圆圈，编好"桌次"，开饭时用桶提来饭菜，大家打到自己的碗里，蹲在地上吃。米是陈米，饭里好多稗子、沙粒；大锅菜煮得稀烂，不见油星。好在黄宏嘉经历过学生营的磨炼，吃这点苦不算什么。

同学中也有扛不下来的，不等开学，就自动离校了。无论东城西城，都没有电灯。同学们每人都备有一盏桐油灯和一支竹筒做的油瓶。桐油燃烧性能不好，点起来黑烟直冒，热度高而亮度低，外加一股不太好闻的味道。一群衣衫褴褛、面黄肌瘦的青年住在庙里，点着油灯，一阵晚风袭来，只见满屋火舌摇曳、人影散乱，场景颇有几分诡异，所以同学们常常用"古城老庙，青灯黄卷"来打趣叙永分校的读书生活。

黄宏嘉来到群山环抱之中的叙永县城，暂时没有了防空警报的骚扰，突然觉得世界静谧而祥和。清澈的永宁河绕着小城潺潺而流，河滩成了同学们读书、散步、摆"龙门阵"的场所，洋溢着青春的气息，显得生机盎然。青青校园、莘莘学子让这座偏僻的小城有了几分书卷气，颇具几分钟灵毓秀的气象。

西南联大叙永分校负责人不称校长，称分校主任，由知名作家杨振声教授担任。杨振声以前是北大国文教授，和黄宏嘉的父亲黄右昌是很熟识的同事，从西南联大成立之日起，就担任常委会主任秘书，很熟悉西南联大的办学思想、办学方针、培养目标、教学科研和校风校纪，而且，杨振声主任每周都用一部手摇发电的无线电话机与西南联大主持校务的常委梅贻琦通话，汇报情况、听取指示。在昆明西南联大常委会的直接领导下，叙永分校保持了西南联大原有的办学作风。

进入1940年12月，西南联大新生陆陆续续来到叙永分校报到，几座冷清的大庙逐渐热闹起来。住在东城的同学，每到饭点就叮叮咚咚敲着饭碗，走过永和桥去西城的城隍庙吃饭，给小城营造出一种别样的欢乐氛围。学生宿舍的上下铺木床也到了，黄宏嘉终于不用再睡地铺。虽然床架有点摇晃，但不用在又潮又冷的地面上睡地铺，他也知足了。宿舍很挤，放了床就没地方摆书桌，黄宏嘉就把箱子放在床头，当作书桌，也可以应付得过去。

转眼到了1941年1月6日，这天是星期一。当天上午，叙永新任县长就职，在县政府门前大操场举行典礼，邀请叙永分校师生前去观礼。就职典礼后，西南联大叙永分校紧接着举行开学典礼，宾主换位，由分校主任杨振声教授主持典礼，新任县长、驻军的团长，以及当地的北大早期老学长出席作为来宾观礼。宾主例行致辞，不久典礼即告结束。

也就是同一天，在安徽东南的泾县，发生了一场震惊中外的事变。奉命北移的新四军军部及所属部队9000余人，行至皖南泾县茂林地区，突然遭到国民党第三战区顾祝同、上官云相指挥的7个师8万多人的拦截。8日，新四军陷入重围。全体指战员在叶挺军长指挥下被迫还击，血战7昼夜，终因众寡悬殊、弹尽粮绝，除约2000人分散突围外，其余大部分壮烈牺牲。军长叶挺与顽军谈判时被扣押，政治部主任袁国平牺牲，副军长项英、参谋长周子昆突围后不幸被叛徒杀害。这就是震惊中外的"皖南事变"。

由于国民党封锁消息，同学们根本不知道千里之外这场残酷的战斗，否则开学典礼的气氛不会那么轻松和谐。

1941年1月10日，也就是公告学生到校的最后期限，学校正式开课了。开课并没有举行什么仪式。平时也没有像中学那样经常有全校性的活动，学校有事都是张贴布告周知。联大在学习上并没有建立多少规章制度，教授上完课就不见踪影，完全靠学生自律。虽然编了班级，并以班级为单位进行课堂教学，但并不点名，学生愿听谁的课尽管去听，反正考试是全校统考。黄宏嘉明显感觉到，一切都和中学不一样了。新生们从细致、严厉的管束下解放出来，一下子进入了"放养"的状态，好多人都还不习惯。

1941年1月26日是农历除夕。叙永县一位早年毕业于北京大学的士绅送来

483斤猪肉、4坛叙府老酒,让学弟学妹欢度春节。满脸菜色的同学们托老校友的福,打了一场美美的"牙祭",兴奋莫名。餐会上,会喝酒的、不会喝酒的都喝上两口,个个满脸酡红,兴高采烈。美中不足的是,食堂怕同学们吃坏了肚子,硬是把肉分成三天吃完,大家都不是很尽兴。尽管如此,这次聚餐仍然是叙永分校的同学们半个世纪以后还津津乐道的欢乐时刻。

学校也在这天晚上举行师生同乐会,地点在南华宫大教室。当天一早,黄宏嘉就被人拉着去街上买来木条,然后把木条钉成框,外面钉上一层马粪纸,纸上再糊一张白纸,刷上颜色,当作晚会的布景片,在煤气灯下勉强充数。晚上,又被拉到后台打杂。一天忙下来,累得腰酸背疼,节目都没兴致去看。

春节过完,紧张的学习生活就开始了。

工学院是西南联大叙永分校规模最大的学院,有机械工程学系、电机工程学系、土木工程学系、航空工程学系和化学工程学系,而机械工程学系又是工学院规模最大的系,当年招收76名新生,占工学院当年新生一半出头。组建西南联大的三校中,由于北大没有工学院,南开只有化工系和机电系,所以西南联大工学院实际上就是清华工学院的继续,有自己独特的学风,这就是严谨、紧张、自律。教学特点是课程多、课时紧、要求严。当时课本主要采用外文原版,都是由有经验的教授、讲师讲授。教授并不坐班,也不负责答疑,全靠学生自己通过阅读参考书、消化课堂笔记来解决自己学习中碰到的问题。

由于推迟了开学,一年的课程要压缩到6个多月上完,老师们都在赶进度,一堂课要讲很多内容,上完课下来还要看参考书;作业多,考试也多,有时一堂课上到中途也来一次考试,至于星期天上午考试更是家常便饭。所有这些考试都要记成绩的,谁也不敢忽视,大家学习都非常紧张,不敢懈怠。黄宏嘉与二哥黄宏煦虽然同在叙永分校,宿舍在同一个大院,平时也很少往来,最多也就是在城隍庙吃饭时如果碰上了就聊几句。好在黄宏嘉现在算是出身名校,底子扎实,尤其是数理两门课,已经成了强项,所以成绩虽然不是名列前茅,也还及格有余。只是学习要比中学时代紧张得多。

西南联大一贯重视基础课教学,大一的课程全部是基础课,也是必修课。文科新生至少要选修一门自然科学课程,理工科大一必修国文,以拓宽学生知识面、提升学生综合素质。学校对必修课的要求非常严格,工学院规定,微积分和普通物理学中有一门不及格,就不能继续读工学院。黄宏嘉暗自庆幸在国立二中遇上了汪桂荣这样的好老师,帮他在数学上突破了瓶颈。

工学院在西南联大很受重视,基础课师资力量非常强。国文教师是杨振声,写作课教师是李广田,英文教师是王佐良,郑华炽和霍秉权教普通物理学,教微积分的教授有蒋硕民、刘晋年。这些人都是国内声名显赫的学者、名师。教师讲课也非常认真、负责,对学生要求特别严格。理工科的微积分课程有六个班,黄宏嘉选了刘晋年教授的班。刘晋年1924年毕业于南开大学算学系,1930年获美国哈佛大学博士学位,回国后在南开大学算学系执教。他课程讲得很深,甚至比原文教科书还要深。普通物理学上大课,由郑华炽和霍秉权两位教授轮流上。这两门课几乎天天都有课外作业,随时都有随堂测验。

黄宏嘉最喜欢上王佐良的英文课。王佐良是西南联大毕业后留校的青年教师,和老教授们相比,资历很浅。但他教学认真,对学生要求也很严,上课时用英语讲授、提问,学生也要用英语回答。他讲课并不照本宣科,只是对一些比较难的词句做些讲解,讲解后书写在黑板上。他经常听写,有时也要求背课文,每两周要写一次作文。黄宏嘉为英文付出了相当多的时间和精力,因为在西南联大,很多专业课使用原版教材,老师也用英语讲课,英文过不了关,是读不下去的。

有一次上英语作文课,王佐良出的题目是《值得回忆的往事》。黄宏嘉写的是因为自己读初中时调皮,朱静秋老师在"雪耻楼"前对他进行教育,给他讲明白了工业强国家才会强的道理,因此暗下决心,将来一定要学工科。作文交上去,王佐良很欣赏,给了个"A+",黄宏嘉好高兴。大约过了个把月,王佐良突然找到黄宏嘉,说是要办一个英文教学成果展览,需要几篇有代表性的英文作文,叫黄宏嘉把那篇作文交上去做展品。黄宏嘉找遍木箱,翻遍课本也没能找到。王佐良感到很惋惜,同时告诫黄宏嘉说:"一个人要珍惜自己的成果,凡是有意义的材料都要慎重保存。"这件事对黄宏嘉触动很大，黄宏嘉铭记在心，从此养成了保存笔记、照片的习惯。

老师努力推，学生刻苦学，一年级上学期的课，用三个月时间就学完了。4月7日开始举行期末大考，10日考试结束。然后放假5天，算是寒假。4月15日，接着又开始上课。

一年级下学期，黄宏嘉印象最深的课程，是机械制图学。教机械制图学的是后来成了清华大学教导长的褚士荃教授。他当时是叙永分校的训导长，对学生要求特别严格。民国时期大学的训导长多半是些国民党的"党棍"，不受学生欢迎。但是褚士荃不一样，他对学生很关心，还很注意保护学生。黄宏嘉在学生营时期学过测量，也实习过，懂一点制图，但是画一张图经常也要花整整一个下午的时间，其他同学往往需要两个下午才能完成。褚士荃要求学生制图必须认真而又仔细，不允许图纸上有一丁点差错或污渍，只要稍微出一点点错，就必须全部重画。机械制图是大一下学期开设的，此时已进入1941年夏季。当年叙永大旱，入夏有40多天没有下雨，气温一天比一天高。工学院的绘图室在春秋祠后院一栋两层楼的空房中，无门、无窗、无楼板，又闷又热，人就算坐在那里不动，也汗水直流。黄宏嘉绘图的时候要在肘下放一只碟子，用来接住从手臂上流下的汗水，免得打湿了图纸。而晚上绘图，点桐油灯不仅费眼，还容易烧到头发，名副其实的"焦头烂额"。后来，黄宏嘉偶然发现了一个作图的好去处，就是茶馆。

叙永和四川其他地方一样，茶馆特别多。特别是西城，有很多扯着布篷的露天茶馆，环境敞亮，又有桌椅，躺椅是用竹子做的，夏天坐上去很凉爽，叫上一杯盖碗茶，有时甚至是一碗"玻璃"（白开水），就可以坐上半天。平时，很多文科院系的同学相约来这里打桥牌、看书，而黄宏嘉却是借茶馆里的茶桌绘图温课。机械制图要求使用仿宋字，久而久之，黄宏嘉还练出一手漂亮的仿宋字。在茶馆做功课，额外的收获是养成了闹中求静的本领。你唱你的川戏，我看我的书；你摆你的"龙门阵"，我算我的题。井水不犯河水，其乐融融。慢慢地，来茶馆绘图的同学多了起来，老板也知道学生又苦又穷，倒也通融，专门给学生腾了一块地方，免得和其他茶客互相打扰。

西南联大叙永分校虽然偏居川南一隅，但是同学们仍然非常关心时事，关心国家的前途和命运。叙永分校成立之初，中共西南联大总支就组建了叙永分校临时党支部。党支部以"社会科学研究会"做外围，团结其他学生进步组织，通过举办演讲、创办壁报等方式，宣传抗日民族统一战线，揭露国民党顽固派的分裂、反共真面目。

1941年1月发生的皖南事变，由于国民党封锁消息，重庆《新华日报》刊登的关于事变真相的报道，一直到3月才辗转传到叙永。

一天早晨，黄宏嘉起床后拿起毛巾、牙刷、饭盆，像往常一样打算到河边洗漱之后，去城隍庙吃早饭。出门却见宿舍布告栏那里挤了很多人在看墙上贴的传单。黄宏嘉挤过去一看，原来是一张叫作《介绍与批评》的墙报，上面有署名中共中央的《为新四军事件通电》和周恩来所写的题词："千古奇冤，江南一叶，同室操戈，相煎何急！"这些资料都是从《新华日报》和其他文件上剪贴下来的。同学们一边看，一边窃窃私语，有的扼腕长叹，有的义愤填膺。

这天的早饭吃得很沉闷。黄宏嘉三两口喝下一碗玉米糊，就去找二哥黄宏煦。黄宏煦自从到了叙永分校就很活跃，联络了几个同学组织了一个"流火社"，出版大型壁报《流火》，发布一些时事评论，报头是一把熊熊燃烧的火炬。《流火》不管是刊名、刊头图案还是内容，都透着左翼气息，被人怀疑是共产党的喉舌。

黄宏嘉把二哥拉到一边，问："墙报是你贴的？"

黄宏煦若无其事说："不是。我也是起床的时候才看到。"

黄宏嘉知道黄宏煦肯定和这事有关，但是二哥不承认，也只好算了。

回宿舍的路上，远远看见南华宫门前有好多国民党军队的官兵被学生堵在门口，一个长官模样的人正在和分校训导主任褚士荃交涉。原来是驻军接到线报，说是学校出现了非法宣传品，要进宿舍搜查。由于同学们坚决不许军队进宿舍，褚士荃也据理力争、晓以利害，驻军方面也只好撤走，一场风波才算平息。不过几天以后，几个平时政治上比较活跃的同学突然就不见了。后来

黄宏嘉（右）与二哥黄宏煦（中）

才听说，他们是地下党，因为暴露了身份，撤走了。

在全民族抗战呼声高涨的形势下，国民党顽固派的第二次反共高潮被打退。叙永分校恢复了往日的平静，依然书声琅琅。和上学期一样，师生共同努力，用三个月时间学完了半年的课程。

盛夏的7月15日，国立西南联合大学叙永分校如期举行1940级年度大考。当然同学们不知道，就在他们紧张考试的时候，西南联大校部已经决定要撤销叙永分校。7月16日，叙永分校迁校委员会悄悄地成立了。随着战局趋于稳定，昆明可保无虞，西南联大不顾教育部的劝阻，决定撤销叙永分校，全体师生迁回昆明本部。

7月18日，年度大考结束，分校也适时贴出布告，公开了分校将要迁回昆明本部的好消息。

7月21日，学校开始放暑假，但是下学期何去何从还不明朗，黄宏嘉也不敢贸然离校，于是留下来，趁机饱览了一下叙永山水。

8月1日，叙永分校校务委员会正式更名为叙永分校结束委员会，留校学生开始登记，准备迁回昆明校本部。

西南联大叙永分校存在还不到一年，但是不管是对1940级同学，还是对叙永老乡，都是记忆至深的一段经历。叙永分校的同学，都自称"叙永哥""叙永姐"，不论是不是同一个院系，无论之前是否认识，见面之后都十分亲切。叙永父老更是难忘西南联大叙永分校给叙永这座边城带来的青春活力和现代文明。

1990年5月，叙永分校50周年校庆之际，中共叙永县委、叙永县人民政府在春秋祠内竖立了西南联大叙永分校纪念碑，让世人铭记这段难忘的历史。碑文写道：

自鸦片战争启端，船坚炮利之帝国主义莫不思以中国为鱼肉，大则侵蚀边疆，小则强行租界，终至贪蛇吞象，妄图亡我中华。九一八事变后，日寇频频入侵，不十年间，我国精华之地，铁路通达之区，几全遭蹂躏，沦陷敌手，工厂、学校纷纷内迁，中华民族已临危急存亡之边缘。

北京大学、清华大学、天津南开大学遂联合组成西南联合大学。在侵略进逼之下，始迁长沙，再迁昆明，三迁一年级新生于蜀南山城叙永。七百学子来自全国，不甘沦陷，或万里流亡，或海外来归，忍辱负重，共赴国难，会集于高等学府中，古庙油灯下，叩终生知识之门，求振兴中华光复国土之路。

时序如流，朱颜不驻。当年娃儿，今已古稀皓首，重聚永宁河畔。抚今追昔，喜半个世纪国家进步；放眼未来，感民族重任未可息肩；饮水思源，谢叙永父老哺育情深；桃李成荫，念启蒙老师辛勤教诲。历史见证，爰记留馨。

在叙永这段学习生活，对黄宏嘉影响很大，为他今后事业上顽强拼搏、作风上吃苦耐劳奠定了坚实的基础。

1941年，进入8月，正是"秋老虎"肆虐的季节。秋冬春三季"晒不干的永宁"仿佛把阳光都集中到了夏秋之交，毒日头从早到晚高悬在万里无云的天空，晒得人皮肤火辣辣的，热得人心里发慌。

就在这个季节,西南联大叙永分校结束了历史使命,本科师生全部迁回昆明本部,先修班暂留叙永。两个月后,先修班也撤回昆明。叙永分校人去屋空,只留遗址。叙永人民不舍这帮给古城带来青春活力和现代文明的青年学子,连日前来送别、联欢。师生们和当地群众共饮桂花酒,同跳铜鼓舞,依依不舍。

那时候,四川、贵州都没有通往昆明的火车,也没有专事客运的长途汽车。按学校的搬迁计划,女生可以由学校统一组织交通工具前往昆明,各系男生由学校联系西南公路局,发给搭车票,凭票和司机通融,三三两两搭乘货车去昆明。二哥黄宏煦闲不住,急于到校本部去加入社团活动,约上几个积极分子自己想办法先走了,黄宏嘉则留在学校,天天去学校负责派票的黄中孚老师那里打听有没有余票。

国立西南联合大学电机系民国三三级毕业纪念(民国三三级,即公元1944年毕业)
右起第三排第三人为黄宏嘉

眼看已经10月了，再不走就赶不上开学了。终于有一天晚上，黄中孚老师通知黄宏嘉说："明天有两张去昆明的票，可是前一趟车电机系刘育伦（刘半农之子）同学在路上翻车，把下巴碰坏了，掉了四颗门牙，你还敢走不？"

黄宏嘉此时已经等得心急火燎，又生怕延误了开学，毫不迟疑地回答："当然敢走。"

从叙永去校本部，要沿赤水河到贵州毕节，然后经过赫章、威宁、宣威、曲靖等地，才能到达昆明。沿途崇山峻岭，到处悬崖峭壁，常常云遮雾罩，公路曲折、狭窄又坑坑洼洼，路况很差。

战时燃料紧张，有的司机为省油，在汽车下高坡时常常熄火溜车，稍有不慎就会车毁人亡。还有司机在路上搭客挣"外水"，把持免费票的穷学生半路赶下，丢在路边，拉愿意付车费的客人，当时把这种私收车费的货车叫"黄鱼车"。后来学校和西南公路局交涉，建立了销票制度，情况才稍好一点。

黄宏嘉和航空系一位叫刘传斌的同学搭上了一辆运输桐油的货车，告别了叙永，前往昆明。

桐油桶和货车车厢差不多一样高，汽车行驶时又不停晃动，人坐在上面非常危险。黄宏嘉把背包牢牢拴在车厢挡板上，双手紧紧抓住车厢，一点儿都不敢马虎。才坐到毕节，双臂就已经酸痛得难以忍受，屁股疼得吃饭都不能坐凳子，手掌也磨起了血泡。更倒霉的是途中下了两场雨，运送桐油的货车没有篷，黄宏嘉被淋得浑身湿透；一会儿太阳出来，又把身上衣服晒干。一路上的艰辛难以言表。还好后来麻木了，也不觉得难受了。幸运的是这位司机师傅人很厚道，看两位学生可怜，处处替他们节省，吃饭都让押车的商人付钱，不要黄宏嘉分摊。

经过7天的日晒雨淋，黄宏嘉终于顺利到达昆明。

2025年1月26日于上海

迈入高等学府

张咸恭[①]

西南联大叙永分校

叙永是四川南部的一个小县,位于川黔滇三省交界地区,是由泸州通向云贵的必经之地。古称永宁,因有发源于大娄山的永宁河流经此地向北至纳溪汇入长江,与纳溪之间通航,自古为入黔的水陆码头,交通尚称方便。叙永横跨永宁河,分为东、西二城,其间有南北两座桥相通。"双桥夜月"也是"叙永八景"之一。叙永四周环山,城内也有些小山岗,是典型的山城。尤其是东南面,山势更高,距县城20里的红岩山竟高出县城千余米,一道红色的高数百米的陡壁远远可见,有如屏风,冬天下雪,红白相映,就是八景之一的"红岩霁雪",颇为壮观。

叙永两城内都有不少庙宇,经地方允许,分校修葺了一部分庙宇用作宿舍和教室。最大最主要的一座是东城的文庙,作为教室和办公室,正好与它一向是教育士子的场所相符合。其次是西城的南华宫,中间为一厂房式的大厅,能安放数百人的课桌,面对戏台,适于上大课,如中国通史、经济学、生物学等都在这里上课,老师站在台上讲,可以俯览学生听课情况。东边回廊是工学院同学的宿舍。条件最好的应是春秋祠,位于南华宫的东邻。建筑相当讲究,

---

[①] 张咸恭:中国工程地质学的主要奠基人之一,著名工程地质学家、教育学家,西南联大地质系1944级学生。

大殿雕梁画栋，宏伟宽敞。殿内供奉的是关公，坐像着绿色锦袍，左手持《春秋》，右手捋长髯，左前方关平捧印，右前方周仓持青龙偃月刀，赤兔马在后。大殿前面空着，只有半墙，不设门窗。理学院的同学就住在这大殿内，双人床排得满满的，有的同学就睡在关公等塑像的旁边。我和王忠诗、王应素、陆启荣等六人一组，住在外侧靠通道处，光线充足，空气新鲜，冬天较冷。大殿之前为一天井；再前为二殿，较小；更前为一大院，与大殿相对的一边为戏台；东西两厢为两层楼房，也不设门窗，楼下住文科、师范学院和先修班的同学，楼上住法学院、商学院同学。女生住东城的帝主宫，是供奉蜀主刘备的庙宇。吃饭是在西城东北角的府城隍庙，无桌无凳，饭菜不好，只有月底"打牙祭"时有些荤菜。家在沦陷区的同学，生活靠贷金，只能吃食堂。大一660多名同学吃、住、上课的地方就占用了这几座庙宇，还有些庙宇未动，可见当时四川的富足，一个小县就修了这么多的庙。

那时叙永还没有电灯，晚上点油灯，学校发给油，用完就去领。初到学校时，许多杂务都由同学去做，学校实行勤工俭学。我曾管过发油的事，后来又为普通地质学课画教学挂图，这对我学习专业课很有好处。还有的同学参加屋檐修缮工作，都可得到微薄报酬。到年底准备工作基本就绪，可以开学上课了。

1941年1月2日开始注册，4日选课，6日上课。大一课程以基础课为主，如大一国文、大一英文、中国通史、微积分。此外，理学院的学生还要选一门外系的课和一门法学院的课，本专业的课也是基础课。打好基础对后来的学习和工作都很有好处。教一年级基础课的教师也常常是水平最高的老教授。教我们普通地质学的教师是袁复礼教授，苏良赫先生助教；教普通化学的教师是刘云浦教授，唐敖庆先生助教；叙永分校主任杨振声教授参加大一国文教学，生物系主任李继侗教授教生物学，外语系陈嘉教授参加大一英文教学；等等。讲中国通史的教师是吴晗副教授，他讲课清楚、概念明确，但是给分却很小气，几百人上他的课，最高分却只有75分，好些同学不及格。

地质启蒙老师——袁复礼教授

袁复礼先生给我讲普通地质学，真是生动活泼，他常常讲到去西北考察地质的事。他说，做路线地质，一边看地质一边测路线地形图，利用星辰定经纬度，距离用自行车轮周长计算，轮上绑一铃，走一圈响一声，记下响声次数就可以计算出距离，方向则用地质罗盘测定。袁先生是我久仰的学者，在小册子上就看过有关他的事迹，现在能受到他的启蒙教育，感到非常幸福，所以听课特别用心，他的一字一句几乎都在打动着我。外系的同学选他的课，都说他讲得乱，我却不这么看，他讲的内容丰富，要言不烦，我拼命地记，真想把他每句话都记下来。因为那时没有参考书，只有几本Longwell的普通地质学，所以听课主要靠记笔记。我因为勤工俭学，手里有一本Longwell的书，把书上的某些图放大成上课时用的挂图，所以晚上自习时就把老师讲的章节阅读一下。起初速度很慢，看起来很吃力，后来就慢慢地快些了。我把老师讲的和书上说的结合起来，把笔记整理得较为系统，从而增强理解。有些同学借我的笔记看，甚至抄。有一次，袁老师叫同学们把笔记本交上去，拿回去批阅。我记得不对的地方，老师就给改正，还在上面写了"很好"，这使我很感动，也很受鼓励。

同学们来自各地，大多为流亡后方的沿海各省学生，也有从上海、天津等租界区以及内地各省来的，还有香港同胞及海外华侨。总人数是600多人，地质地理气象系18人，其中地质组12人。学校对学生要求很严格，加之教师给分较严苛，一年下来就去掉了1/3。同学们怀着对日寇侵略的愤怒，遭受着颠沛流离的痛苦，都有一番读书救国之心，所以学习特别刻苦，不怕条件艰难，每晚伏在油灯下，全部身心都沉浸在学习中，直到深夜。

通过普通地质学的学习，我们知道了地球划分成若干圈层，地壳是由矿物岩石组成的，遭受构造运动形成了断层、褶皱等构造形态，岩浆作用、变质作用生成了不同类型的岩石。同时也遭受着外动力作用，河流、海洋、冰川、风力等塑造着地貌形态，也沉积了各种松散沉积物，在漫长的时间中胶结成

听袁复礼教授讲授地质学的笔记（1942）

岩。生物也在不断演化，随着沉积物沉积保存下来，成为化石，代表着某一特定时代的见证，因而根据沉积物（包括生物遗骸）就能排出一个时代顺序，称为地层。这是追溯地球发展历史和研究地壳构造的基础。内、外两种地质动力推动着地壳的表面形态、岩石组成和地质构造的发展变化，而内力作用形成骨架，外力作用精雕细刻，总的趋势是填平补齐，使地壳表面变平，即"夷平"作用。地质历史上已有过若干次"准平原化"，但在内力作用下，经过造山、造陆运动，趋向老化的"准平原"又发生了升降，激发了外动力作用重新活跃起来，这就是"返老还童"现象。这一切变化都是缓慢的，要经过千百万年，用人类历史概念来衡量，时间是漫长的，而这种反反复复的变化则是无休止的。这些知识和理论使我感觉到地球科学的深奥与研究范围的广阔，我很爱这门科学，自幸没有选错道路。

普通地质学是整个地质科学的缩影，学好这门课程也为后续课程的学习打下了基础。袁复礼教授学术造诣深厚，用启发式的教学方法引导我们，是我们学好这门课的最根本因素。袁复礼教授，字希渊，河北省徐水人，1915年毕业于清华学堂高等科，以优异成绩赴美深造，先在布朗大学，后转入哥伦比亚大学学习地质。回国后任农商部地质调查所技士，曾与安特生到河南渑池县仰韶村发掘新石器时代遗址，获得重要发现。后又到甘肃做地质调查，首次确定我国有早石炭世晚期地层，并发现了"袁氏珊瑚"。1927年在清华大学任教，同年5月参加中国与瑞典合作的西北科学考察团，曾任中方代理团长，发掘到各类爬行动物的化石，包括水龙兽、二齿兽和袁氏龙等，引起国内外学术文化界的重视，为中国学者赢得荣誉，获得瑞典科学院"北极星"奖章。袁先生知识面宽，在西南联大时教过很多地质课程，以地貌学最为见长。他学识渊博，是地质学界公认的。与他交谈收获最大，能得到很多启发，同学们喜欢与袁老师座谈。袁先生不但学问好，而且品德高尚，关心同学，同学们也都尊敬袁老师。毕业离校多年的老学生有机会总要看望袁老师。在各种学术会议上，只要袁先生一出面，很多新老学生就会拥到他跟前，热情问候。

我班同学对袁复礼教授有着特殊的感情。在叙永时，袁老师的家就在我们宿舍的对面，我们曾数次集体去袁老师家看望他。袁老师儿女较多，那时都还小，家里事情也比较多，我们常去帮点小忙。有时邀请袁、苏两位先生到公园茶社师生同乐，听老师谈话。袁老师曾说，学自然科学应当学点拉丁语，因许多地质名词都用拉丁语，有新的发现时命名很需要拉丁语。他又说，阅读外文书籍速度应加快，其熟练程度应达到每小时十数页，粗读应达到20-30页。他还说，要懂点天文学，地质工作有时需要用星辰定位。

第一次用地质眼光看山

红岩的红装艳裹，天天吸引着我，多么想去跟前看看它呀，可是功课那么紧，总是没有时间。到了4月，地质课要到红岩去爬山做地质实习，同学们无不欢欣鼓舞。那天一大早，大家就起来了，按时集合前往。袁先生穿了一套爬山服，咔叽布马裤、登山靴、遮阳帽。天气很好，阳光明媚，大家情绪更好，因为这是第一次用地质的眼光去看山，看看自然界和学到的理论是否相符。苏先生给每人发一把铁锤、一个木质长方形罗盘，并讲解罗盘的用法。一切准备好了，我们就跟在两位老师后边往山上走，边走边看，老师随时给大家讲。老师在路边的露头上打下一块岩石让大家看，然后分析岩石的组成矿物和结构，让大家叫出岩石的名称，并告诉大家做地质工作首先要认识岩石，定名，而且要在新打下的断面上观察其成分和结构，同学们有说得对的，也有几位说错的。老师最后说这是砂岩，主要矿物成分是石英颗粒，胶结物质是高价氧化铁质，所以岩石呈红色。老师又叫大家拿出罗盘量岩层产状，并讲解怎样确定层面，怎样放罗盘测量走向、倾向和倾角。原来这是白垩纪砂岩，走向近东西，倾向北，倾角20°左右。这时老师又问，由此向南地层应该是老还是新？大家又思考了一阵。这一带地质构造比较简单，是单斜构造，向南依次为侏罗——三叠——二叠纪地层，所以这里还是煤产地，叙永城南十多里的凉水井一带乐平煤系地层中，含有无烟煤层，地方上开采自用并外运。

我们继续向上爬，到了陡壁跟前，上面刻有"灵石苍然"，还有名书法家米芾的题字"第一山"。仰头上望，更觉得高大，是由红砂岩构成的，上面有些裂缝，老师说这叫"节理"，陡壁面就是顺着一组节理面发育而成的，大家又量了陡壁的产状。久欲详观的红岩陡壁，这次看清楚了，对它的成因也有了认识，使我感觉到学了地质再看山崖，了解得更为深刻了。老师的讲解又把我们的目光引向永宁河：这河蜿蜒曲折，就是书上讲的"蛇曲"，叙永县城就是建在永宁河一级阶地较为宽阔的部分，实际上也是一个小的山间盆地。周围有一些分散的小山头，顶部较平，标高相近，那就是二级阶地面，后来由于沟谷下切，把它分割得零散了。远处还有些高山头标高也差不多，那又是更高的阶地面，甚至是"夷平面"了。学了地质，高高低低的群山也显得有了秩序，对山的认识又提高了一步！

白垩纪地层以砂岩为主，还夹有一些页岩，由于岩性比较软弱，易于风化侵蚀，往往形成沟谷洼地，使得砂岩山岭更为突出。风化作用在砂岩中主要表现为裂缝两侧的颜色变黄，细粒物质增加，在页岩中裂缝扩展张开，更增加了细小的风化裂隙，使岩石显得很破碎。这些情况加深了我们对老师所讲风化作用的理解。

有些地方砂岩显得比较破碎，节理较为密集，在其与下面的页岩相接触的地方有水渗出，稍一挖掘，就会渗水如泉。接而尝之，水清味甜，竟成为午餐饮料。大家拿出所带的馒头咸菜，坐在地上吃起来，别有风味。这也是地质野外工作第一课。爬了一天山，并不觉得累，相反还真有点"兴犹未尽"呢。这次实习收获很大，初次尝试到地质野外工作的乐趣，也促进了普通地质的学习，能够将理论与实际相联系，在学习新的章节时就会想到实地应该是什么情况，有助于理解。

叙永的夏天很热，6-7月有40多天没有下雨，天天晴空万里、艳阳高照，气温一天比一天高，那时没有气象预报，也不知到了多少度。时值7-8月，正是学年考试期间，坐在那里复习功课，即使不活动，也是大汗淋漓。春秋祠后面，通向县衙门后的大操场，那里有一口井，许多同学到井边打水"冲凉"，一日数次。有位广东同学去得更勤，他拖着木板鞋，嗒嗒作响，口里还哼着"嗒滴滴、嗒滴滴……"，成了冲凉交响曲。我们在春秋祠大殿的床位靠近大殿西头的通道，干脆就把凉席铺在通道边上的三合土地面上，躺在那里看书，这个办法还真有效，感觉到凉爽了许多，每每有人经过，还带来一阵清风，更是自来风扇了。晚上，好些同学就到操场上去，铺席而卧，颇为清凉。更有一些同学到永宁河去游泳,甚至很长时间在水里不出来,名曰"泡水"。游泳的男女同学都有,当地人起初觉得稀奇,前往围观。后来老不下雨,就有了传言:西南联大的女学生洗澡,亵渎了神灵,老天爷生气,不下雨了!

8月中旬学年考试结束,这一年虽然只上了7个月的课,但是由于时间抓得紧,师生都很认真努力,学习效果还是较好的。对我来说,学习地质的愿望实现了,懂得了很多地质基本知识,感到这门学科的确很有趣,工作也很合意,自幸路子选对了,决心继续学下去。这时国际形势有了变化,德军东进,爆发了苏德战争,日本似也无意进军云南,昆明的形势又稳定下来,所以学校决定在昆明留下来,打消迁川之意,叙永分校也就没有保留的必要,决定撤销,一年级学生分批去昆明本校。我是最后一批,大概是9月到昆明。所以,学年考试以后又在叙永待了一个多月。我一个人到县城西边的龙凤山一带去观察地质,仍是红色砂岩与页岩互层,页岩的比例较高,所以山势没有红岩那么高,时代仍属白垩纪。

此外,我常到县图书馆去阅读一些文史书籍,复习大一英语。由于天气热,下午时间一般是在永宁河边,与同学在树林中乘凉,热了就下河游泳、泡水。这片树林主要是桂圆树,一串一串的龙眼挂满枝头,正是成熟季节,主人边看守边售卖,价钱不贵,吃起来甜得很,还可以看见哪一串好,请主人现摘下来。这是我第一次看到桂圆树,而且能现摘现吃。

这段时间过得非常轻松愉快,不像前两年那样为升学而紧张,而且顺利通过了大学一年级淘汰大关,准备到昆明去迎接新的学习。

川滇道上看地质

大约是9月10日前后,我们就乘坐学校联系好的大卡车,往昆明方向开行。我们人多,一路说说笑笑,也不必担心被司机甩掉,心情轻松愉快。路很不平坦,出了叙永一路上坡,山势很高,而且越走越高,进入高山深谷区。侏罗一白垩纪的红色岩层已少见,我知道已经出了四川红色盆地的南界。山势很陡,公路盘旋，中午过1点到达赤水河，这是位于四川与贵州交界处的一个垭口，地势稍为平坦。河水清澈，水质甘甜，故其下游有茅台、习水等名酒产地。在那里吃午饭时，我们特别泡了碗茶，果然是茶味醇郁。由此向南坡度更陡，一路爬升，黄昏时分到达毕节，城市较大，地势较高，两侧河流分流，是个分水岭地带。在此住了一宿，一天的劳乏，倒头便睡，休息得很好。次日一大早就开车了，公路沿着乌蒙山的分水梁修建，起伏较小，出露岩石多为石灰岩，山上树木稀少，显得石骨嶙峋。过了赫章又是上坡，可能海拔更高了，俯览群山，峰峦相接，如海浪滚滚。我已身在云贵高原，山形水势又是一番景象了。下午到达威宁，远远看到一个大湖，叫草海，湖面广阔，衬着夕阳，风景秀美。在威宁住宿一宵，次早车向西南开行，沿着乌蒙山的分水梁前进，山上树木较少，光秃秃的石灰岩裸露。到云贵交界处打尖，再往前车开始下坡，晚上在宣威住宿，因为下午到的时间较早，安排好住处到街上转转，这里以火腿闻名，但不易买到，转了一阵才找到一家小铺，有几个不大的火腿。我买了一只，打算到昆明后送给袁先生，对他的启蒙教育略表心意。进入云南省境内后，石灰岩越来越多，喀斯特现象也发育突出，峰林洼地常现眼前，这里的山具有另一种魅力，吸引

1943年西南联大同一论文组的同学
左起王忠诗、涂光炽、张咸恭

着我坐在车上留心观察。只觉得自己的认识能力太低,许多现象还不认识,觉得今后要好好学习,提高知识水平。下午4点多钟就到了曲靖,这是昆明东面的一个较大的城市,街道颇为宽敞,市面比较整齐,是通往贵州和广西的要冲,商业较发达。有小火车通往昆明,交通方便。所以我们在此下了运货大卡车,改乘小火车去昆明,没有在曲靖过夜,当天就往昆明进发了。坐火车比汽车舒服多了,几天来蜷缩在汽车上,伸展不开,风吹日晒,车后卷起的尘土落满全身,鼻孔里都是泥,使人感觉特别劳乏,现在才稍觉轻松。大家唱着歌,一路说笑,当晚到达昆明。火车站有联大接待站,当即用汽车送往联大新校舍。记得那天正是中秋节,一轮明月高挂,显得格外明亮,天空是靛蓝色,装点着繁星,虽有月光照耀,仍熠熠生辉,衬托得月亮也显得小了。夜色十分迷人,那种清亮洁净的天空,近些年来很少见到,所以印象特别深刻。我对昆明的初次印象是极好的,在这里我要生活好几年呢。

1943年与同学合影
前排左起张凯、穆恩之;后排左起张家环、张咸恭

西南联大1944级地质系同学合影
前排左起王忠诗、许冀敏、张咸恭夫人、涂光炽夫人
后排左起吴达文、张咸恭、陈鑫、涂光炽

清华大学校庆联大1944级地质系同学合影
右起何宇、张咸恭、王忠诗、许冀敏、王凤连

节选自《山的召唤》

走向远山
——回忆父亲张咸恭

张 磊 王 薇[①]

我们的父亲张咸恭1919年4月出生于距江苏省沛县20余里的二郎庙村,家境富裕。父亲自幼上学读书十分刻苦,门门功课成绩优秀,在徐州市二中初中毕业后,顺利考入镇江市高中。不久,抗战爆发,父亲辗转至陕西安康国立四中读高中。

父亲从小憧憬大山,年少时在村外玩耍,常常眺望远处的青山。在辗转求学的过程中,父亲见识了更多的山,当他在地理课上第一次听到"地质"这个名词时,更加深了对山的向往,萌动了学习地质的愿望。1940年秋,父亲考入西南联大地质地理气象系,从此与地质事业结下了不解之缘,成为我国著名的工程地质学家、工程地质教育家,是我国工程地质学科主要开拓者和奠基人之一,中国地质学会工程地质专业委员会的创始人之一。

西南联大1940年秋季入学的新生在四川叙永分校就读。在叙永,父亲他们吃住上课都在祠庙里,条件十分艰苦。父亲开始勤工俭学,每晚负责给来领灯油的人打油。当时的生活条件虽然很艰苦,但同学们的学习热情却十分饱满,教师们也非常认真地授课。在那段时间里,所有的学生都得到了非常好的培养,为以后各自的专业发展打下了坚实的基础。

[①] 张磊:咸恭先生之子,就职于中国医学科学院阜外医院,已退休。
王薇:咸恭先生儿媳,就职于北京市海淀区人民检察院,已退休。

父亲为了学好学透地质课程，曾经连续好几天将自己关在一个僻静的破木板房里，认真仔细地将地球所有的地质年代名称分类梳理，制作成一目了然的精准表格。那几天同学们在教室、饭厅、操场上到处都找不到父亲的身影，后来才知道了他的学习成果，都大为钦佩赞赏，并纷纷用作学习参考资料。

一年后，叙永分校撤销，父亲他们迁到昆明西南联大校本部上课。父亲上大四时，正逢印缅战场需要大批译员，国民政府决定征调应届毕业生充当译员。1944年3月，父亲应征入伍，在译员训练班集中培训四周后，被分配到炮兵营，协助美国顾问培训中国士兵学习使用美国榴弹炮。父亲在学校学到的知识，此时都能用上。炮兵的标尺计算，以及其他计算，都能准确翻译，令炮兵营营长十分满意。培训结束后，部队开拔到松山前线支援步兵作战，美国顾问和译员随部队一起行动。在攻打松山时，父亲在炮兵望远镜里亲眼看到中国士兵英勇冲锋，也看到士兵用美国提供的火焰喷射器，把汽油喷到日军碉堡里，烧得日军跑出来满地打滚。日本人的火炮也不时对我方的部队进行轰炸，危险无时无刻不在。父亲也学会了通过听炮弹飞行的呼啸声来判断炸点的远近，如果声音远就不用管，声音近了就赶紧就地趴下。父亲曾目睹有人因身体趴得不够低，被弹片炸伤了屁股。

作为一名抗战老兵，2015年，父亲获得了中共中央、国务院、中央军委颁发的"纪念抗日胜利70周年纪念章"，同时接受了新华社等两家记者的采访。

抗战胜利后，父亲从抗日部队回到西南联大，继续学习了一年，毕业后被分配到南京政府任职。1947年10月，父亲考取了北大地质系研究生，导师是袁复礼教授，研究方向是岩石学。毕业后受聘任北京大学地质系助教。

经过数年学习，父亲对岩石能做出相应的准确判断。1952年国家决定在天安门广场修建人民英雄纪念碑，碑的基座用材选取任务就交给了父亲完成。父亲在对各地送来的样品进行辨别比较后，决定推荐来自青岛崂山的石料为基座，雕刻部分则采用北京产的汉白玉，人民英雄纪念碑筹备部采纳了父亲的建议。为此,青岛市将一整块基座石料安全运抵北京,北京房山区则提供了优质汉白玉。

1952年高校院系调整,父亲从北大调到北京地质学院任教。当时各地都在热火朝天地搞建设,一些大型基建项目需要进行地质勘探调查,学院新成立了工程地质教研室,由父亲担任负责人。于是父亲放弃了自己喜爱并精通的岩石学,改行研究工程地质学。

当时有苏联专家来学院协助教学,并带来相应俄文专业教材。擅长英文的父亲又突击学习俄语,一边翻译教材一边上课,经常为翻译教材熬夜到清晨6点,又匆匆赶到教室。

虽然有了苏联教材,但有些方面并不十分符合中国的国情,为此父亲向上级提出申请,由他自己编写中国的工程地质学教材,获得国家批准。父亲呕心沥血,熬过无数不眠之夜,两年后编写出来了一套专业教材,立即被各大学和有关部门采用。这套教材一直沿用到"文革"开始后大学停课。

父亲平时在地质学院教学,另外还参加了三峡水库、丹江口水库,川汉、湘渝、成昆、南疆等铁路工程的地质勘探,以及南水北调、黄河流域规划等重大工程的科研工作,出版了我国第一本工程地质专著《工程地质学》及教材。

张咸恭先生的著作

张咸恭与家人

　　那时候我国在各方面都处于一片空白的状态，野外工作非常艰难，步行是常态。父亲曾说过，到黄河上游勘察时，需要坐羊皮筏子过河。在水流特别湍急的地方，有一种渡河方式叫钻牛皮袋。牛皮袋是用大牛整张皮做成的，过河的人要钻进牛皮袋子里。河工让过河的人钻进去后，往牛皮里吹气，待牛皮鼓起来后用绳子扎住袋口，由河工骑着牛皮袋渡过河。那个钻在牛皮袋的人在黑暗中尽管心惊肉跳，此时也只能听天由命了。黄河水流变化莫测，一行人也曾有多次中途遇险，但最后都一一安全过河。

　　"文革"开始后父亲受到冲击，被关进牛棚。1970年，父母下放到甘肃酒泉总寨公社卫生院。1974年4月，父亲调到兰州大学水文气象系任教。父亲在兰州大学任系主任期间，招收并培养了多名研究生，1987年，父母调回北京原单位，父亲继续开展教学科研工作，培养的学生遍及祖国各地。可以说，父亲一生最珍贵的财富就是他的一批一批学生们。

　　1989年父亲退休，但他并未真正离开他的专业工作，继续担任国家级学术专刊的主编,参加项目的评审,以及专委会等工作,每天仍十分忙碌。

"春蚕到死丝方尽,蜡炬成灰泪始干。"2015年12月16日,父亲安详地离开了我们。

2019年父亲百年诞辰之际,中国工程地质学会将该年度正式命名为"张咸恭年";中国地质大学(北京)在国际交流中心举办了大型图文并茂的纪念张咸恭专题展,并隆重举办了张咸恭教授追思会,邀请各地专程来京的百余位专家学者,深切怀念这位走向远山的老一辈地质学家。

2025年1月11日于北京

刚毅坚卓　矢志不渝
——追忆"叙永哥"蒋大宗的家国情怀

蒋本珊[①]

叙永,一个位于云贵高原和四川盆地交界处的小城,85年前的1940年岁末,西南联大叙永分校在此成立。1940年联大录取的新生全部去叙永分校上课,这一级因此被称为"叙永级",这一级的学生也自称为"叙永哥""叙永姐"。我的父亲蒋大宗就是"叙永哥"中的一个。

长途跋涉　联大求学

父亲1922年出生于江苏扬州,祖籍江苏镇江。他幼年丧父,是祖母唯一的孩子。1940年在扬州中学(沪校)高中毕业时,考上了交通大学的电机系,但他不愿留在已被日军占领的上海,决心告别祖母到西南联大求学。当时从上海到云南只能从海上坐船到香港,再经越南入境,深明大义的祖母用祖父留下的最后一点抚恤金和存款利息给他买了去香港的船票,父亲一路历尽千辛,长途跋涉,终于到达昆明。由于他已被交通大学录取,所以没费周折就进入了西南联大,学号A3481。

1940年末,由于昆明经常被空袭,联大在四川叙永开设分校,大一的新生全部转到叙永。父亲他们入川乘坐的汽车,是南侨机工从缅甸运输汽油、军

---

① 蒋本珊:蒋大宗先生三女,北京理工大学计算机学院教授,已退休。

火到四川的货车车队,每辆车运6根粗圆钢,在空隙中再载2-3名学生。联大为赴川上课的学生们开具了证明书,凭此可以免费搭乘货车。车队从昆明开到叙永,差不多近一个月,等父亲到叙永时,大多数学生都已抵达了。在叙永,他们住在南华宫戏台两边的厢房内,睡的是双层架子床,几十人挤在一起。叙永的教室和宿舍没有电灯,晚上只能点油灯看书学习。据父亲回忆,晚上在豆油灯下画制图作业,一次眼看要画完了,不小心把油灯打倒,图纸沾上了油污,差一点前功尽弃,幸好交上去老师还认可。

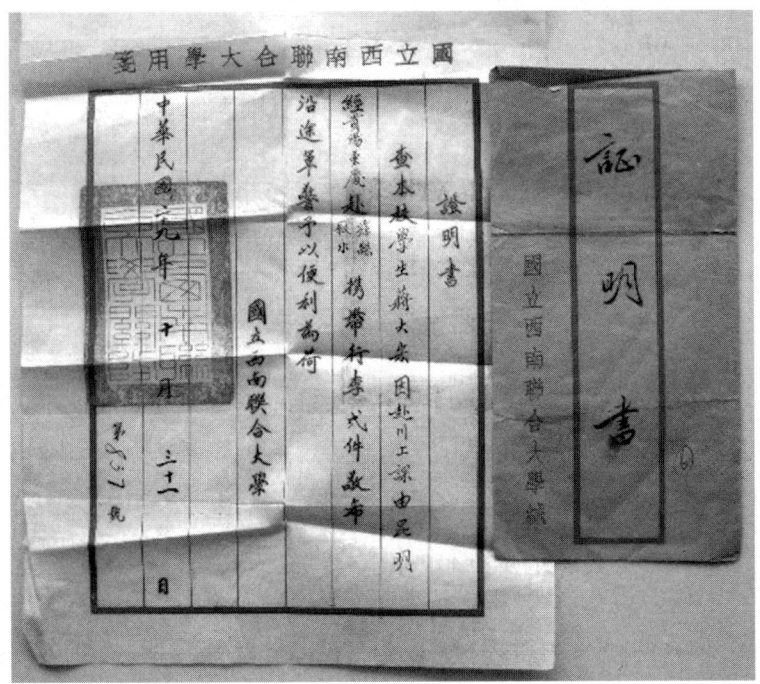

1940年西南联大为蒋大宗从昆明赴叙永开具的证明书

由于正式开学上课时间已经是1941年的1月,老师抓紧教,学生拼命学,在叙永的半年多时间内就完成了一学年的学习任务。1941年8月,联大叙永分校结束了历史使命,本科师生全部迁回昆明本部。当年的联大工学院设于昆明的迤西会馆,电机系借用的是会馆的雷公殿。为了保护古建筑,殿里的神龛被用纸糊好，再在空地安装几个水泥墩，把教学实验用的电机放在上面。

联大的学习和生活条件都非常艰苦，住的是茅草屋顶土坯墙或是由旧庙宇大殿改造的宿舍，吃的是含有稗子和沙子的陈米，还常常不能吃饱。为了能多吃一点，他们还发明了抢饭攻略：先盛半碗饭非常快地吃完，再盛上满满一碗慢慢吃。因为如果第一次就盛一满碗，等想再添饭时，饭桶早就空空见底了。父亲还给我讲过一个真实的故事：一次开饭，学生们一拥而上围住饭桶，某生突然大叫"我的眼镜片掉了"，其他学生没人搭理他，都埋头吃饭，某生只好默默吃饭，吃到最后发现镜片就在自己的碗里，原来掉到饭桶里的镜片正好被自己抢到碗里了。

由于家庭经济条件不好，父亲在联大求学期间完全靠勤工俭学维持生活。据父亲回忆，他在叙永的生活费是全部依靠教育部提供的"贷金"；返回昆明的那个假期，他和同学吴铭绩一起去汽车修理厂打工；大二升大三的暑假及大三时去桂林无线电厂和昆明电厂实习，用实习津贴和奖学金来支付生活费。

父亲在联大遇到很多名师，也遇到了来自全国各地的优秀学生。父亲十分珍惜这难得的机会，孜孜不倦地努力学习。从他保留的成绩单看到，他始终是班上的佼佼者。听父亲说联大工学院最难念的就是电机系和航空系，电机系有两门知名的"杀人课"——"工程力学""材料力学"和一门"老虎课"——"电工原理"，如果考试不过就需要转到其他系去。在他撰写的回忆文章中，对讲授这几门课程的孟广喆先生和马大猷先生严谨治学的态度记忆犹新。

联大对实验课要求也很严谨、细致，做实验前，首先要查阅书籍资料，将设计思路形成预习报告，老师审核通过后再领取实验器材和工具，按设计思路开展实验并记录数据。实验中的每一份原始数据记录单，要由教师和实验记录人签名确认，实验报告的最终结果也要与过程中的数据相核对。实验报告的上交时间严格到几点几分，否则就要扣分。父亲有一次因为实验报告迟交了半天，被老师批注："迟交，分数减半"。

直到晚年，每每提起联大学习生活的许多细节他都如数家珍，在联大的学号也让他牢牢地记了一辈子。西南联大这个在中国高等教育历史上只存在了8年多的大学，它"刚毅坚卓"的校训影响了中国近90年！

投笔从戎　抗日报国

在联大学习三年半后的1943年底，国民政府下令叙永级的大学应届毕业男生提前毕业，征调从军，服役期满两年后再发给毕业证。这就是西南联大历史上著名的800学子投笔从戎，父亲就是他们中间的一员。现今在昆明的西南联大旧址和清华、北大、南开校园里都立有这样一块纪念碑，碑阴中篆刻的"国立西南联合大学抗战以来从军学生题名"，密密麻麻地刻有834个名字。

当年父亲听说中国远征军新38师师长孙立人写信给联大工学院，想征调2名学无线电的学生，就与同学梁家佑最先到新38师（印缅）驻昆明的后方留守处报名，后来其他同学听了也很想去，最后电机系、机械系和土木系总共去了15名学生。

1944年2月过完元宵节的第二天，他们一行15人临行前都换上了一身极为破烂的粗布军服，在昆明巫家坝机场空身登上了一架C-47运输机，飞越驼峰航线。C-47运输机没有座位，他们就坐在一袋袋钨砂之类的出口战略物资上，在颠簸、寒冷和低气压的侵袭中，开赴印缅战场新38师前线指挥部。飞机在印度东北角阿萨姆邦的汀江机场降落，他们随后被领到一个帐篷脱去旧军装洗澡，换上新军装，开始了近两年的军旅生涯。

初到军营，他们在印缅边境印度一侧的雷多留守处经过了大约一周的军训。在此期间父亲闯了一个大祸，当时红十字会组织献血，献血后他们15人坐在帐篷里休息，一位先于他们从军的联大学长拿来一把左轮枪教大家上子弹，当手枪传到父亲手上时，他朝地上打了一枪没事，又放心大胆地再扣扳机，结果不小心走火打中了一位同学的小腿，子弹在绑腿上有进出两个小洞，把大家都吓坏。本来"走火"是要受处分的，据说后来此事上报到孙立人将军处，孙说一个学生兵，就不要处理了。

蒋大宗1944年在缅甸远征军营地

蒋大宗1944年驻印远征军

父亲在新38师参与的前线战斗,始于孟关战役结束之后,包含了肃清胡康河谷日军到突击密支那的这一段时间,时长大约有8个月到9个月,他任职于新38师军械处,管理军械处通信器材,常前往前沿营部、连部检修设备器材。在此期间他经历过三次密林行军。雨季的丛林,闷热难耐,行军时披着雨衣,汗水照样把里面衣服弄得很湿。虽有皮靴和绑腿,蚂蟥还是会钻进去不痛不痒地吸血,到了宿营地脱下一看,鲜血淋漓。虽经几十公里步行跋涉,宿营时还不一定能搭上帆布床和帐篷,常常露营在林中。1944年3-4月,他去前沿的一个重炮营维修无线对讲机,任务完成后已是傍晚,营长留他吃饭时,远处突然传来一声炮响,营长警觉地派一个士兵到帐篷外去听动静。紧接着又是一声巨响,眼前一片烟雾,父亲和几个人立即扑进身后的掩蔽部,等几十次炮击后他们才爬出掩体,发现当时吃饭坐着的降落伞帐篷已经不见了,地上有着片片血迹。那个派去听动静的卫兵当场阵亡,接待他的炮兵营长也被一块弹片打断了脊骨,在送往野战医院的途中牺牲,而当时父亲和他的位置仅一人之隔,此事让他真实感受到了战争的残酷。

1944年西南联大部分从军校友庆祝校庆合影（蒋大宗为前排中）

　　1944年密支那战役之后，新38师有一次大休整，分散在各团营的联大校友借机回师部团聚。在师部帐篷前，留有一张珍贵的照片，当时十多个人分两排，手持一张用纸画的三角形校徽合影。1944年11月，父亲被孙立人将军选中带领10名学员到印缅边界的后方医院——美军第20总医院学习使用X光机和临床化验等知识，培养目标是放射科和检验科的技术员。他作为领队兼教官，主讲X线的物理原理和机器结构以及维修等课程，同时又随学员一同学习了由医生主讲的解剖、生理、生化等课程，并和学员一起进行临床实习，最后也取得了放射科技术员的资格。正是这一段经历为他后来涉猎生物医学工程提供了良好的基础。

1945年蒋大宗（后排右三）带领去美军第20总医院学习人员合影

解甲归教　爱校护校

1945年8月，父亲带领的10位学员在美军第20总医院的学习正式结业。不久日寇无条件投降，他又一次飞越驼峰回到昆明。1945年底，一次意外去香港出差的机会，让父亲产生了请假回上海探亲的想法。由于父亲离沪五年没有回过家，祖母不愿让他再次离开，所以父亲选择留在上海，于1946年2月应聘进入交通大学。父亲进交大时并没有退役，他回到上海之后不久，新一军就从广州开拔到东北，这明显是要去打内战，于是父亲写了请长假的报告。据说孙立人军长知道以后大发雷霆，说："叫他回来，不然我要通缉他。"1946年11月，已驻扎长春的新一军军部连续两道"令牌"命父亲归队，说"否则以逃亡论处"，但父亲低调地躲在学校，很少和外面交往，后来此事就不了了之了。也正是因为这一选择，父亲才避免卷入政治的旋涡，但即使这样，在"文革"中这段从军历史也使他深受迫害。

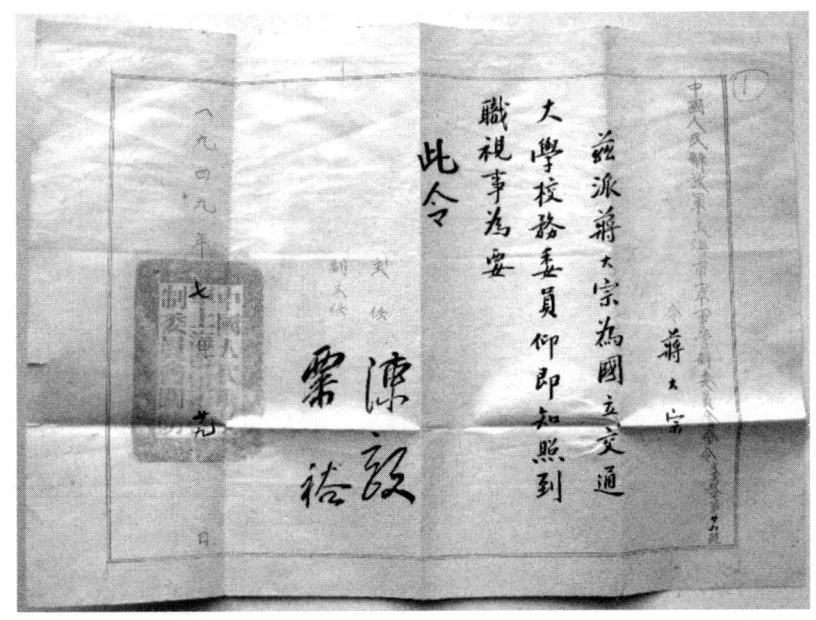

1949年陈毅和粟裕签署的命令

2011年底，已90岁高龄的父亲在我二姐一家的陪同下到台湾进行了一次自由行，参观了台湾的著名景点，并与台湾中原大学的师生座谈。父亲一直有个愿望，希望能到台中的孙立人将军故居去看一看，他在孙立人故居纪念馆向孙立人画像长致军礼，说："当年不愿在历史关键点，将枪口对向同胞，选择迟不归营，请将军谅解。"

父亲从进入交通大学开始，就和教育结下了不解之缘。在交大工作的60多年中，他经历了交大两次重大的转折，第一次重大转折是1949年5月上海解放前120天，国民党军队要接管交大，限交大教职工和学生3天内离校。为了不使实验室遭到国民党军队的破坏，更为了不让实验器材和设备军用，交大的地下党组织进步教工和学生秘密转移实验设备和器材，父亲参与了全部工作，他们用了36小时，共运了十一二卡车实验器材。为了避开特务的耳目，仪器设备登记、造册、装车都秘密进行，实验设备运完之后，他们又偷偷去仓库清点、整理仪器设备。3天后，国民党军队进驻交大，所有的实验室都已是空壳。

当时父亲已经成家，但他没有先顾自己的小家，而是全身心地投入实验室的迁运，完成了一次漂亮的护校行动。第二次重大转折就是后面要提到的西迁。

上海解放之后，爸爸在1949年7月收到中国人民解放军上海市军事管制委员会由陈毅和粟裕签署的命令，他作为青年教师代表被任命为交通大学校务委员会委员。当时逃到台湾的国民党空军不断对上海进行轰炸，1950年2月6日发生了震惊中外的"二六轰炸"，陈毅随后指示抽调交大电机系四年级部分学生到防空处学习雷达操作技术。可是一开始日本人留下的雷达不能正常工作，父亲作为无线电实验课的老师被请去支援，他初步判断是收发系统没有调好，建议请上海国际无线电台总工程师钱尚平来"会诊"，在他们两人的具体指导下，对发射、接收系统反复检查和调整，终于使雷达恢复正常工作，担负起对空情报保障任务，为我军的第一支雷达部队的组建做出了贡献。

举家西迁　终身从教

1954年由于台湾海峡形势紧张，中央做出了关于沿海工厂学校内迁的战略决策。1955年4月初，高教部根据中央决策，明确提出：将交通大学内迁西安。1956年6月，第一批教职员工踏上了西去的列车，来到了古城西安。当年西安还是欠发达的西域，在上海人眼里就是荒凉之地，西迁的消息在交大师生中引起了强烈的反响，1957年出现了拥护迁校和反对迁校的激烈争论。当时父亲和沈尚贤先生等几人正在北京清华大学办全国工业自动化培训班，接到学校的电报，征求他们对西迁的意见，大家讨论后，由父亲到邮局发了一封"一致同意全部西迁"的响应电报，旗帜鲜明地拥护迁校。

父亲身体力行，始终都是态度坚决的迁校骨干，由于我母亲当时在上海广慈医院工作，所以1957年爸爸先只身一人来到西安。1958年，母亲毅然放弃了上海广慈医院主治医师和上海第二医学院讲师的职位，告别了她年迈的父母和众多兄弟，带着全家来西安与父亲团聚，并从此扎根在这块土地上，直至2010年去世。改革开放以后，西安交大曾涌现过一股"孔雀东南飞"的热潮，

父亲虽已年过六旬,但上海交大仍有意请他回去,但最后他还是选择留在了西安。1992年父亲办理了退休手续,但他退而不休,继续为学校的发展和生物医学工程学会的建设发挥余热,直至2010年。父亲从教65周年时,西安交通大学出版社为他正式出版了《师者风范》一书。

交通大学西迁是新中国高等教育史上迁校唯一成功的范例,"胸怀大局,无私奉献,弘扬传统,艰苦创业"的西迁精神如今已成为中国共产党人精神谱系中浓墨重彩的一笔。父亲和老一辈交大人在历史的抉择面前,义无反顾地选择了挥别锦绣江南、建设大西北的道路,抛弃了局部利益、家庭利益与个人利益,用他们的聪明才智和过人的毅力与勤奋,硬是把当年乌鸦遍野的农田和坟地,建设成为一所国内一流、国际知名的大学,这充分诠释了老一代知识分子爱国爱校的情怀。

父亲一辈子教书育人,也正是因为继承了西南联大严谨治学的优良校风,到交大之后像他当年的老师一样事事认真,一丝不苟,不论是课堂教学还是实验环节,没有半点马虎。父亲对学生既严格要求,又和蔼可亲,和他的许多学生情同父子。在"文革"中他刚开始被允许上讲台时,有一位学生得了急性肝炎,班里的同学都唯恐避之不及,但父亲却亲自去卫生科为住院的这个学生补课,使他避免了休学的困境。父亲与他教过的许多学生一直保持着联系,就连已经毕业多年的学生得了病,他也会想尽办法动用各种关系帮助联系治疗。

父亲两次被西安交通大学授予"杰出教授"称号,他曾在校报上撰文说:"选择教师这个职业就意味着选择了责任、付出和辛苦,你的一言一行都会在学生心灵深处留下印痕,……每当校庆到来时,学生成群结队来看望你,谈起你当年课里课外对他的影响,那时候你会觉得你是世界上最光荣的人,最幸福的人。"

献身教育　开拓创新

父亲从交通大学到西安交通大学,先后在电力系、电机系、无线电系、信息和控制工程系工作,为工业企业电气化、工业电子学、计算机、生物医学工程等专业的建设付出了他毕生的心血,这些专业的人才培养方案、课程教学计划、实验课程设置等都浸透着他的智慧和深层次思考。

特别值得一提的是生物医学工程专业的建立。"文革"刚刚结束时,大多数知识分子都还在抚慰着"文革"的伤痕,虽然那时父亲自己的问题还没有得到公正的结论,但他预感到科学的春天即将到来。1977年底在全国科学技术规划大会上,父亲与中国医学科学院院长、著名心胸外科专家黄家驷院士相识,并在黄家驷领导下共同提出建立生物医学工程学科。父亲蒋大宗被国家科委聘为该学科规划组成员,成为我国生物医学工程学科主要创始人之一。

1978年,父亲与程敬之、蔡元龙两位教授共同创建了西安交通大学生物医学电子工程专业教研室,并担任生物医学工程专业教研室主任。1979年,他又积极推动医学院校与工科院校发挥各自优势,联合培养生物医学工程专业研究生人才的办学模式,开始招收研究生。1981年正式开始招收生物医学电子工程专业本科生,使西安交通大学成为我国最早开办生物医学工程专业的高校之一。医电专业是一个交叉学科,在父亲指导的硕士、博士生中,有学自动控制、计算机出身的,也有学医出身的,甚至还有学体育出身的,基础参差不齐,但父亲注意因材施教,为他们量身定制了适合自己的培养计划,将他们一个个都培养成为合格的生物医学工程人才。

1980年11月,经中国科协批准,中国生物医学工程学会正式成立,已近花甲之年的父亲以电机工程专家的身份连任学会第一届至第三届理事会的副理事长。之后,他一直耕耘在我国生物医学工程这块处女地上,活跃在国内外学术交流的讲台上,为我国生物医学工程学科的发展贡献了后半生心血,与生物医学工程学科结下了不解之缘。

1985年,父亲在西安交通大学建立了生物医学工程研究所,担任第一任所长。他在计算机辅助医学诊断、功能性神经电刺激、生理信息的提取和信号处理技术、X线数字直接成像和双能量成像等方面做出了杰出的贡献。2007年当选为美国电气和电子工程师协会(IEEE)终身会士,2010年被授予中国生物医学工程学会终身贡献奖。

淡泊名利　终身好学

父亲一生淡泊名利，他对学术荣誉看得很轻，从不争名争利。2003年，由父亲的学生和社会热心人士发起建立了蒋大宗基金，用于奖励在生物医学工程专业学习成绩优异并有创新精神的在校研究生。至今这个基金已经建立了近20年，有数百名学子接受这一奖学金，激发了一代年轻人探索和开发"中国人用得起的医疗仪器"的激情。父亲在生前非常关心这个基金，在2010年他移居北京之前就嘱咐我们，等他身后要将一部分存款捐给蒋大宗基金。2015年4月7日，在西安交大生命学院、校友发展关系部、医电校友会、蒋大宗基金会联合举办的蒋大宗追思会暨蒋大宗基金捐赠仪式上，我们已按照他的遗愿将他留下的20万元存款捐给了蒋大宗基金。

2011年为纪念父亲90岁诞辰和从教65周年，西安交大生命学院首先建立了纪念网页，向大家征集老照片和回忆文稿，这些老照片和文稿最后汇集成册，就有了2013年西安交通大学出版社正式出版的《师者风范》一书。2012年10月这本书基本完稿时，书名曾定为《大师风范》，当征求他的意见时，他说："我觉得书名用大师风范似乎太过了一点，我看了觉得不太舒服。"后来改为《师者风范》，他才欣然接受。

父亲一生乐于钻研，据他自己说小时候调皮好动，好奇心很重，什么东西都想拆开来看看。第一次到城里看见自来水，就想拆开水龙头看看里面有什么，为什么水会自己流出来。上初中时学习摄影，学校提供了冲洗胶片的暗房，他很喜欢在暗房里自己琢磨、动手操作。学校教做矿石收音机，他也喜欢琢磨怎么把它做得更小、更好看。刚到军中学习各种枪械的使用，军械处的人认为冲锋枪结构复杂，特意交代不要随意拆卸，结果他哗哗几下就拆了再安装还原。前述的走火事件也是源于他的好奇。

父亲一直对新事物抱有浓厚的兴趣，可谓与时俱进。每天早上起来的第一件事，就是打开他的计算机，上网收邮件、看资料，中午、晚上吃饭常常要

"蒋大宗基金"设立仪式

被催促多次才肯停下阅读，我们都戏称他有"网瘾"。他还喜欢摆弄新东西，特别是新电器，他的"玩具"包括笔记本电脑、数码照相机、摄像机、手机等。他对这些东西可不是只满足一知半解，而是仔细对着说明书，尝试各种功能。学生送他的iPad是他的最爱，也是陪伴他到生命终点的伙伴。他出门总带着它，无论是乘火车还是坐汽车都用它查路线、看沿途是否拥堵、在地图上查找当前所在位置。在台北的一个旅馆，他的房间室内没有无线信号，一早一晚他就搬个板凳坐在门口看iPad。

热爱生活　家庭和睦

父亲兴趣广泛，他喜爱旅游，也喜欢历史古迹，我们小时候跟着他去了西安许多的名胜和景点。改革开放之后，父亲去了国内外许多地方，从美国黄石公园、拱桥公园，到中国的长城、黄山、张家界、云南、桂林，和我们及孙辈一起露营、爬山、划独木舟。在游玩中，他常手持小型摄像机，兴致勃勃地四处拍摄，留下珍贵的记忆。每到一处，他还会给孩子们讲历史典故，上至天文，下至地理，让孩子们开阔了视野，学到了课堂里学不到的知识，同时也加深了孩子们对大自然的热爱。

父亲和母亲1938年在中学相识相恋，1940年父亲去联大读书，母亲则进入上海震旦医学院。当年他们求学期间，作为女朋友的母亲在通信中总是详详细细地描述在医学院学习的所见所闻，使父亲开始对医学有了启蒙认识。正因为他对医学懂点皮毛，所以1944年底孙立人将军派他带队去美军第20总医院学习，为日后进入医学电子领域打下了基础，所以说父亲与医电结缘也有母亲的一份功劳。

父母1947年结婚，婚后一直感情融洽，美满恩爱，直到母亲2010年离世。他们相识72载，相濡以沫共同生活了63个春秋，一生经历过战乱、无数的政治运动和变革，携手走过风风雨雨。2007年是他们结婚60周年——钻石婚，为了留个纪念，我们汇集了几十年的老照片，编了一个纪念相册。在相册的扉页上有一副对联"执子之手偕白首，相濡以沫逾甲子"，横批为"相约一生"。

2007年母亲生病行动不便之后，父亲尽量推掉外出活动，在家陪伴母亲，为她购买了病床、轮椅、助行器等用品。为了便于母亲的轮椅上下，他决心搬入有电梯的新楼，在装修新房时，他特别沿墙边设计了一排扶手，希望母亲能扶着扶手练走路。在母亲患病卧床不起生活不能自理的最后几年里，父亲悉心照料，从治疗到护理事必躬亲，无微不至，使母亲最后的日子尽可能舒适。

母亲去世之后，父亲移居到北京生活，在最后的四年里，他生活充实，享受到了天伦之乐。他每天打拳、散步、看书，更多的是上网，时不时还要接待来访的客人，有时去泡温泉、游泳、钓鱼、去景点游玩。

除去我们家人给他的亲情之外，西安交大的各级领导也对他特别关心，亲自来北京为他的90岁生日祝寿。特别值得一提的是，还有一群可爱的年轻人给了他精神上最大的关爱，这就是关爱老兵网的志愿者们。年轻的志愿者们自愿献出自己的时间和金钱，来关心帮助那些素不相识的、曾被主流社会遗忘的老兵。逢年过节志愿者们都会送来慰问品，爸爸每次都特别兴奋，与他们交谈甚欢。在爸爸最后的日子里，老兵网的微信群给了他许多安慰和关怀，在爸爸的遗体告别仪式上，有10余位志愿者到八宝山为他送行；在苏州的安葬仪式上，志愿者代表专程从上海赶来参加仪式。

老骥伏枥　不忘初心

　　由于历史的原因，父亲在国难当头时从军的经历在很长一段时间里得到的不是荣耀而是磨难，这几乎成为当年抗日从军的"叙永哥"们共同的"宿命"。改革开放之后，社会上对国民党军队在正面战场上的贡献逐步得到肯定。2005年国家决定为所有健在的抗战老战士颁发抗战胜利60周年纪念章，遗憾的是像父亲这样的国军老兵并没有拿到，为此他一直耿耿于怀。2013年8月14日至16日连续3天，《北京青年报》专门刊登了抗战胜利68周年国民党老兵纪念专版——《我的荣归》，其中有一篇是记者对父亲的电话专访，在这篇专访的最后父亲说："我现在最大的心愿，就是得到这枚属于我的纪念章。"

　　父亲始终没有忘记他曾是一个抗战老兵，他曾亲笔撰写了《走出校门打鬼子》和《抗日从军回忆》两篇回忆文章，还曾参与由团结出版社正式出版的《中国驻印军印缅抗战》丛书编委工作。父亲定居北京之后，去的最多的是位于卢沟桥畔宛平城内的中国人民抗日战争纪念馆。抗日战争纪念馆本着尊重历史的原则，客观地反映了国民党军队在正面战场上的辉煌战绩，得到了海内外同胞的认可。从2010年10月至2012年底，父亲至少去过四次抗战馆，有时是去参加活动，有时是去捐献文物，父亲向抗战馆捐献的文物中有两件经专家鉴定，被评为国家一级文物，其中就有他在西南联大时的试卷、笔记、实验报告等。

2012年11月,父亲受《南方周末》的邀请,去上海参加由《南方周末》、东方卫视、水井坊联合举办的2012中国梦践行者致敬盛典,为林丹颁奖。其后《南方周末》在《打开"梦想之门"——2012"中国梦践行者致敬盛典"现场》报道中刊登了大幅照片,照片的说明是:"林丹是军人,为他颁授致敬杯的是一位老兵:九十高龄的蒋大宗先生。蒋大宗先生曾经是西南联大的学生,中国远征军的抗日老兵,西安交通大学的教授,是中国生物医学工程的学科创始人之一。"

2012年11月在上海中国梦践行者颁奖会上为林丹颁奖

父亲在晚年为中国传媒大学崔永元口授历史研究中心和关爱老兵网志愿者进行了数次长达数十小时的访谈录制,记录了他在西南联大、远征军、西迁等各个重要历史阶段的所见所闻,为中国近代史的研究工作留下了珍贵的影像资料。最后一次录制是在北京医院的病房中,离他去世只有几天时间,原来医生只允许他讲一个小时，但他足足讲了快两个小时，本来约定一周后还要继续录制，但最后只能是留下遗憾了。

2014年3月父亲不幸去世，生前没有见到国家颁发的抗战胜利纪念章。但可以告慰他的是，2014年7月7日和9月3日，我作为中国远征军（驻印军）的后人两次受邀参加了抗日战争纪念馆的纪念活动，亲耳聆听了习近平总书记的讲话，与中央领导人一起为抗战牺牲烈士献花。2015年7月7日，我又受邀参加了抗日战争纪念馆"伟大胜利历史贡献——纪念中国人民抗日战争暨世界反法西斯战争胜利70周年"主题展览的开幕式，在这个展览中，爸爸捐献的5件文物得以展出，在文物的说明中写道："参加中国驻印军的西南联大学生蒋大宗用过的美军工具箱、蚊帐、汤匙、剥线钳、刀具。（蒋大宗捐赠）"2015年9月，在我和西安交大统战部、陕西省委统战部的共同努力下，教育部破例（文件要求健在）为他发放了抗战胜利70周年纪念章，这是国家对他的认可，也了却了他的最大心愿。

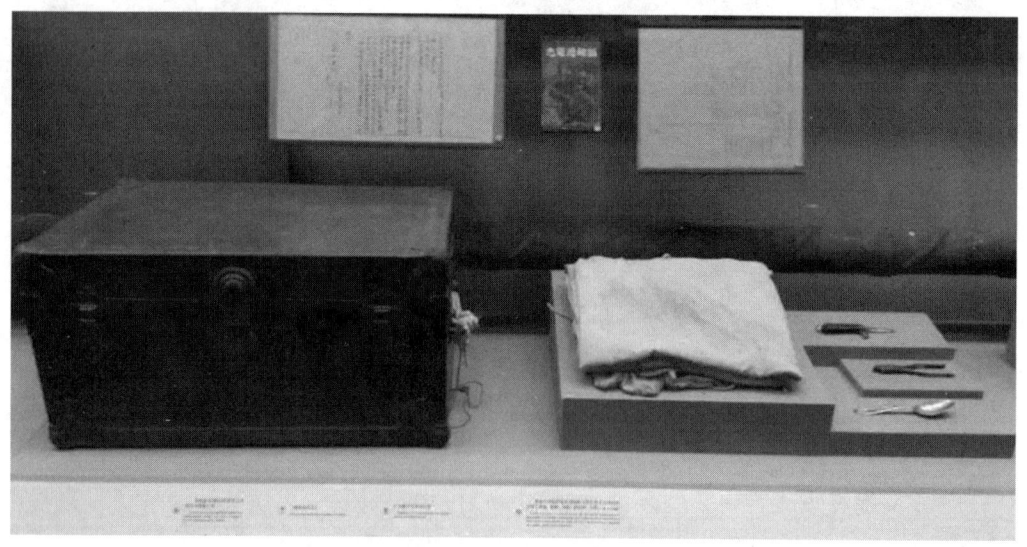

"伟大胜利历史贡献——纪念中国人民抗日战争暨世界反法西斯战争胜利70周年"
主题展上展出的蒋大宗捐赠的抗战文物

直面生死　笑对人生

也许是因为经受过战争的洗礼，父亲对生死看得很淡，再加上我母亲是个医生，他们很早就商量好并告诉我们，将来临终时不要做像气管切开等有创伤的抢救，最终老两口都实现了自己的愿望。父母身前就决定身后合葬于母亲老家苏州的公仆陵，并商量好在墓碑上刻"相知相倚七十二载，再守再伴百千万年"的字样。

2011年4月，父亲得了一次军团菌感染的肺炎，急诊入院时就报了病危，在抢救室里抢救了一天，又在重症监护室里住了21天，最后总算与死神擦肩而过。在重症监护室的日子里，父亲刚脱离危险期，还戴着氧气面罩，就迫不及待要我们把iPad带到医院，要收发电子邮件。由于在重症监护室，家属的探视一天只有半小时，护士不让把iPad留下，每天探视完后，他只好恋恋不舍地让我们把iPad收回。也正是因为这次重病，他错过了清华的百年校庆，本来西南联大叙永级的同学相约一起参加校庆活动，但最终他缺席了。如今当年同机赴印度的15名"叙永哥"已全部归队，在天堂里相聚了。

父亲很早就发现患有前列腺癌，他仔细看书，上网查资料，反复与西安和北京几个医院的医生讨论，最终制定治疗方案。2013年肿瘤复发转移，他仍然淡定乐观，积极配合治疗。在武汉协和医院做完造瘘手术之后，在病房和休养地每天都要打太极拳。父亲身上最多时有三个造瘘管，他乐观地戏称自己是"三管干部"，并指导我们自制放置尿袋的小包。他自己把造瘘管管理得妥妥当当，每个管子排出的尿量均记录得清清楚楚，并把化验结果做成图表，让医生一目了然。在他生命的最后一周，他还多次对医生说，如果对医学研究有用，他愿意把他的遗体解剖。在离世的几小时前，他尽管气喘但依然口齿清晰，又一次讲述了那个日本的《楢山节考》的故事。

父亲一生经历丰富多彩，而且健康长寿，用他自己的话就是："亲情，友情，爱情充分享受，做了自己想做的事，也算历史留痕，家里也四世同堂，一生无憾。"父亲还是为数不多的、有幸成为中国高等教育史上的两个重大事件的亲历者：年轻时，在抗战烽火中读书救国从军报国；中年时，在社会主义建设中爱国爱校举家西迁。如今他去世已经10年了，在这10年里，我在四川建川博物馆的老兵手印广场找到了他的手印，在云南腾冲国殇墓园外的中国远征军名录墙找到了他的名字，在云南松山战场遗址旁中国远征军雕塑群的老兵方阵中看到了他的塑像。追忆他的一生，正如他的学生写的挽联："热血赴抗日前线远征缅印功业至今堪赞，雄心创医电学科秉烛育才桃李遍地灿烂"所描述的那样，这就是一个"叙永哥"刚毅坚卓的人生。

云南保山龙陵松山战役纪念园中国远征军雕塑群老兵方阵中蒋大宗的雕像

2024年12月23日于北京

联大叙永分校生活琐记

吴铭绩[①]

离开母校已经40余年,虽然鬓发飞霜,目钝齿摇,但回忆起当年联大生活却仍历历在目,特别是那些趣味盎然的琐事。跟同窗学友叙谈起来,更是满口生津,齿颊留芳,值此编撰1944级校友录之际,就个人回忆所得,记些下来,以飨学友,谅非蛇足。

从昆明到叙永

联大的Freshman要到四川叙永去上课,仅我们1944级一届,莘莘学子只得负笈登程。我们这些人刚从沦陷区来,在无亲无故的昆明,要想完成这800公里的行程,真是谈何容易,幸有训导长查良钊先生跟西南运输处联系到一条途径,取得一张搭乘便车的免费车证。我先到停车场,打听到明日有哪几辆车开往叙永,记下车号,第二天起个早扛着行李到停车场去,找到这天要开的车子。有一辆卡车的司机来了,我迎上去,要求搭车,但司机说,他们车子经常抛锚,劝我乘别的车子。我信以为真,也知道今天还有两辆车要开往叙永,便去找另一辆车子。一会儿司机来了,不料他跟第一个司机一样,拒绝我上车,我领会到这不过是托词,一再要求上车,可是他坚决不同意,无奈,我只得走向

[①] 吴铭绩:西南联大1944级学生,"八百学子从军"中的一员,1944年2月16日,应召加入远征军新编第一军三十八师担任译员。

第三辆车。一面寻思着司机也不让我上车，怎么办？我决意要搭上这辆车，否则只好不走了。于是在司机到来前先把行李放上车，做好决不下车的准备。等了一会儿，司机来了，还有一个麻脸上校押运员，我提出搭车要求，他们一口拒绝，这原在我意料之中，但我不管他们说什么，赖在车上不下来，他们只得让我搭上了车。车子开出不远，沿途就有好几个人上车，我这才知道他们不让我搭车的原因。原来我占了个位置，他们就少拿到一个乘客的车钱，当时这种中途上车的乘客被叫作"黄鱼"，他们得向司机交纳一笔数目不小的车费，这当然是司机的外快。

晚上车到曲靖，第二天他们说车不开了，要修理。我疑心他们想甩掉我，所以一直等在车旁，但他们果真不开了，等了两天也无开车迹象。我有些急了，去找站长商量，站长也没有办法，我只得抱着走一程算一程的态度，搭上驶向宣威的短途车。

在宣威打听到有一辆卡车驶往叙永，但押运员不让我上车。苦求无效，去找站长，站长也无能为力。车上有个青年机修员很同情我，但他无权过问。发车时间到了，但车子启动不了，我呆呆地站在旁边，押运员对我说："你看见了吧，这种老爷车随时都会抛锚，我们什么车都可以搭乘，你怎么办？"我只得说："顾不得这么多，走一程算一程。"他摇摇头，叹了口气，司机说车坏了，要调换一辆，要把原来车上的货驳过去，司机和机修员就上车搬货，机修员向我使个眼色，我明白他的意思，便上车帮着搬货，搬到最后，连我的行李也一起搬过去了，押运员大概看见我搬货卖力，就不好再说什么，总算又出发了。

车过了威宁，尤其是川黔边界的赤水河、雪山关一段，险峻无比，号称七十二个摇车弯。汽车沿着之字形的狭窄不平的公路爬上陡峭的山峰，运输处的车子是超龄服役的老爷车，有些陡坡吃上一挡喘着粗气也上不去，我们便下车，拿着三角形的木块（这是车上准备好的）追车。车子一停赶快把三角木块塞到后车轮下，以防倒滑下去，好容易爬到峰巅，又得沿着同样危险的公路飞驰下山。公路一边是万丈深渊，另一边是陡峭的石壁，路旁经常出现以骷

髅和交叉股骨为标记的路牌，警告驾驶员谨慎驾驶，山坳里四轮朝天的汽车也时有所见，真是惊心动魄。我系的刘育伦学长不是翻下去了吗？虽然逃得性命，却付出了半只耳朵。

"黄鱼"得在到站前一二里路处下车。在将到赤水河时，一条没有经验的"黄鱼"在车未停妥时便背了包裹跳下车去，站立不稳，摔了一跤，而车子已经加速，后轮就在这"黄鱼"的大腿上滚过，痛得他哇哇乱叫，车上的人们都看到这一景象，也听到他的号叫，然而大家都不作声，驾驶员只顾开足马力，急驰而去，转了几个弯，驾驶员才说："你们下车小心些，轧坏了只好自己负责。"我想这条轧了腿的"黄鱼"，还背了个包裹，躺在荒无人烟的公路上，怎么办呢？我不禁寒战起来。

傍晚到了叙永，总算到达目的地了，心情轻松了下来。这位年轻的广东人——机修员真是个好人，我跟他非亲非故，仅在车上结识几天，连姓名都没有请教过，下车后他一定要帮我提行李，还建议先去吃餐晚饭。我想，一路上承他的关照，我也应该请他吃顿饭，就一起走进一家小饭铺。他吃得很快，没等我吃完，他就去付钱，我急忙放下碗去阻拦，他一边付钱，一边推我回去吃饭，等我吃完了，他又提着行李送我到学校，路上碰到学友竹淑贞和许冀敏（都是1944级的），她们说："天天到车站等你，谁知你直到今天才来。"我想起了那位请我吃饭的机修员，但他放下行李，已经不知去向。

叙永生活点滴

抗日战争时期，叙永这个小地方没有电灯，我们在晚上看书、做作业，甚至机械制图，就靠一盏菜油灯照明，一只小碟、一根灯草，这种千百年前的照明工具现代青年怕已不认识，但当时在我们的广大农村里大多用的就是这种菜油灯，真正是一灯如豆，一年下来，我的视力并不因此衰退，不知道别人如何，反正当时并没有发生因照明差而造成视力衰退的问题。如今学校里都是荧光灯，比我们叙永的照明不知强多少倍，然而学生视力衰退的问题一直无法解决，真是令人费解。

在我们生活和学习的庙宇里，没有像样的厕所，男同学常到外面登厕，并不是说外面的厕所高级，而是东城公园中有一高厕，傍山邻壑，厕所就架在这山壑之上，粪便在空中大约要经历2秒钟才落入人迹不到的深谷之中，曾有"落迟"之美誉。上高厕可免臭气熏人，这是最大优点，梁家佑学长曾嘱托，务必记住厕高坑深这一条，俾免沧桑之恨。

叙永有一条弯弯曲曲的小河。水流湍急，河中也有小船往来，下水顺流飞棹，上水需纤夫奋力，有时久旱水小，船夫只得下水推船前进。暑天我们常常下河冲凉，有一次大雨初晴，河水急，夹泥带沙，我们都在河边洗澡，一位同学十分"勇敢"往中间走，谁知才三四步就站不住脚，被水卷去，连救命都喊不出，梁家佑和蒋大宗两位学友舍命去救，水流太急，两个人架住他，轮流抬起吸气，好不容易把他带到岸边，已被冲到下游300米处了。"救人一命，胜造七级浮屠"，后来老梁大难得以不死，想是积此阴德之故，但不知这位被救同窗姓甚名谁，近况可好。

学习小事二件

西南联大实行的是通才教育。梅贻琦校长认为，应让学生获得广博的知识，打下较好的科学基础和培养较强的综合能力。所以我们学的大多是基础课程。这些课程在培养学生的知识和能力方面起着综合作用，都是不可或缺的。但由于后来所从事的工作，使有些课程没有直接在工作中发挥作用，因而逐渐遗忘的也不少。例如高等微积分，虽然我大考成绩78分，也不算太差。如今却已全部交还赵访熊教授了。然而有几样小事却印象深刻，对后来的学习和工作起着不小的作用。虽历经半个世纪仍然记忆清晰，今略记两件。

（一）在刘晋年教授门下学初等微积分。刘教授说："Definition of derivative（微分定义）要考的。你们好好准备。去年一班我也这样预先告诉他们，但考得很不好，希望你们充分准备，不要像上一班一样。"同学们心想，微分定义有什么难的,不准备也考得出。可是考试结束被刘教授大骂一顿:"定义,可以这样随心所欲地乱写一通吗?定义是最明确、最简洁、最完整的表述,多一字少一字都不行的,你们再去准备,我下次还要考。"同学们这才知道,原来要我们背出来,这也不是什么难事,《项羽本纪》还背哩,短短二三行,太容易了。于是大家背得滚瓜烂熟。可是第二次考试的结果,仍是挨骂。同学们目瞪口呆了:背出来了,又没有默写错误,怎么还不对?刘教授说:"标点错了,错了标点,语气就不对。要知道数学是一门非常精确严格的科学。必须十分认真,一点不能马虎。"并说:"我就用这样的学习态度获得博士学位的。"啊!原来是为了端正我们的学习态度,使我受到终身不忘的教益。微积分大考成绩得了100分。

(二)静电学里有一种规律:如球导体带电,那么电荷必均匀分布在球表面。有位同学提出一个问题:假如球导体表面只有一个电子,那么它如何分布呢?这个问题使大家呆住了。一个电子不论在球表面的什么地方都是不均匀的。于是一起去问我们的系主任任之恭教授。任教授笑笑说:"你们忘了电子在球导体表面是迅速运动的。当你去测量它在什么位置时,它什么地方都到过了。"啊!原来这样。在中学里就知道,我们所处的空间是三维空间。后来也听说过四维空间,那另一维就是时间,但不理解时间如何跟上下、左右、前后这三维结合起来认识事物呢?任教授的解答使我们理解到时空观念对研究事物的重要性。顺便说个笑话,以博大家一笑。前两年流行一句化妆品的广告用语:"今年二十,明年十八。"你随便找个人来问问,这样她年轻了几岁?多数人答年轻两岁,错了,应该是三岁,错误的原因是疏忽了时间这一维。

我们的老师

我们的老师,大多是学识渊博的长者,深为同学们所尊敬。马大猷老师是我们电机系的主科老师,电工原理、电磁学、电路网络等都是马老师主讲的,据说马老师是专攻声学的,曾在《科学画报》上看到一篇介绍北京人民大会堂的声学设计，设计师就是马大猷教授。赵访熊老师教我们"微分方程"和"高等微积分"，当时的系主任任之恭教授介绍说："赵访熊老师是学电机的，由他担任电机系的数学教学，可以切合电机工程方面的数学要求。"赵老师不但教学教得好，对学生也十分关怀。有一次上课，天气炎热，有位同学在窗前打盹，赵老师看见了，让旁边的同志小声叫醒他，莫着了凉，师生之亲宛若母子。陈荫谷老师教我们直流电机，上课从不点名，但考试以后却能将试卷直接送到你面前，我们都很惊奇，全班30多人，他能通过什么方法一一记清呢？虽然我们没有窥见他的奥妙，但陈老师的记忆力超人是可以肯定的。

刘仙洲老师是机械系教授，也教我们机械原理和热机学。刘老师在20世纪40年代已经头发斑白，每天清晨手持一杖，到田野里散步一周，是一位慈祥的长者。有一次在庙堂里上课，突然幔内传出初生婴儿的啼哭之声，先生不但不烦，反而含笑说："声音真洪亮"，于是先生继续读讲，婴儿继续啼哭。我们也高高兴兴地从小儿哭声中滤出先生的声音，采记在笔记本上。

我们也听到过许多教授的讲演。冯友兰教授讲话十分风趣，他说："现在的算命先生都挂上中国哲学家的牌子，使得我们不敢自称哲学家了。"雷海宗教授分析国内政治，讲到激动处便一抖长袍说："我只此蓝布长袍一件，不怕逮捕，该讲的还是要讲。"华罗庚教授给我们讲"mathematical induction"，举了几个浅显生动而又有趣的例子，使我至今印象不灭。张清常老师给我们介绍舒伯特名曲《鳟鱼》，他说鳟鱼的主旋律重复三遍，第一遍中速抒情，悠闲甜美，描写鳟鱼在水中无忧无虑，游乐戏水；第二遍速度较快而短促，渔夫来到水旁，描写鳟鱼惊恐急避，慌乱无主的情状；第三遍慢速，一副嗟叹惋惜的情调，渔夫把鳟鱼捉走了。然后放唱片，听得趣味倍增，我后来也喜欢听听音乐，兴趣就是这时候培养起来的。

选自《国立西南联合大学叙永分校建校五十周年纪念集1940-1990》，
1993年，第53-55页。

1987年6月1日上海竹淑贞家门口,左起:吴铭绩、张闻博、竹淑贞、黄辉实

1988年3月13日无锡梅园,左起:孙致远、吴铭绩、梁家佑

1991年10月9日上海吴铭绩家中,左起:吴铭绩、蒋大宗、孙致远

平凡的一生体现出刚毅坚卓的精神
——悼念父亲吴铭绩

吴慧文　吴慧立[①]

　　1920年4月30日，父亲吴铭绩出生在浙江省嘉兴县南门外梓潼阁。5岁在嘉兴梅湾初级小学读书。1931年7月在嘉兴县立荐桥高小毕业后，祖父想让父亲从商，于是1931年8月父亲进了嘉兴县立初级商业职业学校学习。1935年7月毕业后，局势动荡不安，从商无门。1936年8月又考入嘉兴私立秀州中学高中学习，1937年"八一三"淞沪战争爆发，嘉兴沦陷，嘉兴秀州中学联合苏州等地的多所教会学校在上海组成华东基督教联合中学。1938年4月在上海华东基督教联合中学继续学习，1940年考入西南联大工学院电机工程学系。联大这一级迁往叙永分校上课。父亲曾描述说："学校在叙永租用了一些庙宇作为校舍，南华宫看上去像个戏院，中间场地是我们的教室，两旁有楼，就像戏院的包厢，这是我们的宿舍，没有电灯，晚上每人点一盏菜油灯，我们每晚都是在这一灯如豆的光线下读书做作业。……1941年夏，学期尚未结束，叙永有四十多天不下雨，由于四面高山，白天太阳猛晒，夜间热量散不出去，气温就一天比一天高，晚上我们在油灯下绘制工程图得在手肘之下放一碗碟，以承接不断下滴的汗水。……在叙永度过了一年重又返回昆明，在四川的联大分校也就从此结束了。"父亲在描述昆明念书期间的学习环境时说道："晚上自修教室

---

① 吴慧文：吴铭绩先生次子，上海闵联储运有限公司董事长，已退休。
　吴慧立：吴铭绩先生长子，上海电机厂设计部高级工程师，已退休。

里没有灯,宿舍里灯光暗淡而且没有桌椅,只好抢占图书馆,有时占不到位置就只能到茶馆去占一个茶座,有桌凳有灯光就有几个钟点可以做功课,再不然就只能回到宿舍去在昏暗的灯光下看书。"就这样通过近五年的学习,1944年2月从昆明国立西南联合大学电机系毕业,获工学学士学位。

  1941年12月,珍珠港事件爆发,美国正式参战。为了使中国能有效抗击日军,增强中国的抗日力量,因而美国将大批先进军事设备运到了中国,并同时派出大批军人来华指导中国军队使用。由于语言障碍,还需要大批随军翻译人员,政府当局便在全国各地的大学中广发入伍令。西南联大要求1944级应届毕业男生以国家为重,应征入伍担任翻译工作。此时,驻扎缅北的中国远征军新编第一军三十八师,正在招募工程技术人员。于是父亲吴铭绩等15位同学,1944年2月16日应征入伍,由美式C-47运输机(越过驼峰)直接运送到印度北部小镇列多,到达清华校友孙立人任师长的部队。父亲吴铭绩被派往新一军三十八师独立通信营任三级译员(少校军衔)。由学生变成了抗日的军人。

  父亲的任务是担任美军通讯联络官中尉可尔(Korl)的翻译,他经常来通讯营了解通信装备情况并与营长交谈,父亲把需要补充的通信器材单转给美军联络官,有损坏的通信器材,也开列单子,连同损坏的器材一块送交美军联络官,由Korl送到维修厂修理,因为修理工作是美国人的事。

  部队进入了中印缅交界处一片方圆数百里的原始森林——野人山。野人山雨量充沛,一年中竟有半年是雨季,山峦中空气潮湿。丛林中最可怕的动物是蚂蚁、蚊子、蚂蟥。蚂蚁窝不知有多大,有多深,成为行军途中致人死命的巨大陷阱。蚊子又多又大,会铺天盖地地飞压过来,难以抵挡。随着潮湿空气流动,形成瘴气。遭遇侵袭后患上疟疾,那只能听天由命了。蚂蟥十分猖獗,在丛林行军这小虫总会爬到身上来,到了身上吸饱血以后,伤口就流血、发痒,实在是讨厌,有些人就是被蚂蟥活生生吸死的。由此可见丛林生活的生存环境是非常恶劣的,蚂蚁、蚊子、蚂蟥、瘴气、传染病,原始丛林中充满了中国军队无法想象的死亡危机。

  1944年8月,攻打密支那战斗异常激烈,十分艰苦。英美万余大军虽把日军团团围住，日寇已成瓮中之鳖，但仍顽固抵抗，久攻密城不下。主攻任务交给了中国远征军，新一军三十八师英勇奋战，采用分割包围、迂回包抄、堵截退路战术，全面突破日军防线，全歼敌军。第一阶段的缅北战役便告结束。此时，孙立人中将升任新一军军长，李鸿接任三十八师师长、晋升为少将军衔，父亲也由三级译员（少校军衔）晋升为二级译员（中校军衔）。部队亟须休整、补充，设备也要检修，大批通信器材要送厂修理。父亲检查了所有器材，把一些接触不良、导线脱落，以及轻度损坏的器件亲自动手，即刻修好，送回使用。这样，大大减少了送修数量又缩短了送修周期。此举得到上上下下的欢迎。既减轻了修理厂的负担，又让通信兵及时拿到了通信器材。师长李鸿大为赞赏，为了加强检修力量调费纪元（同班同学）和父亲一起工作，并给他们增添了一顶"通信技术军官"的头衔。同时打算培养自己的检修队伍，派父亲去新兵站挑选十几个热心抗日学生来培训。父亲和费纪元给青年学生们讲述些电学常识，学会使用万用电表等知识，通信营的技术力量得到了加强。1944年11月，三十八师攻克了缅西重镇八莫。

1945年初，滇缅公路打通了，使得国际援华物资源源不断地运入中国。回国之前父亲负责检查全营通讯设备并要求美方按编制配齐，一路押运通信器材回到广西南宁。日本投降后，父亲接到的命令是负责接收广州广播电台。于是押运一艘通信营的大驳船沿西江而下直达广州。父亲描述说："船上有一排通信兵，全副美式装备及精良的通信器材。因为是胜利回国，心情特别喜悦。"不料此时父亲患上霍乱，几乎丧命。

1946年初，大约3月上旬父亲坐火车到九龙，登上美国的登陆艇开往秦皇岛，再从秦皇岛坐火车到沈阳。到东北去干什么，却没人知道。有人说：若打内战，宁可去做和尚。他们清醒地知道自己是为国家而战，不是为党派而战。1946年6月父亲离开部队和军医主任张涤生（上海第九人民医院院长）同船回到上海。

今天，在云南师范大学校园里的"西南联大博物馆"内矗立着一块"国立西南联合大学纪念碑"。碑文中写道："联大先后毕业学生二千余人，从军旅者八百余人。"这座石碑的阴面，镌刻着1946年5月4日立碑时收集到的834位从军学生名单。在争取抗日战争胜利的征途上，他们弘扬民族精神，呼唤爱国良知，他们的贡献为这个画卷增添了光彩。

1946年10月，父亲吴铭绩在上海大公职业学校任工科教师，1949年任教导主任；1950年3月，被上海闵行文绮染织专科学校聘为副教授；1951年4月，任上海县中学（后改为闵行中学）副校长。1952年起，连续当选为上海县第一届、第二届人大代表；上海县第二届、第四届、第五届政协委员；1956年当选为上海县科普协会主席；1959年因思想跟不上形势，被撤销校长职务，调到七宝中学任高中物理教师。"文化大革命"中因曾参加新一军三十八师独立通信营任二级译员的历史问题遭到隔离审查、重点批判、多次抄家，继而游街、野蛮殴打、打断肋骨，受尽凌辱，深受迫害。直到1980年彻底平反并任命为颛桥中学校长；1982年加入中国民主同盟；1987年退休。

1985年9月迎来了第一个教师节，上海县总工会决定为我父亲召开"从教四十年庆贺会"。"庆贺会"开得很隆重，对父亲的思想品德、工作作风、教育效果、为人师表作了充分肯定。父亲认为这才是真正的"平反"。在父亲长达41年的教师生涯中，为国家培育了一批又一批的优秀学子，桃李满天下！父亲一生光明磊落，刚毅坚卓，把毕生的精力献给了国家和教育事业。

父亲常说："我学的是电机工程，却一辈子从事教育工作，正是不务正业。然而这四十余年的教育生涯给我带来了无限乐趣。"

父亲吴铭绩因患严重肺炎，经上海市第五人民医院抢救，终因病情危重，医治无效于2011年8月17日4时10分与世长辞，享年91岁。

2025年1月6日于上海

杂 忆
——叙永求学，印缅从军

卢少忱[①]

我和许多叙永1944级同学一样，对叙永求学和1944年被征调入伍都有着深切的怀念或感受，值此出版50周年纪念刊之际，也来写一点杂忆。

北平——昆明——叙永

1940年1月，北平已沦陷在日寇铁蹄下两年多了，我正好读完高中三年级第一学期，因不甘在敌人统治下当亡国奴，我和同学黄天佑（叙永商学系）决心离开北平，奔向昆明。我们在天津大沽口乘往上海的轮船，上船前，日本兵逐一盘问、检查，先问去上海干什么，我们说是投奔亲友当伙计，他看我们剃光了头，穿着长衫、布鞋，不像是学生，就没找麻烦，但是箱子翻了个底朝天才放行。我们乘上打地铺睡的五等舱顺利到达上海，在亲戚家住了几天，又转船去香港。

轮船一抵香港，不能靠岸，许多小舢板纷纷划近轮船，有人飞速爬上大船，抢运旅客行李到对岸，有的老年旅客一不小心，行李被提走就找不着人

[①] 卢少忱：西南联大1944级学生，"八百学子从军"中的一员，1944年加入远征军担任译员。

了。我们各自一手提箱子，扛上铺盖卷，走下大船，免被抢走。在香港又投靠亲友，住了一个月，等候船期和办理去海防的手续。

乘轮船到海防，刚上岸，只见许多中国人拥挤着排成长队等候海关检查。长长的行李台上坐着一个身穿制服神气十足的法国人，态度蛮横而傲慢，他把每个人的箱子翻遍，只要看见几块香皂或几支牙膏，就只给你留下一块或一支，其余的全扔进行李台里面扣留。最令人气愤的是，他只要看见后面有年轻漂亮的妇女，就用食指向上一挑，示意要她前来先检查，并蓄意问三问四，磨蹭时间，着实可恶。

在海防住了两三天，即乘火车往昆明，车轨窄而陈旧，火车头上标有1905年造的标记，铁路弯曲且多山洞，洞内煤烟呛鼻。车身中间堆放行李货物，两旁是长排座位。乘客大多是不断咀嚼着槟榔的越南人，其中有些是小贩，带上车的成捆甘蔗和硬块红糖不时发出发酵的酸味。

1940年3月到昆明后，找到联大先修班的中学同学许鸿义和吴坚（叙永航空系，回昆明考入空军，赴美训练驾驶战斗机，回国对日作战，一次迫降解放区被救起，送回国统区，一次起飞迎战，机械失灵，坠毁牺牲），经他们指点，我们到教育部沦陷区各地来昆就学指导处登记，进了高中毕业补习班。

因经济来源断绝，又无亲友接济，仅靠每月领到的10余元生活费在联大新校舍入伙，勉强维持。后来居住也成问题，经同学马启伟的协助，黄天佑和我曾在文林街的文林堂里面仅容两张床的小屋住宿。我们经常为举办唱片音乐会和星期做礼拜做些打扫卫生环境、整理座位的工作，并兼管期刊的借阅。平时很清静，倒是读书准备考大学的好地方。报考大学前，自感基础差，希望不大，但很幸运，发榜时竟按第一志愿录取到西南联大文学院。

从昆明到叙永分校又是一个难题，经历了一番曲折。当时西南联大已发给黄天佑、吴坚和我三张搭乘西南运输处卡车的免费票，可是路途要六七天，每人食宿需100元，而我们三个人凑在一起才100元，已经是12月了，学校快开学了，非走不可。第一天我们搭上了西南运输处的一辆货车，刚到沾益，司机看我们是穷学生，没油水，硬说车已超重，就把我们连人带行李甩下车开跑了。真是呼天不应，叫地不灵。幸而天无绝人之路，我们从上午等到下午3时，一个年轻的司机开了一辆载满钢板的敞篷卡车，路过这里停下来，我们向他说明是从敌占区北平出来要去叙永上学，中途被甩了下来。他慷慨地让我们上车，坐在钢板上。我们三人担心半路又被甩掉，决心拿出手头上的一半钱（50元）给他，自己宁可忍饥挨饿，只要能到校就行，可是这位好心肠的司机知道我们是流亡的穷学生后，不但拒收我们的钱，反而每到一地都拉着我们同押送钢板车上的商人一齐吃饭，饭后坚决阻拦我们掏钱，而让那位商人付账。我们本无心白吃，他却有意解决我们的困难。

从昆明去叙永路经沾益、宣威、威宁、赫章、毕节、赤水河等地，沿途多高山峻岭、悬崖峭壁，常是云雾遮天，公路曲折、狭窄又颠簸。有的司机为节省汽油私卖，在汽车下高坡时熄火放空档溜车，经常发生坠入深渊的车祸。我们中途遇过两天雨，在无篷的卡车里，淋得浑身湿透，无处躲避。然而，由于这位司机的热心帮助和安全驾驶，我们终于顺利到达叙永。三个人总共花了90元，还余10元，简直难以置信。这位司机热心帮助，不是为了别的，而完全出自他对逃离日寇统治、背井离乡的学子的无限同情。

在叙永，老师们的谆谆教导和同学们的艰苦学习生活永远难以忘怀。吴晗老师在文庙第一次同历史系全班同学见面时曾说："学历史做大官的不多，不就是胡适和蒋廷黻么！要想做大官，就别读历史系，现在转系还不晚。"接着说："学历史要像老和尚撞钟，持之以恒。"寓意多么深刻又激励人心啊！吴晗老师讲中国通史讲到汉代外戚专权时感慨地说，"现在是什么政治，一言以蔽之，'小舅子政治'"，引得哄堂大笑。李广田老师用浓重的山东口音讲起文学的"典型性、代表性"来，深刻又通俗。滕茂桐老师讲到马歇尔的"Marginal Utility"语调缓慢又深沉。龚祥瑞老师讲政治学提到Laski时，音调铿锵有力。还有其他老师……虽然50多年过去了，他们的音容风貌犹历历在目，印象深刻难以磨灭。

一提到叙永，不由得想起同学们勤奋学习和艰苦的生活情景，那时，破旧拥挤的春秋祠和其他宿舍一样，床挨床、上下铺，晚上三五个同学聚在一盏小油灯下，自觉地抓紧学习，唯恐每月发的灯油费不够用到月底。对断绝经济来源的同学们，尤其是从敌占区来的同学，想泡一次茶馆，既解渴又能借灯光看书，却非易事。早上若能偶尔买一小碗"鸡丝"豆腐脑或是晚上喝上一碗炒米糖开水，就是小小享受。若是几个人在饭馆买回一小碗干菜垫底、上面只有几片肉的"回锅肉"，就算大大改善了。难以想象的是每天早上洗脸、刷牙要走到200米远的永宁河畔，如逢下雨，上游黄泥水冲下，只好抹把脸算了，牙就免刷了。因从北平出来一年多，鞋穿破了没办法，我和几个同学只好买草鞋穿，好像是两毛钱一双，麻编的鞋贵约两倍，买不起。开始穿不习惯，逐渐才适应，但就怕下雨，脚板湿冷，草鞋还不易干，一双鞋最多穿上二十几天就破烂了。1989年我有幸再去叙永，但很难看到卖草鞋的了。

叙永虽学习条件差，生活艰苦，但同学们却朝气蓬勃，充满乐观精神和青春活力，课余之时，拉胡琴、唱京剧、吹口琴、唱歌、打球、打桥牌、爬红岩、下河游泳、游橘林，确实是苦中有乐，其乐也无穷。

半个世纪前700多名师生从全国各地和海外冲破艰难险阻不远千里来到叙永，是什么力量把他们凝聚在一起呢？我想，这是由于大家都怀有"驱逐仇寇、复神京、还燕碣"必胜的共同信念吧。

印缅从军

1944年3月初，随同全校1944级同学征调入伍充当译员，心想距毕业只有一个学期了，放弃学业未免惋惜，然而国家兴亡，匹夫有责，投笔从戎，也责无旁贷。经过译员训练班半个月的军事生活——每天穿军服、打裹腿、上操和紧张的英语学习后，3月中旬公布了一批人员的分配名单，我是按自己填写的志愿分配到印缅战区。在简单的体格检查后，我们这一批共16人同乘C-47运输机自昆明启程。同机的同学记得有地质系王忠诗、欧大澄、陈鑫，经济系魏书玉、蔡永祺、郭凤章、郑梦奇、陈羽纶和政治系邹宏藩等。飞越驼峰高空时，俯视下面是一片厚白的云层，大家只穿着单军服、短裤、打着裹腿，机内冰冷难熬。不巧气流变化激剧,飞机上下颠簸异常,除我一人外,几乎全部呕吐了,躺卧在两旁座位上。飞机在印度汀江机场降落,正好是炎热的晴天,一下飞机好像进入了热锅。当天晚上住在茅竹搭起的棚屋,一个挨一个排着睡。次晨,除个别人外,全都上了一辆卡车,但不知到哪里去。卡车走了两三个小时,开到了印度列多第48后送医院(48 Evacuation Hospital),才知道是在这里工作。

云南保山龙陵松山战役纪念园中国远征军雕塑群中的卢少忱雕像

1.第48后送医院

医院是在荒野上建起的,病房和宿舍很简陋,全都用粗茅竹当支柱,四周用竹篾当围墙,地面是泥土地。睡的是行军床,每人发蚊帐一顶。吃的是罐头和有时带有霉味的粗糙大米,难能吃到青菜。有一种经常吃的猪肉肠罐头(Pork Sausage),肉肠里面多少带有怪味香料,难以下咽,大家起名叫它"大便罐头"。好容易等到轮休,便搭便车到20里外市镇上一家华侨饭馆,花钱吃一顿新鲜蔬菜或肉食,改换一下口味。

医院由美国人管理,医官和护士等也全由美国人担任,当时从前方孟关、孟拱一带用飞机运回很多需急救的中国重伤员,有的连夜动手术、输液、抢救,忙个不停。我们每天还配合美国医官(上尉或少校不等)巡查病房和治疗做翻译工作。总的来说,医院的医疗设备较好,药品充足,医术较高。起初对同日寇作战负伤的中国士兵也还尊重,但是,由于种族歧视传统观念的存在,就必然在一些具体事情上有所反映。例如,最初倒尿壶、便盆由美国护士兵护理,不久则改成雇用当地印度人料理。有的医官对负伤疼痛难忍要求止痛片的伤员,不闻不问,置之不理。有一次,一个伤员手术后双腿裹上了石膏,日久,从里面爬出蛆来,疼痒难挨,要求美国医官用药水或其他办法杀死里面的蛆虫,医官非但不管,反而说没有关系,蛆在里面吃烂肉,有好处,气的伤兵直骂街又无可奈何。诸如此类歧视中国人的不负责态度,时而发生,曾一度激起全医院翻译官的愤懑,集体向美籍华裔的上校副院长(姓关)据实反映,他表示理解和同情,但也无能为力。

在医院工作了三个多月,因不愿忍受这份闲气,王忠诗、陈鑫和我先后请求调离医院到前方的中国作战部队工作,经过军委外事局驻印办事处的批准,我们如愿以偿,调离了医院。

2.参加密支那战役

1944年5月17日,中美联军越过野人山,奇袭缅甸密支那,抢占了机场,日寇退入市区坚守顽抗,当时我方急需增援兵力,也需要译员紧密配合。王忠诗、陈鑫和我分别在五月底和六月初自印度列多乘运输机飞抵密支那。他们俩配属在30师88团,我配属在30师90团二营。

密支那是缅北最大的城市和铁路终点,又是打通中缅印公路必争之地,南下可进攻八莫、南坎、腊戍并切断日寇向我滇西增援,因此,日寇死守密支那,战斗异常激烈,相持了80天,方解决战斗,共消灭日寇3000余人,俘虏官兵60多人,我方伤亡官兵6000余人,其中阵亡2000余人。

当时中国部队是主力,每个步兵团配有美国校尉级联络官5人(两人在团部,每营各1人),翻译官也按5人配备,翻译官主要的任务是在团长、营长同美国联络官共同研究作战情况和请求美方补充弹药、给养或飞机支援等方面做翻译和联络工作。

时值六七月雨季,大雨连绵,双方炮火不断,必须成天躲在积水的掩蔽部里,皮肤泡得发白。最困难的时刻,喝的水是用随身携带的消毒药片泡过的雨水或河水。吃的是密封纸盒包装的干粮,分早、中、晚(B、D、S)三种,大同小异,不外是几片饼干、一小罐罐头、几支香烟、一块巧克力或果脯干,经常干噎,不免倒胃。当地疟疾盛行,有一种恶性疟疾,24小时可致命,每人每天必须吃黄色的阿的平药片,预防疟疾,常吃皮肤会变成黄色。潮湿的地面,蚂蟥遍地，吸住皮肉不撒嘴，如果揪断，仍吸住不放，只能用烟头烧烫尾部或涂以防蚊油方能摆脱。

丛林战（Tungle Warfore）好像是在丛林里捉迷藏，难攻易守。在茂密的丛林中，日寇经常埋伏着狙击手（Sniper），从上下左右放冷枪阻挡我部队前进。有一次，我身后一名士兵挨了一枪，但看不见敌人在哪里。总之，每前进一步都有危险，要付出代价。有时不得不用机枪扫清枝叶和丛草向前进。

战斗的相持阶段，日寇虽被包围，仍抗拒坚守，白天不敢暴露目标，每到夜晚尤其是雨夜，组成三个或几个人的小组出击，企图突围。有一次，半夜里大雨倾盆，我们营部共六个人（营长、副官、勤务兵、电话员、联络官和我）在掩蔽部里忽然听见20多米外日寇"哈依、哈依"的招呼声，我们趁其不备，先下手为强，五支冲锋枪和一支卡宾枪同时猛扫，击溃敌人的偷袭，但次日清晨才发现数十米处我们的一名哨兵靠在树干上被日寇攮死。还有一次雨夜里，我们营部听见后面响起阵阵日本三八枪的"咔嘣"声，这时接到后面团部电话说，一股日寇流窜到团部和营部之间，因团部和营部相距不远，命令营部不要向后开枪，以免混乱，我们营部几个人只好持枪通宵警戒，直到团部将敌人击溃。

密支那战斗艰苦而激烈，我所在的第二营张营长担任一线主攻，曾因斗志消沉，行动不果断，当场撤职，换上沉默寡言、指挥若定的刘营长。在久攻不下两军相持阶段，已经61岁灰白发的史迪威将军曾亲历前线视察战况，他身着一般士兵的绿色军服、戴军便帽，瘦小的身材背着卡宾枪，不断在壕沟跳上跳下了解情况，说话稳重却平易近人，没有总司令的派头。

战斗后期，我军逐渐缩小包围圈，日寇更加困兽犹斗，陈尸遍野。一次我军淌过一条半身深的小河，水上漂着许多具敌军尸体，身上爬满白蛆，整条河水散发着死尸腐烂的臭味，我们过河后，身上沾上的这种臭味，久而不散，令人作呕。

8月3日，逼近市区发动总攻击那天，气候晴朗，从营部用肉眼可望见数百米外日寇占据的火车站附近的仓库。约在上午8时，一声令下，3个连奔向目标，我和联络官跟了上去，因敌人大多已伤亡，个别人渡江逃跑，战斗顺利结束。

据说有一个日寇少尉军官在掩蔽部里不肯出来,最后要往里面扔手榴弹,他才举手投降。我曾见到一个负伤的日军俘虏,面黄肌瘦蹲在地上两手合捧着说"密西、密西"要吃的。那份"大日本皇军"的威风,不也烟消云散了吗!我还看见被抓获的一群军妓从远处缓缓走过,她们纯粹是日本军国主义的牺牲品。在后方,日本俘虏被关在用刺丝围起来的场地和茅屋,口粮不缺,有时还在空场上打球锻炼身体。这与日寇惨无人道杀害中国人民和俘虏的罪行形成多么鲜明的对比。

在印缅战场上,中国军队有消灭日寇、打回中国去的决心,斗志旺盛,勇敢顽强。有人问过日本俘虏,中国军队的战斗力如何,他傲慢回答:"印度的,一个抵十个;美国的,一个抵三个;中国的,一个抵一个",听起来有些夸大其词,但是,也不无反映一定的客观事实。

3.随战车进军八莫

1944年8月初,占领密支那后,9月我因故回到印度列多,当时中美混合战车指挥组(下辖两个战车营)需要翻译官,军委外事局驻印办事处负责人(黎秘书)把48医院欧大澄同学和我转调到战车营的炮一连和炮二连,同学罗济欧也已在指挥组工作。驻地是在印度东北端铁路终点——萨地亚。在那里参加训练坦克、汽车驾驶、炮兵(75mm榴弹炮、37mm战防炮)射击等翻译工作。许多驾驶技术、机件、射击要领等专门名词术语与步兵大不相同,很感陌生,只好从干中学、学中干,几乎每天驾驶坦克,既颠簸又吃力,因天气炎热,训练完已是浑身臭汗,沾满泥土,这时跳入布拉马普特拉大江(雅鲁藏布江下游)洗个澡、游个泳,感到莫大乐趣。

约在11月初,战车营从萨地亚乘汽车和驾驶坦克出发,美国联络官和翻译官同驾驶一辆带有通信设备的指挥车(Command Car),途经印度列多,越过野人山,进入缅甸的新背洋、马科因、夏都塞、卡马因、孟拱、密支那,开赴八莫会战。行军沿途穿过无数原始森林、峻岭、深谷、急流险滩。每到一处驻扎,大部用汽油烧掉丛草开辟宿营地。白天,树上蟒蛇和地面野象足迹到处可见,入夜,森林深处虎啸、狼嚎、猴啼等叫声不绝于耳,枕枪而眠,习以为常,

1945年3月，缅甸，卢少忱在作战坦克上

八莫在密支那以南240里，位于伊洛瓦底江边，是缅北第二个大城市，它对打通中、缅、印公路有重大战略意义。战车营约在11月下旬抵达八莫市区外围整军待命。当时日寇西面背倚伊洛瓦底宽大江面，东、南、北三面已被我新一军包围，围困在市区内约3000余人，仍坚持顽抗，战斗激烈。据统计自10月中旬自密支那向八莫进军到12月中旬占领八莫的两个月，共击毙日寇2400余人，生俘20余人，我方伤亡1000余人。

12月15日，发动全面总攻击的头天晚上，坦克部队已做好作战准备，可是次日清晨，我所在的战车营炮兵连还没有上阵，八莫已被新一军所属步兵师占领。据说日寇生沉千余伤员于伊洛瓦底江，残余部队大部已被击毙，极少数溃逃出去。当天，我随部队进入八莫市区，房屋几乎全被飞机、大炮摧毁，仅存一片残垣瓦砾，血染的街道上横七竖八躺着击毙的日寇尸体，有的头部和胸部被炸得稀巴烂，血肉横飞，显然是引爆手榴弹自杀死的。

八莫占领后战车营继续向南推进，1945年1月15日，第30师和第38师攻占南坎后，中缅印公路打通，宣告通车，日寇向南腊戍溃退。战车指挥组所属战车营不再随步兵南下，3月间东向回师缅中交界的木姐，建立战车训练班，就地训练坦克部队，直到同年日本投降，我在10月10日回到昆明。

选自《国立西南联合大学叙永分校建校五十周年纪念集1940–1990》，1993年，第136–142页。

抗战老兵卢少忱先生

王立 吴嘉

2015年7月15日,中国国家博物馆研究馆员、离休干部卢少忱先生在北京逝世,享年93岁。这位在文物战线工作了几十年的耄耋长者,没能等到生前渴望参加的中国人民抗日战争暨世界反法西斯战争胜利70周年的"9.3"阅兵式。不过,一年前的7月7日,卢少忱作为抗战老兵,应邀参加了在卢沟桥抗战纪念馆举行的庆祝中国人民抗日战争胜利69周年纪念活动,受到习近平主席的亲切接见。习主席与他握手时,问他是哪个部队的,卢少忱回答自己是中国驻印军,在印缅战场参战。习主席称赞说:"艰苦卓绝啊!"卢少忱的心情无比激动,这是对他们这些在中华民族最危险的时候投笔从戎奔赴疆场的青年学子莫大的肯定与慰藉。带着这种至上荣光,卢老先生安详地走了。

一

卢少忱祖籍广东中山,1922年3月生于天津,父亲是铁路职员。卢少忱的童年和少年在天津度过,小学毕业后,1933年秋,卢少忱来到北平私立崇德中学就读。1937年北平沦陷,卢少忱亲眼见到日本人在街上横行霸道,义愤填膺。他不愿当亡国奴,暗暗打算逃离北平,到大后方求学。1940年初,高中三年级上学期一结束,卢少忱便毅然告别父母,揣着从父亲那儿要来的路费,和同学黄天佑一起前去昆明。为躲避日本人的严查,卢少忱剃成光头,装扮成

抗战老兵卢少忱

投奔亲友的伙计,从天津塘沽上船,经上海,到香港,借道越南海防进入云南,最终抵达昆明。1940年7月,卢少忱在昆明参加国立大学统一招生考试,如愿以偿地考取了国立西南联合大学文学院历史专业。正赶上西南联大筹设叙永分校,他们那一年的新生全部迁往川南小城叙永就读。1941年8月联大叙永分校撤销,卢少忱和他的同学们回到昆明联大校本部。

太平洋战争爆发后,国际反法西斯统一战线得以形成。欧洲战场上,盟军从被动防御转入战略进攻,亚太战场的反攻箭在弦上。自缅甸失陷以后,中国战区参谋长史迪威与中国统帅部决定反攻缅甸,打通国际交通线。中国驻印军在盟军的协同下,于1943年10月下旬

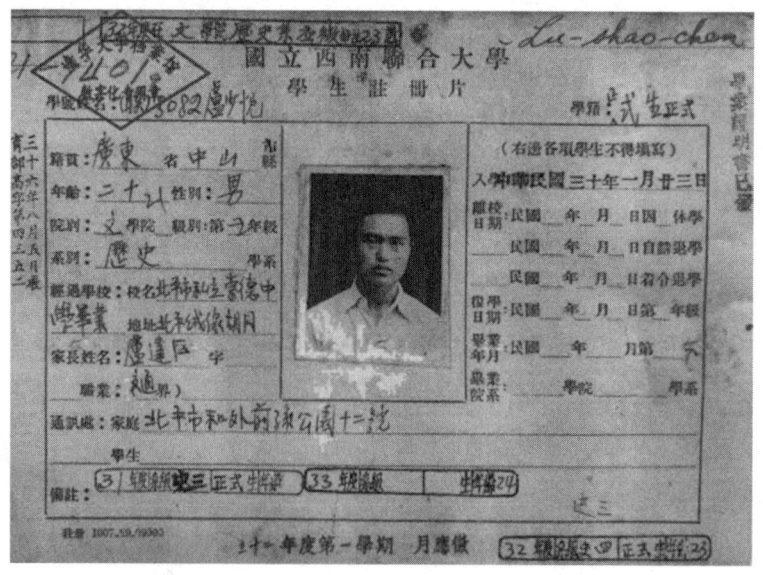

卢少忱西南联大学生注册片

再次入缅作战。为了增强部队战斗力,各连队均配有美军顾问,参与作战指挥,因而急需大量翻译人员。1943年11月9日,西南联大召开学生从军动员大会,联大常委梅贻琦勉励同学们:"近日来昆各部盟军日渐增多,通译人才之需要异常迫切,希望各生应以所学,踊跃投笔从军,为国服役。""我们联大的同学现正值年轻,大家都是受了高等教育的人。我们只怪没有好的、适当的机会为国家服务,现在属于你们的机会到了。国家非常需要你们,希望同学们能踊跃参加通译工作。"12月3日西南联大发布了学生征调充任译员的办法,"四年级男生于第一学期期考完毕后,一律前往翻译人员训练班受训",并说明这次从军的学生,将参加对日作战,主要承担翻译和技术工作,服务期为两年。卢少忱恰好是四年级学生,属于应征对象,他立即和400多名同学报名应征入伍,经过译员训练班半个月的培训,分配到印缅战区。1944年3月初,他们同批的16名同学,乘坐C-47运输机,飞越驼峰,在印度汀江机场降落,第二天乘坐汽车前往列多。卢少忱充任盟军翻译官,在后方野战医院服役三个月后,坚决要求到前方的中国作战部队参战,配属到新一军新编第30师90团2营,随即参加了密支那战役,经受了血与火的洗礼。

1945年初,卢少忱(左)和战友在印度加尔各答

密支那战斗艰苦而激烈。正值六七月雨季，大雨连绵，敌我双方炮火不断，必须成天躲在积水的掩蔽部里，皮肤泡得发白。最受威胁的还有恶性疟疾，发高烧24小时内可致命。丛林中遍地的蚂蟥，足有一尺多长，吸住人的皮肉不放。战斗相持阶段，卢少忱和战友们既要忍受疾病，又要提防敌人袭击。有一次行军，蹚过一条半人深的小河，河面上漂着许多具爬满白蛆的敌尸，整条河水散发着死尸腐烂的臭味。战斗中，常有战友牺牲，卢少忱真正体会到了战争的残酷和惨烈。

密支那战役结束后，卢少忱奉调到独立战车营炮二连。战车营驻地在印度东北部的萨地亚，在那里进行坦克、汽车驾驶以及75mm榴弹炮、37mm战防炮的射击训练，卢少忱担任翻译官。坦克部队与步兵部队大不相同，卢少忱这位学历史的文科生对战车营训练中用到的许多驾驶技术、射击要领等专门名词术语十分陌生。为了胜任翻译工作，他每天钻入坦克中，仔细钻研，从干中学、学中干，硬是熟练掌握了坦克驾驶技术。1944年11月初，战车营从萨地亚开着汽车和坦克出发，卢少忱和美国联络官一同驾驶一辆带有通信设备的指挥车（Command Car），途经印度列多，越过野人山，进入缅甸的新背洋、马科因、夏都塞、卡马因、孟拱、密支那，开赴八莫参加会战。

新一军攻占八莫后，战车营继续向南推进，1945年1月15日，新30师和新38师攻占南坎，中缅印公路打通，宣告通车，日寇向腊戍溃退。卢少忱所在的战车营不再随步兵南下，3月间东向回师缅中交界的木姐，在此建立战车训练班，就地训练坦克部队。在战车部队回师中缅边境途中，卢少忱拍了一张站在坦克上的照片。这张珍贵的照片，是庆祝中国人民抗日战争暨世界反法西斯战争胜利70周年天安门广场阅兵式上老兵乘坐的第四排敞篷车两侧浮雕的蓝

阅兵式战车浮雕

本，这组浮雕中"战车兵"的原型正是卢少忱。

1945年8月15日，卢少忱正在进行坦克训练，收音机里传来日本投降的消息，部队中的西南联大的同学立即聚在一起，大家相拥而泣，一起高唱母校西南联大校歌："万里长征，辞却了五朝宫阙。暂驻足衡山湘水，又成离别。绝徼移栽桢干质，九州遍洒黎元血。尽笳吹弦诵在山城，情弥切。千秋耻，终当雪；中兴业，须人杰。便一成三户，壮怀难折。多难殷忧新国运，动心忍性希前哲。待驱逐仇寇，复神京，还燕碣。"

1945年10月10日，在印缅战区服役了一年半之后，卢少忱复员回到昆明，根据规定，领到了西南联大毕业文凭。

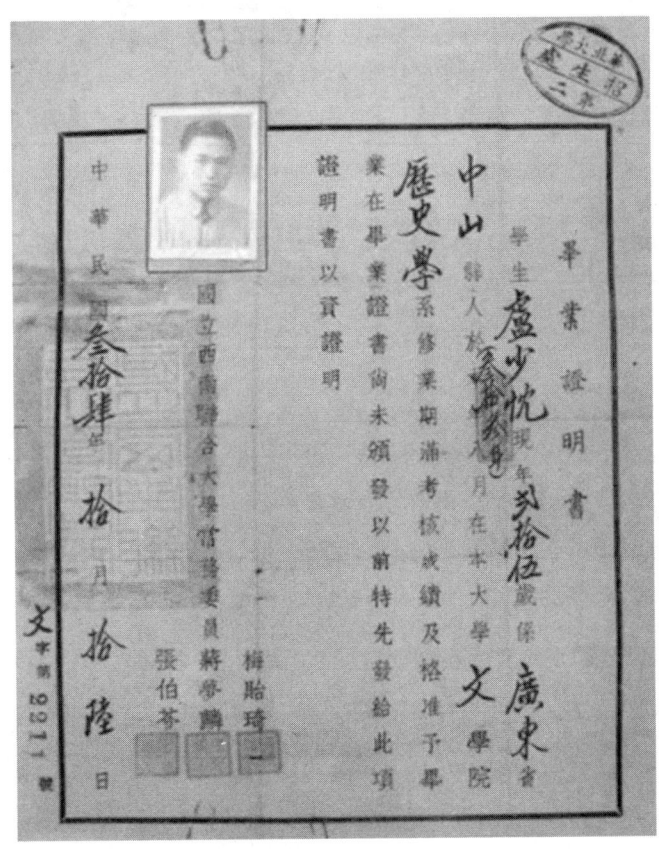

卢少忱西南联大毕业文凭

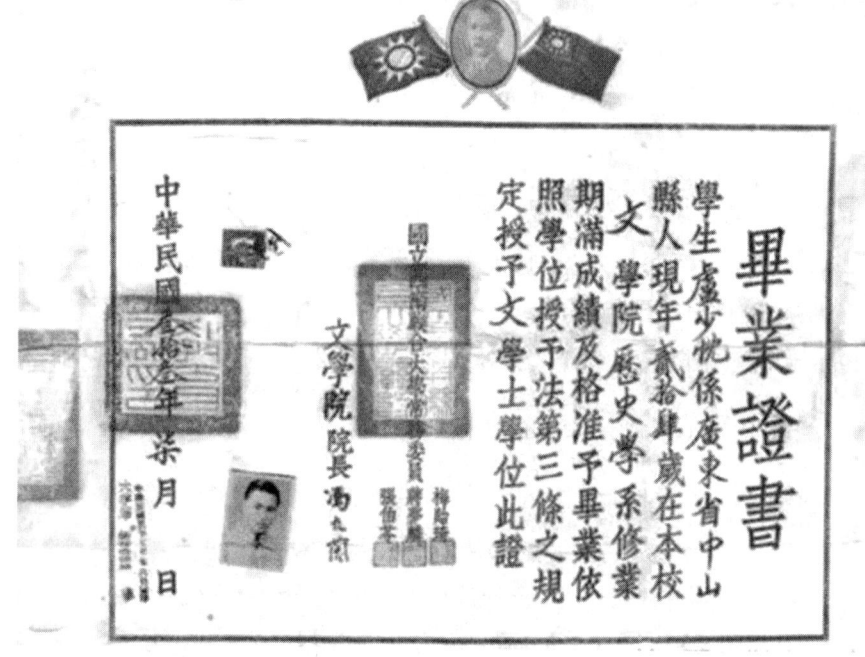

卢少忱西南联大毕业证书

二

1946年6月,卢少忱应聘成为北平军调处执行部美方翻译,工作地点在当时的热河朝阳。在这里他接触到了中国共产党,阅读了进步书籍。1946年底,军调处解散。1947年1月,卢少忱回到天津,先后在行政院物资供应局天津办事处第九仓库和民航空运队工作,直到天津解放。

1949年4月,卢少忱选择重拾本行,考入华北大学第二部史地系二班,9月结业,留校在第四部中国历史研究室任教,他们的室主任由范文澜兼任。年底,卢少忱被调到文化部文物事业管理局博物馆处,这一干就是几十年。

还在华北大学的时候,卢少忱与北京师范大学毕业的曹南应相识相恋,两人商定1950年春节完婚。卢少忱刚到新单位,就向领导说明了自己准备结婚的想法，立即得到了局长王冶秋等领导和同志们的热情支持。1950年2月18日，农历正月初二，卢少忱携曹南应来到北海团城的文物局办公室，只见会议室贴上了喜字、系上了彩花，长条桌上摆满糖果，气氛热烈，喜气洋洋。王冶秋、裴文中、王振铎等几十位同志早已在写着"结婚纪念"的一小块粉红色绸帕上签上了他们的名字。在一片喜庆声中，王冶秋同志作为证婚人，宣布婚礼开始，并致辞祝贺两位新人，接着把签有证婚人王冶秋的结婚证书递到新郎新娘手中。随后，王冶秋局长和全体参加婚礼的同志在寒冷的大院中合影留念。这一切安排完全出乎意料，卢少忱和妻子又欣喜又激动。这是他俩毕生难忘的时刻，每每回忆起来，卢少忱都无比怀念革命大家庭的温暖，怀念那个年代领导同志对普通群众的亲切关怀、同志之间的深厚情谊。婚后，卢少忱全力以赴投入文物管理工作中去。

1950年8月，唐兰先生和卢少忱作为文化部的代表，赴重庆参加河南省博物馆存渝文物的接收工作。抗战期间，河南省博物馆所藏大批文物，几经周折，历经坎坷，辗转运抵重庆中央大学内保存，始终没有发生意外。

1945年8月15日，日本宣布无条件投降，河南省博物馆正待商议将存渝文物运回河南之际，突然爆发内战。顿时烽烟四起，交通阻断，河南存渝文物始终没有找到回归的机会。

1949年11月1日，中国人民解放军迅速向西南挺进，国民政府赴台前夕，仓促运走留存在渝地的各种重要财物，其中就包括河南存渝的文物。所幸运载第二批文物的飞机还没有来得及起飞，人民解放军即神速攻入重庆，封锁了机场，剩余的文物才得以安全留在大陆。

人民解放军占领重庆后，随即成立了军事管制委员会，国民政府未来得及运走的河南存渝文物被重庆军事管制委员会封存。1950年8月17日，河南省人民政府指令河南省文物保管委员会派员赴渝接收河南省博物馆存渝文物。8月21日，河南省文物保管委员会派代表赵全嘏，会同文化部代表唐兰、卢少忱办理接收手续。赵全嘏将存渝文物验收之后，唐兰、卢少忱二人代表文化部，挑选新郑、辉县出土的青铜器51件调往北京，其中包括一件由郭沫若亲自定名的新郑古器"莲鹤方壶"（现藏北京故宫博物院）和唯一一件带有铭文的"王子婴次炉"（现藏北京中国历史博物馆）。

1960年5月底至7月中旬，卢少忱随同王冶秋局长对云南、贵州、广西三省（自治区）少数民族地区的文博现状进行了40多天的实地考察。此次考察日程安排得很紧，连星期天也不休息。他们前后考察了50多处古建筑、遗址、博物馆、革命纪念馆和名人故居。卢少忱耳闻目睹王冶秋局长每到一地，都要分别听取省（自治区）、地、县各级文物主管部门的汇报，随即考察现场，边看边问边谈，宣传贯彻国家文物保护政策，传达中央负责同志对历史和革命史陈列的指示精神。同时帮助各地鉴定部分书画，对古建筑的修缮（如拨款维修大理唐塔）、对筹建革命纪念馆（如遵义会议纪念馆的筹建规划）以及对东巴经、甘珠尔经等少数民族文物的搜集整理、对宗教壁画和历史旧居的保护等方面提出不少建设性意见。

西南少数民族地区山高路险，很多地方没有公路，不通汽车，需要步行或骑马。有一次在丽江考察，汽车开到文峰寺山根，必须下车骑马上山。当时正下着蒙蒙细雨，路狭且陡，泥泞难行。当地同志怕出危险，极力劝阻王冶秋局长不要去了，但王冶秋局长坚持必须去现场考察，毫不犹豫地登鞍上了马。卢少忱从来没有骑过马，在王冶秋局长的带动下，也鼓足勇气上马随行，一同完成了此处的考察。

这次亲随王冶秋同志考察，是一次很好的学习机会，卢少忱全程做了详细的记录，使他对国家文博政策有了深入理解，业务水平得到相应提高。尤其是王冶秋同志表现出的超常刚毅和惊人韧性，着实令卢少忱敬佩，他从王冶秋身上学习到了坚毅果敢，不顾个人安危，一心努力工作的忘我精神。

"文革"中，卢少忱一家随文化部下放到湖北咸宁五七干校。在干校，一家人分在几个地方，卢少忱在452高地的本部，夫人曹南应是商务印书馆副编审，在向阳湖十五连。读小学的女儿在咸宁县城住读，儿子则在452高地的初中读书，一家人只有周末到向阳湖相聚。干校生活持续了六七年，1975年，卢少忱借调到燃化部外语训练班当英文教员，直到干校撤销，他们全家才返回北京。

三

"文革"结束后,卢少忱调至国家文物局出国文物展览工作室陈列组任组长,该室后改为中国对外文物展览公司,卢少忱作为办公室负责人,先后组织了多项出国文物展览。起初是1977年和1979年在日本举办的"中国出土文物"和"丝绸之路"展。曾在印缅战场与日军作战的卢少忱,没想到首次出国办展竟是日本,开始时有些不自在。不过到日本后,接触的很多日本学者都向他们表达了歉意,卢少忱感到特别痛快。

20世纪80年代,卢少忱参与组织的中国文物展有1980年至1981年在丹麦、瑞士、西德、比利时举办的"中国珍宝"展,1984年12月至1986年1月在瑞典、挪威、奥地利、英国、爱尔兰举办的"中国秦代兵马俑"展,以及1988年7月至1989年8月在美国举办的"天子——中国古代帝王艺术"展。每次办展,卢少忱既要负责组织工作,又要负责展出图录的编写及中、英文资料的审阅,任务十分繁重。因工作出色,卢少忱多次被评为国家文物管理局先进工作者。

1988年离休后,卢少忱积极参加社区组织的各项活动,他是社区老干部党支部成员和社区党委智囊团成员,积极为和谐社区建设建言献策,同时参加了社区乒乓球队和老干部合唱团。卢少忱还是一个极富爱心的人,他平时省吃俭用,花钱也要算计,可每次社区组织捐款活动,他总是第一时间捐款。他说:"我少花一点钱,也不会影响生活,但却能解决困难同志的问题。"特别是在历次"共产党员献爱心"活动中,卢少忱都慷慨解囊,每次捐款都在200元以上。

2001年北京申办奥运会成功后,卢少忱非常高兴。办好奥运会,是向全世界展示繁荣、富强、文明的中国形象的好契机。社区为配合奥运服务,准备开办社区英语学习班,卢少忱自告奋勇担任英语老师,他说:"我以前搞过一段外事工作,做过翻译,有一点英语底子,自己再努力一下,应该可以满足居民学习的需求,正好也符合我为奥运作贡献的心愿。"于是,从2002年开始,已经80岁高龄的卢少忱正式成为社区的英语老师。此后五六年,他坚持每周二授课半天，雷打不动。

离休后的20多年，卢少忱始终如一地为社区无私奉献，用实际行动为创建和谐社区尽职尽责，被社区居民誉为"和谐社区的带头人"，多次被社区党委评为优秀党员志愿者，2014年9月还被评为"文化部老有所为标兵"。面对荣誉，卢少忱发自内心地说："我是一名老党员，为人民服务，为居民服务，是我应该做的，也是我一生的追求！"

卢少忱生前一心向往着参加纪念中国人民抗日战争暨世界反法西斯战争胜利70周年的"9.3"阅兵式，坐在老兵方阵的敞篷车上，通过天安门广场，接受检阅。遗憾的是，老人没有等到这一天。不过可以告慰卢老先生的是，国家和人民没有忘记曾经为中国人民伟大的抗日战争浴血奋战的老兵，卢少忱去世50多天后，获颁海峡两岸抗战纪念章两枚，一枚是大陆的"中国人民抗日战争胜利70周年纪念章"，另一枚是台湾的"中华民国抗战胜利纪念章"。抗战老兵精神永存。

卢少忱荣获的中国人民抗日战争胜利70周年纪念章

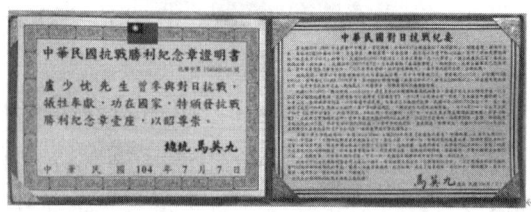

卢少忱荣获的中华民国抗战胜利纪念章及证明书

2025年5月6日于北京

（本文照片由卢少忱先生亲属提供）

抗日战争时期西南联大学生参加空军纪实

马 豫[①]

昆明西南联大原校址处的"国立西南联合大学纪念碑"后刻有西南联大抗战以来从军学生姓名,共834人。其中缺少我们考入空军的一批学生姓名,想是疏漏。仅就记忆所及,记述于后,以供补遗。

1941年,正值抗日战争最艰苦的时期,日寇疯狂入侵,祖国处于生死存亡的关头。身为中国青年,投身报效祖国是理所当然的事。当时,首次在全国大学生中招考空军飞行学员(以前是从陆军军官学校的学员中选派)。投考空军,要通过最严格的检查,录取率约为1%。入学后的飞行训练分为初、中、高三个阶段,淘汰率约在50%以上。

投考空军的同学们都怀着英勇报国的雄心壮志。回忆我们被录取后,在走进昆明巫家坝空军航校的大门时,看到大门两旁的对联写道:升官发财请走别路,贪生怕死莫入此门。

被录取的联大同学们清楚地意识到,这将是他们英勇报国的开始,即使在国民党对腐败口非心是的环境中,他们对此也都信守不渝。经过短期飞行训练后,同学们又先后到美国继续接受各种飞行训练,包括初、中、高级的教练机飞行训练,加上毕业后的作战飞机训练,为期约一年。1944年,我们分批回国,分配在空军的各个轰炸机和战斗机大队,与美国空军盟友并肩作战,

---

① 马豫:西南联大1944级学生,抗战飞行员。

给日寇的陆军和空军以沉重的打击，为最终取得抗战胜利尽了自己的力量。

根据笔者记忆，抗战期间，于1941年至1942年考入空军的西南联大学生如下：

戴荣钜　1943级地质系，1944年6月在长沙与敌机作战时殉国。

王　文　1944级机械系，1944年8月在保卫衡阳战役中与敌机作战时殉国。

吴　坚　1944级航空系，1945年初在陕西与日寇飞机作战时殉国。

崔明川　1944级机械系，1943年在美国受飞行训练时，失事撞山殉国。

李嘉禾　1940年转学入物理系二年级，1944年在美国受飞行训练时，不幸失事殉国。

马　豫　1944级化学系，已退休，住香港。

李经纶　1944级化学系，1986年病逝于美国洛杉矶。

黄雄畏　1944级地质系，已去世。

许鸿义　1943级物理系，已退休，在美国休斯敦定居。

马启勋　1946级哲学心理系，已退休，在美国加州定居。

祝宗权　1944级地质系，1946年因病在昆明去世。

李修能　1944级地质系，1943年考入空军飞行系，现住台湾。

我还曾于1999年秋专程前往南京，凭吊位于中山陵背后的"航空烈士公墓"。在众多碑上刻有所有抗日战争中牺牲的空军烈士姓名和事迹。西南联大的戴荣钜、王文和吴坚均在其中。

谨在此对抗战中牺牲殉国的西南联大同学寄予怀念和敬意。

摘自《国立西南联合大学八百学子从军回忆》，
国立西南联合大学1944级，2003年11月，北京，第11页。

从西南联大走出的抗战飞行员
——我的叔叔马豫

马庆芳[①]

我的三位叔叔,在家族中都有很高的威望。

大叔叔马蒙是香港大学中文系主任;小叔叔马临是生化专家,香港中文大学校长。而我的二叔马豫,是在抗日战争中投笔从戎的飞行员,与日寇在空中进行殊死搏斗,因此得到亲友的特别敬重。

2002年,作者马庆芳(左)与马豫(右)、马临(中)于香港中文大学逸夫书院合影

---

① 马庆芳:马豫先生侄儿,中国空间技术研究院高级工程师,已退休。

1941年秋，国民政府首次从全国大学生中招考飞行员。二叔当时是昆明国立西南联合大学工学院化工系二年级学生，得到消息后，立即报名从军。得到了我的祖父马鉴的支持。

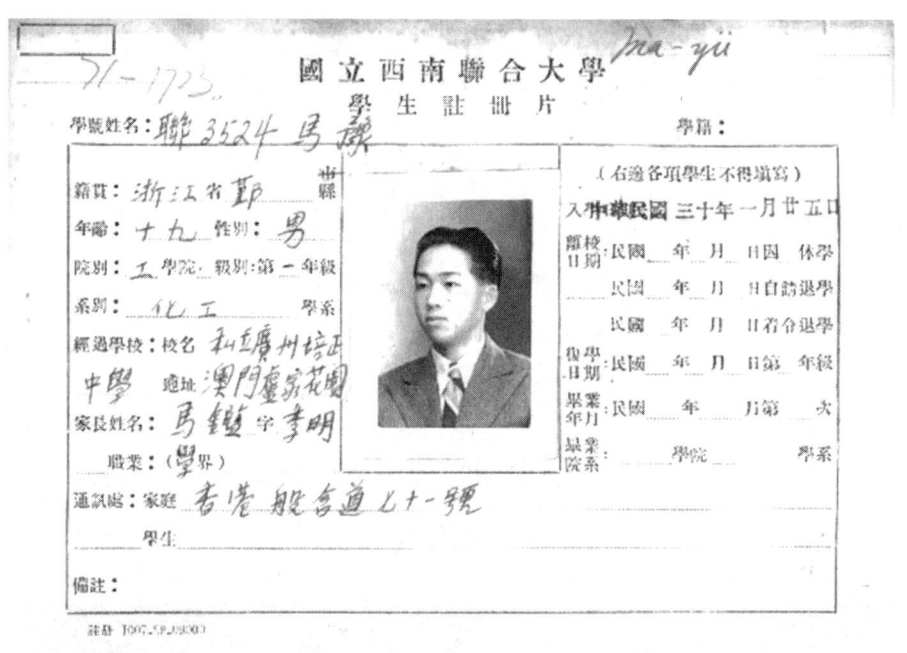

马豫西南联大注册片

我的祖父马鉴和他的四个亲兄弟马幼渔、马衡、马准、马廉都是北京大学和燕京大学的文史教授，被称为"五马"，与一钱（玄同）、二周（树人、作人兄弟）、三沈（士远、尹默、兼士兄弟）并称。抗战军兴，二祖父马幼渔毅然与落水的昔日好友绝交，拒绝为日伪服务，甘守清贫，艰难度日。四祖父马衡时任北京故宫博物院院长，国宝南迁，他和同事创造了近两万箱文物在战乱中长途转移无损失的世界文化史奇迹。祖父马鉴时任香港大学中文系主任，是香港文化界名流，因而成为日伪诱降对象，又是汉奸"邀请"，又是军部"面谈"，但祖父坚决拒绝，并转道澳门逃离日伪监视，在成都燕京大学任文学院院长。长辈们的爱国行为对马豫和家族亲人有很大的影响。

飞行员的录取筛选极为严格，录取率只有1%。体检时他只有一项眼科项目未能通过，他报国心切，要求复试，经过练习，第二天通过检查，成为空军官校第15期学员。1942年初，马豫进入昆明巫家坝空军航校。学校大门两侧的对联非常醒目：升官发财请走别路，贪生怕死莫入此门！马豫看到这豪气冲天、正气动地的对联，热血沸腾，清楚地意识到这里就是自己献身报国的起点。380名学员分批在云南驿和宜宾接受初级飞行训练，经过一年的学习，包括马豫在内的210人成功通过考核，他们分三批赴美继续学习，接受高级飞行培训。

1944年3月和轰炸高级班同学OUT毕业时合影，于La Junca机场。
三排左一马豫、左二谭振飞、左四周明玛；二排左起汪方典、黄文涛、翻译官、美国领队熊恩德（航校四期）、美国教官，右二钱伯荪；前排左一解鸿奇、左二夏日升、左四金玉如、右三李祖峰

1943年2月，马豫和数十名同学被派往美国接受高级飞行训练。他们乘美军C-47运输机飞越危险的驼峰航线，到达达卡市，再转乘火车到孟买市，登上一艘3万吨邮轮驶向纽约。邮轮于3月初抵达纽约，中国空军学员马不停蹄，当日即乘货车向亚利桑那州首府凤凰城空军基地进发。当时宋美龄正在美国

访问，马豫有幸与另7位学员被选中，成为宋美龄的侍卫，随同她访问洛杉矶，见证了抗战外交史上重要的一页。

宋美龄于1942年11月乘罗斯福总统派来的专机前往美国访问，以争取更多援助。她在前线视察时汽车遭到日机攻击，翻车受伤，另外还身患其他疾病。启程时是用担架抬上飞机的。在美国治疗两个月后，身体有了好转，便开始了紧张的外交活动，日程安排极紧，发言稿都自己动笔并反复修改。由于中国对抗日战争的贡献和重要作用，也由于她本人的魅力和能力，访问受到各界人士的热烈欢迎，取得很大成功。美国加大了对中国的支援，罗斯福甚至说："要用上帝允许的速度给中国更多物质支援。"他支持中国的大国地位，说服丘吉尔首相，邀请中国参加开罗会议。当年美国还取消了不合理的排华法案。

洛杉矶是宋美龄访美的最后一站，市长宣布到访该市第一天为"蒋夫人日"。50万市民夹道欢迎，其规模和热情都是中国外交史上空前的。1943年4月4日下午3点，3万市民在洛杉矶广场举行欢迎大会，宋美龄乘敞篷汽车缓缓

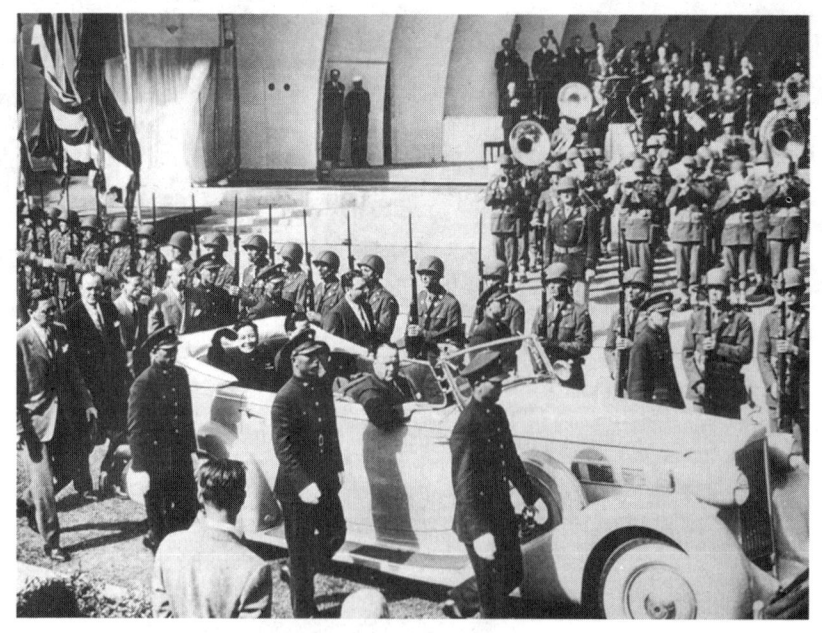

1943年4月4日，美国洛杉矶，宋美龄乘坐汽车的随行护卫，汽车左边第一位军人为马豫

驶入露天剧场，舞台前军乐队高奏迎宾曲，美军仪仗队排列整齐，队员举枪致敬。8名中国空军侍卫紧贴汽车两侧随行护卫，走在汽车左边第一位军人便是马豫叔叔。

宋美龄不顾连日忙碌疲劳，在活动计划外，挤出时间接见空军学员代表马豫和董世良，地点在她下榻的大使饭店。当时她很劳累身体也不好，半躺在椅子上，头枕椅垫、腿部还盖着薄毡。她把一面国旗授予代表，嘱咐学员把国旗在美军基地高高升起。并鼓励学员努力学习，回国后奋勇作战，争取最后胜利。马豫心情激动，躬身双手郑重接过国旗。叔叔告诉我说，虽然接见只有短短十分钟，但增强了抗战报国的决心，留下的印象终生难忘。宋美龄对中国空军的组建和发展多有贡献，当时被称为"空军之母"。

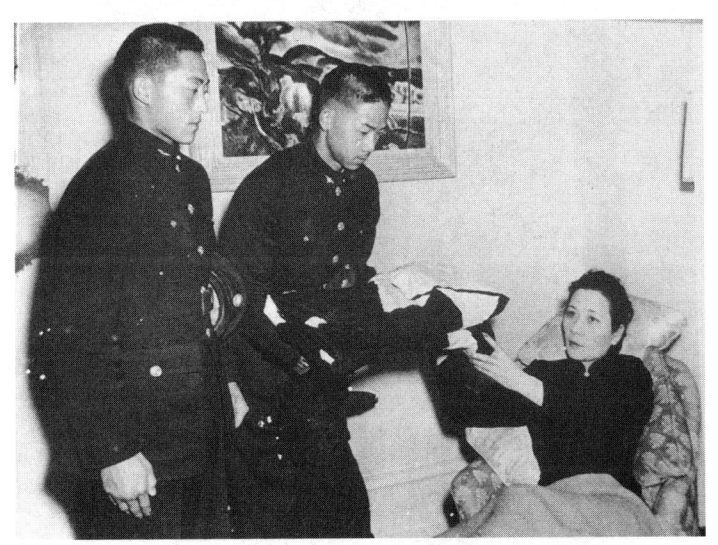

宋美龄（右）接见空军学员代表马豫（中）和董世良（左）

洛杉矶是美国电影业中心，电影业人士对中国抗日战争非常支持，8位空军侍卫受到演员明星的欢迎和尊敬。这都是"二战"时期中美两国人民友谊的见证。

马豫在凤凰城威廉机场接受了一个月的预备教育，内容是英语、数学、物理及有关美国空军的一般知识。5月下旬到雷鸟机场进行中级飞行训练。当时学校曾举办包括中美学员在内的飞行特技比赛，中国学员俞扬和荣获第一名，很为中国军人争光。俞扬和是当时军工署长俞大维之子，后来成为蒋经国女婿。完成中级飞行训练后，学员分为驱逐和轰炸两组接受高级飞行训练。马豫被分配进入轰炸组学习，1943年12月5日毕业，被授予空军准尉军衔。毕业后又被派到科罗拉多州拉洪塔机场学习驾驶B-25中型轰炸机，直到1944年4月，马豫以优异的成绩完成了在美国的全部训练学习，乘船回国。

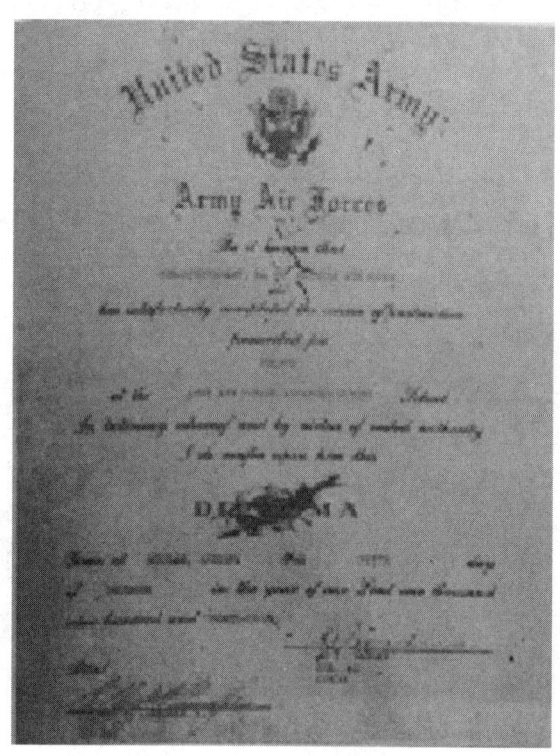

马豫在美亚利桑那州道格拉斯（Douglas）机场高级班毕业的证书（1943年12月）

1944年9月，马豫回到祖国，进入中国空军第二大队第九中队。当时的中国空军共编成9个作战大队，其中第一、第二、第八大队为轰炸机大队，其余6个大队为驱逐机大队。中国的第一轰炸机大队和第三、第五驱逐机大队与美军第十四航空队合组成中美混合联队,其他大队也经常与美空军协同作战。

第二大队第九中队拥有九架B-25轰炸机,先后驻云南的昭通和陆良,马豫驾驶的B-25是当时中国空军拥有的最先进的轰炸机。这种双发动机战机配置12挺机枪,载弹3000磅,机组人员6人。第九中队的作战目标是湖南、广东和广西的日寇机场、舰艇、仓库、桥梁等军事目标。马豫多次驾机升空执行轰炸任务。

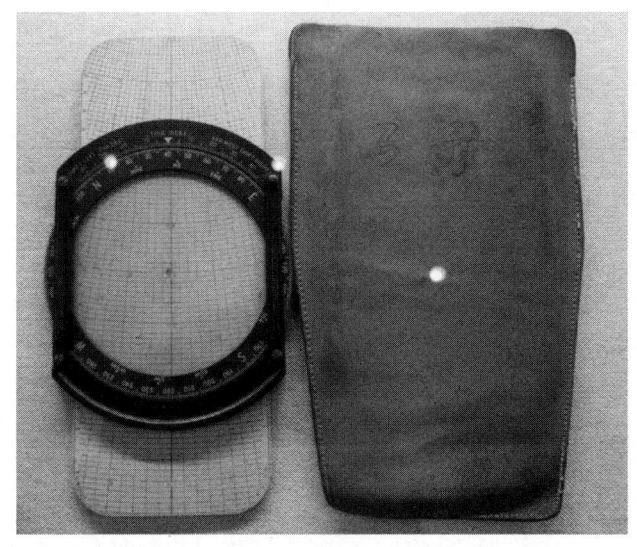

马豫使用过的美制军用投弹参数计算器(1944年2月)

抗战后期,日寇已逐渐丧失制空权,我轰炸机队遭遇敌机拦截已渐减少,但日寇的地面对空炮火仍然十分猛烈。叔叔曾对我说,每次出发登机时自己都做好了有去无回牺牲报国的思想准备,同窗战友多有牺牲者,自己只是一个幸存者。叔叔告诉我,他的一位军校同学宁世荣在战机被击落后,虽然跳伞成功,却被俘虏,日寇违反国际法,将他押往南宁游街示众,后斩首杀害。与马豫同时参加空军的西南联大同学也有不少烈士,马豫知道的就有戴荣钜、王文、吴坚等人。

马豫也多次与死神擦肩而过。在一次执行轰炸任务时,炸弹舱内弹钩出现故障，无法投弹，空中抢修仍无法排除，只得返航。不料在机场着陆时，炸弹突然掉落在弹舱内。万幸的是炸弹没有爆炸，否则必是机毁人亡，还会祸及机场人员和设备，后果不堪设想。

每次执行任务前，马豫和他的战友都会到美空军作战情报室听取情报。叔叔说："1945年8月6日，我正在美空军作战室听取情报，突然传来消息，美空军B-29轰炸机在日本广岛投下了威力巨大的原子弹。在场的中美军人都欢呼起来，激动万分，互相拥抱庆祝，大家相信，日本投降已指日可待。"3天后的8月9日，美军在长崎投下第二颗原子弹，苏军也于当日进入东北对日作战。8月10日，日本宣布接受《波茨坦公告》，东京电台广播投降信息。8月14日，日本广播天皇投降诏书。8月15日，日本正式无条件投降，中国的抗日战争取得最后胜利。

抗战胜利后，国内政治腐败，民不聊生，内战爆发，马豫对此十分不满，拒绝参加内战，在祖父马鉴和已经参加革命工作的我父亲马咸的支持下，他脱离国民党军队，在香港参加两航起义后回到北京，投身中国民航建设。

马豫在民航局担任过C-47运输机机长和飞行教练，更多的时间是在各地执行航空石油勘察任务。1956年以后的10余年间，他累计飞行6000多小时，获取了大量航测资料，为开发大庆、胜利、大港及新疆塔里木油田提供了宝贵资料，《当代中国的民航事业》一书特别叙述了马豫在这方面的突出贡献。那些年他长期奔波在外，很少回北京家里，曾连续六次被评为优秀飞行员。

"文革"中，马豫被扣上企图叛国投敌的罪名，关进牛棚。改革开放后，他参与引进先进飞行模拟设备并担任教员，培养新人。中美关系解冻以后，马豫任中国民航驻旧金山办事处主任，为中美通航做了开创性工作。1987年，马豫在为新中国民航服务了37年后退休，那年他65岁。

退休后的马豫，到香港长子处养老。他总想为航空事业多做些事情，曾在香港的航空公司担任顾问，还经常参加中国航空联谊会组织的活动。2004年9月18日，马豫应邀出席在南京抗日航空烈士纪念碑广场举行的纪录片《血捍长空》开机仪式，参加仪式的抗战飞行员还有方守义、彭嘉衡等4人，方和彭二人都是马豫同期同学，并同时赴美受训，还都是民航局同事，二人都是爱国华

侨。战友们在抗日航空烈士纪念碑前敬献鲜花,凭吊中、美、苏、韩烈士,找到当年共同战斗过的烈士英名,不禁眼含热泪,感慨万分。

我曾经问叔叔:"您多次升空作战,竟毫发无伤,是因为飞行技术高明吗?"他笑着回答:"主要还是我运气好,空中作战像陆上白刃格斗一样,非常危险,我每次出发执行任务,登机时已抱定有去无回的决心,只不过死神放过了我。"叔叔说得对,飞行员确实十分危险,我们家族还有两位抗日飞行员,一位是我的姨夫柳东辉,另一位是我的表舅翁心瀚,他们先后血洒碧空,为国捐躯,他们的爱国精神和抗战功绩人民将永志不忘!

2008年,在走完了86年曲折的人生道路后,马豫叔叔驾鹤西去。

2005年4月18日在北京翁心植(作者三舅)院士家合影。
前排中是马豫,他的左右为翁心植夫妇,
后排左侧为作者夫妇,右侧为翁维馨(翁心植之女)和杨家建夫妇

2025年5月8日于北京

投笔从戎　血染长空
——我的二叔李嘉禾

李　安[①]

"曾经有那么一群年轻人，每一次起飞都可能永别，每一次落地都必须感谢上苍，他们战斗在云霄，胜败一瞬间，他们在人类最大的战争当中成长，别无选择。"

这是台湾导演张钊维拍摄的《冲天》里的一段解说词，也是一部为纪念抗战胜利70周年，展现中华民国空军为抗击日本侵略者浴血奋战、悲壮恢宏的英雄史诗。

在海峡的另一岸，反映清华学子在各个历史时期为理想而奋斗的影片《无问西东》，演员王力宏饰演的沈光耀让抗日战争时期的空军备受关注。沈光耀的原型是出身名门望族、清华土木工程系毕业、中央航校第三期空军沈崇诲。在国家民族存亡之际，他毅然投笔从戎，在淞沪空战中慷慨赴死，用悲壮的青春热血践行了清华的理念"立德立言，无问西东"。

在为国捐躯的中华民国空军官兵中，绝大多数都像沈崇诲那样学业有成，家境优越，平均年龄20多岁，没有结过婚，甚至没有恋爱过。"他们风华正茂、朝气蓬勃，或是名门子弟，或是归国华侨，来自五湖四海，为了一个梦想聚在了同一片天空。鲜血与泪水定格在他们最好的年纪，光荣与梦想铸成了他们

---

① 李安：海外女作家协会会员，在加拿大和美国高科技公司工作多年。

不屈的脊梁，他们就是中国航空史上最早的一批战斗机飞行员。"

可是，多少人知道，在遥远的美国得克萨斯州和乔治亚州国家军人陵园，还有一些当年怀着保家卫国的宏愿赴美受训，不幸以身殉职，掩埋在异国他乡的50多名空军。每一块墓碑上铭刻着"Chinese Air Force"，标记着他们曾经跨过万水千山，来自遥远的中国。

我的二叔李嘉禾正是那些在训练场上为国捐躯的抗战空军之一。

1919年，李嘉禾生于京城书香世家，李家7位曾祖同时代在清朝太医院行医。他的父亲，即我的祖父李续祖是北大首届化学系本科生、研究生，毕业后留校执教，兼任北大出版部主任。

1937年7月7日，卢沟桥事变爆发后，他与北大其他一些教师们负责护送重要的图书资料及设备至"长沙临时大学"，为防御日军步步紧逼，又随北大、清华、南开三校撤退到昆明。

从《清华大学一百年》可以追踪到我祖父李续祖在西南联大初期的经历：

1939年5月30日，常委会议决：设立出版组，聘李续祖为出版组主任。设立出版设计委员会，请5人为委员，曾昭抡为召集人。

1939年10月17日，准教务长樊际昌请辞兼注册组主任职务，聘本校出版组主任李续祖暂行兼任。

1940年6月3日，西南联大召开第十次教务会议关于毕业生资格审查等事的报告和决议，李续祖为会议记录。

1940年10月，因日机轰炸和战局紧张，印刷所停办，出版组撤销。

那时昆明的防空警报几乎天天震天响，日本轰炸机在毫无护卫的情况下从越南入境，频繁轰炸西南地区的一些重要城镇。在战局日益紧张的形势下，联大能维持日常教学已经非常了不起，印刷所被迫停办，出版组也无奈被撤销。

适逢原北大物理系主任王守竞物色人选参与民国政府"资源委员会"直

属"中央机器厂"筹建。李续祖随王守竞去昆明"中央机器厂"工作并担任他的秘书,为支持抗战前线发挥了重要的作用。

李嘉禾自小聪慧过人,沉稳内敛、为人亲和,志向远大,天文地理无所不通,于1938年考入北平辅仁大学数理系。1940年从辅仁大学转学西南联大物理系二年级。

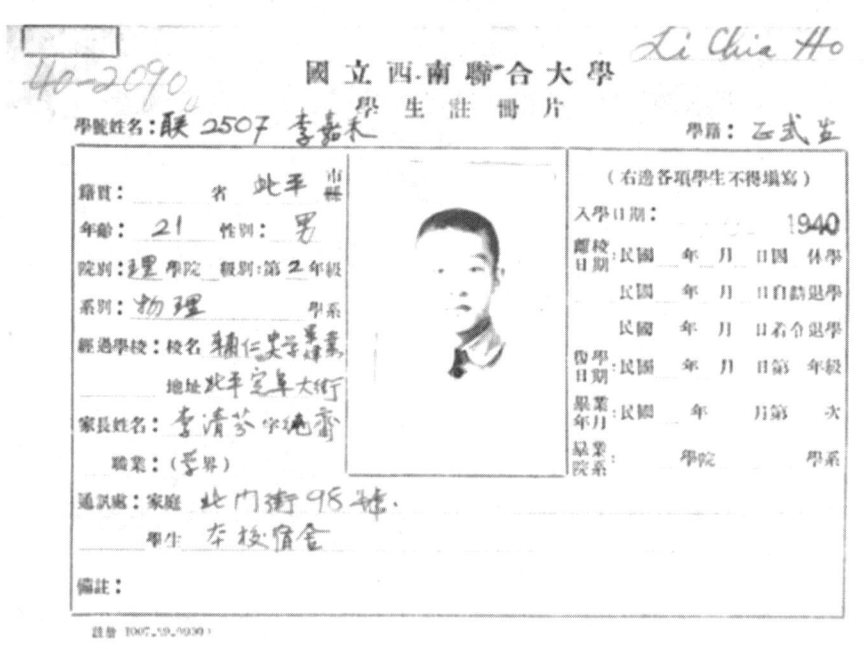

李嘉禾西南联大学生注册片

1941年,中国抗日战争的至暗时刻!

国民政府决定在全国各大学招募学生从军。西南联大学生踊跃报考,勇赴国难,全校形成了从未有过的从军热潮。

中日开战以来,血气方刚的二叔目睹日本飞机在中国领土上狂轰滥炸,平民百姓流离失所,早就义愤填膺。面对日军不断蚕食中国的侵略行径,他多次表示:好男儿志在四方,保家卫国,匹夫有责。

尽管我祖父在北大的同事都认为二叔是物理系不可多得的高才生,本可能和他的师兄弟那样在学术上有所建树，而他怀揣着一颗忧国忧民之心，在大学即将毕业前夕，满怀救国救民壮志，考入昆明空军官校十五期。

当联大一起被录取的学员们跨入昆明巫家坝空军航校大门时，两旁的对联赫然醒目："升官发财请走别路，贪生怕死莫入此门。"二叔立即清楚地意识到：英勇报国的时刻开始了……

十五期380名学员分批在云南各地接受初级班飞行训练。每天早上，学员们从宿舍一路唱着嘹亮的军歌，列队步行前往机场上飞行课。到了晌午，回到宿舍午餐，下午则在教室里上科学课。

大学时期的李嘉禾

他们所学的飞机型号是双翼弗力提（Fleet）教练机，那时前方吃紧，油料不足，训练很艰苦。在云南驿飞了4-5个小时之后，状况不好的马上离队或转到其他部门，淘汰率非常高。

那时，最令大家担心的是每天晚上就寝前半个小时，教官到各寝室宣布被淘汰学员名单。第二天，被淘汰的学员不得不领了旅费和退学证明回原部队或学校，如果不是军人，则恢复平民身份。

他们在云南驿飞了10个小时左右，1942年初，赴云南沾益继续飞行。由于一而再、再而三地遭遇日机轰炸，他们只得辗转云南沾益、四川宜宾和昆明继续训练。

为了配合战时需要，初级飞行训练科目的时数被压缩到25个小时，通过之后才可升中级班。因为没有足够的汽油，许多单项科目常常只能飞半小时，学员们感到实在无法熟练掌握。教官们都很理解，也很有爱心，知道大家的难处，尽可能让学员们多飞一会儿。不过，最后由一丝不苟的美国教官担任测考官,只有通过严格考核才能被批准去美国。

1942年夏秋之际,突然接到通知"美国志愿大队"进驻云南驿,空军训练班学员被转到云南沾益城外一间借来的庙宇。据当时接受训练的同学回忆:当"飞虎队"的战机飞经祥云上空或降落到云南驿机场,空军学员们看得热血沸腾!

"飞虎!飞虎!"地上的观众们手舞足蹈冲着天空直喊。

大家拼命为之鼓掌加油,由衷地感谢美国志愿大队来中国参战,也为自己即将有机会去美国学习而摩拳擦掌。

他们都盼望着能有那么一天,从域外学成归来,驾机起飞,用强悍的空中实力警告敌人:"中国的天空原本属于中国人,任何外国侵略者都将摔得粉身碎骨!"

四个月的飞行课程完成后,包括二叔在内只有120人成功通过考核,后来体检又刷掉了一些人。在办理各项赴美手续的等待过程中,为了学员们能更好地适应美国学习,航校安排了一些英文课程。

1942年秋天,第五批赴美受训学员们整装待发,搭乘美军运输机C-47,准备飞越喜马拉雅山到印度汀江(Dibrugarh)。

高山地区的天气极不稳定。飞机穿行于崇山峻岭,到处白雪皑皑,频繁遭遇强气流、强风、低温,飞行条件非常艰难,空难频繁。"二战"结束后,美国《时代周刊》这样描述驼峰航线:"在长达800余公里的深山峡谷,雪峰冰川间,一路上散落着飞机碎片,在天气晴朗的日子里,这些铝片在阳光照射下烁烁发光,成为著名的驼峰'铝谷'。"

地处喜马拉雅山脉,峡谷最低处海拔超过4500公尺。通常,飞行员在飞行高度达12000英尺就要使用氧气,否则长期缺氧会影响飞行安全。被送往美国的空军学员们就没有这项"福利",大家只好减少活动或尽量不说话,以减少氧气的消耗。有一段时间高空气温骤降,机舱内冷得令人发抖。幸好,飞行了大约4个小时之后,谢天谢地!他们乘坐的C-47总算飞越驼峰到达印度汀江(Dibrugarh)。

停留1小时，下午五点到加尔各答（Calcutta）。在旅馆住了一个星期，然后搭火车路过德里（Delhi）、拉合尔（Lahore）、卡拉奇（Karachi），三天三夜后到达孟买（Bombay），受到驻地美军及外交官的接待，然后集体上了一艘英国商船改装成的运兵船，船名"斯特灵城堡号"（Stirling Castle），吨位25550，前往美洲大陆。

不停挥舞着的手臂酸了，孟买港沿岸殖民地特色建筑群渐行渐远，"斯特灵城堡号"拉响了最后一声汽笛，开足马力，抖动着庞大的躯体驶向深邃的印度洋……

绕过南非好望角进入大西洋，为了躲避德国潜艇的攻击，航线做了多次调整。白天，美军飞机在空中掩护，夜晚还有军舰护航。可他们的船还不时往南极方向开，有时甚至"之"字形行驶。在漫长的海上旅途中，这些年轻的空军学员除了做运动、活动筋骨之外，就是找同船的外籍人士练习英语口语。

在海上行驶了3周多，1943年1月30日，船终于缓缓驶进了纽约著名的哈德森河（Hudson River），抵达纽约港。

短暂的参观活动结束后，一行人立刻换乘火车到亚利桑那州。在威廉斯机场（Williams Field），稍作休息，整装，消除数月旅途疲劳，马上开始飞行预备班训练。课程包括英文、气象学、物理学、流体力学、美国人文历史、空军知识甚至还有美式军操。学员们来自中国各个省份，说不同的方言，英语程度参差不齐，语言关成了最大的挑战。为了帮助他们解决在学习和生活中遇到的各种问题，中英文同时写在黑板上，还专门配备英文翻译。

除了文化课，每天至少要参加45分钟的体能训练，跑、跳、爬杆、游泳等，以锻炼健壮的体魄。还有一段时间，每天为学员播放英国、德国、日本、意大利在作战中使用的各类飞机和空战影片，以适应今后实战需要。

预备课程结束后，学员们被送到雷鸟机场（Thunderbird Field）进行初级班训练。雷鸟基地是美国著名的民间飞行学校，第二次世界大战爆发之后，为了适应前线的需求，美国国内几乎所有民间飞行学校都转为盟军培养飞行员。这些教员不是军人，但是非常有经验的飞行教官。

在雷鸟基地，学员们使用PT-17、PT-27或波音公司的Stearman飞机。初级班的课程与国内训练是连续的，他们在云南驿飞初级班飞了60个小时（因为航空油缺乏，其实没有60个小时），到雷鸟又飞了60个小时，共120小时。每天的飞行时间很长，美国教官制定的考核标准更为严格。中级班规定的飞行项目是小转弯，慢滚，快滚，响带儿，失速，翻跟头等。被淘汰的学员，被转到领航、轰炸、通信、射击训练班去受训，再不行，只得整装回国，到机修或地勤部门工作。

教官反复告诫学员：训练中一丝一毫的疏忽大意，都意味着在战场丢失生命！

1943年10月1日，威廉斯机场，Class43-I班举行中、美、英三国空军学员毕业典礼，为中国学员颁发文凭及各种飞行证章。就在那天第五批赴美空军毕业典礼上，完成学业的同学被授予空军准尉（Sub.Lieutenant）军衔。

为了组建空中侦察队，李嘉禾和几位顺利完成初、中、高级及实战飞行训练的空军官校毕业生通过严格甄选，成为截击机P-38（闪电）小组成员，新增的训练科目包括双发动机、空中侦察摄影、长途仪表飞行等。

1944年9月30日晚10点46分，为执行越野飞行训练，一架隶属于美国陆军第三空军战术司令部的TB-25D（41-29867）中型轰炸机从亚特兰大陆军航空基地起飞，前往俄克拉何马州威尔·罗杰斯机场。

驾驶员是美军上尉机长布朗·巴雷特，同机还有3位中国空军、5位美国陆军航空队员。三位中国空军分别为，Chen, Gwon-Choon（陈冠群）597号副驾驶；Lee, Chia-Ho（李嘉禾）431号领航员；Yang, Li-Geng（杨力耕）577号无线电通信员，他们的军阶都是空军准尉。

未料，因气候变化，机长没有及时与沿途无线电台联系，该机在俄克拉何马州埃尔瑞诺镇以西16公里处撞山坠毁……

当地几位驻军赶到事发现场，听到从熊熊燃烧的残骸处传来的急促呼救声。随之一连串的爆炸，烈焰席卷而来，待他们将一名美军通信兵抢救出来后,任何人都无能为力了,李嘉禾与其他7位中美空军在烈火中不幸牺牲。

在那烽火连天的日子里,家人望眼欲穿,满心盼着他学成归来。

为反攻缅甸日军,国内发起了"一寸山河一寸血,十万青年十万兵"运动,联大三位校务委员会主席率先做榜样:清华校长梅贻琦的独子和两个女儿担任美军译员;北大校长蒋梦麟之子到参战部队当译员;南开校长张伯苓四子张锡祜投身空军壮烈殉国;训导长查良钊之子任汽车部队驾驶员;文学院院长冯友兰之子担任从军译员……教授们的表率作用在西南联大更是传为佳话。

我的祖父母和家人万万没有想到,在二叔即将完成训练任务回国前夕,军政部一纸《阵亡通知书》,将他永远地留在了美国。

噩耗传来,全家悲恸不已,老师和同学也皆为之扼腕叹息。

虽然大家明白,参加空军抗击日本侵略者,生还的可能性很小,没有多少人还能看到抗日胜利的那一天。可眼下,从遥远的美国训练基地传来哀讯,还是让全家禁不住喟然顿首、朝天长叹。

真所谓"出师未捷身先死,长使英雄泪满襟"。

他们为失去一个好儿子而悲痛,也为他未能实现宏愿,回到自己的祖国,在空中与日本侵略者英勇搏击而惋惜。

二叔投笔从戎,英年早逝,他的故事令人唏嘘感慨。早年那张《阵亡通知书》寥寥数语简述空难,对他在美国的经历、那次飞行事故的缘由,还有遗骸掩埋地,均未提及。兵荒马乱的年代,遥远的距离,寻找二叔,更是成了不可能之事。

二叔,是我们家族埋在心底的痛,更是待解的谜。

在历史的风雨飘摇中,他和那些赴美殉职空军被淹没了,年轻的生命葬身异国他乡70多年默默无闻。

在我们这一代成长的过程中,对抗日战争的集体记忆是来自电影《地道战》《地雷战》和《铁道游击队》……对历史开始有所了解,是我们出国留学后,应邀到一位友人家观看《淞沪战役》纪录片。惨烈的激战,血流成河,尸横遍野……我几乎不敢相信自己的眼睛。

从此以后,过去只关心高科技的我,怀着对历史的敬畏走进了史料堆。常常感叹自己仿佛穿越了,回到了烽火连天的抗日战争,满脑子全都是那个年代的人和事,希望借此能将过去缺失的历史知识补回来。

2018年3月,一个平常的周末,我和先生飞往凤凰城,驾车7个小时到德州"布利斯堡国家军人陵园"(Fort Bliss National Cemetery, TX),去看望我的二叔。

布利斯堡国家军人陵园位于得克萨斯州边陲小城埃尔帕索(El Paso)。陵园呈长方形,园内芳草如茵,静谧、寂然。洁白的墓碑鳞次栉比,排列有序,宛如逝者组成庞大的方阵,浩浩荡荡,非常壮观。

不知当日为谁举行安葬仪式,陵园下半旗志哀,整个园区显得更加庄严肃穆。这些都让我非常感动。

随着汽车缓缓驶近埋葬中国空军学员所在地PD区,感觉心跳在不断地加速……

墓区偏安一隅,没有花束,白色墓碑群排列整齐,静静地等候着亲人们的到来。墓碑上几行简短的文字,淹没在浩如烟海的阵亡者名录里,成为一串串冰冷的数字。

地下埋葬着的,一个个曾经都是鲜活的生命啊!

而今多少年过去了,不知还有谁记得他们的过往?

我在大理石墓碑丛中徘徊,不时弯腰查看墓碑号和正面刻着的一个个名字,心里不停地呼唤着"二叔啊,我今天终于来了,您在哪里呢?"

临出发前,我哥告诉说二叔的墓碑号是16E,据说墓碑附近有些灌木丛。德州沙漠地区酷热,风沙又大,几年过去了,哪里还有什么灌木丛?

来回走了几圈,首先映入眼帘的是E16,墓碑的主人不是中国名。我开始怀疑是不是自己记错了。

终于,看到刻着"Chinese Air Force"的墓碑了!

顺着墓碑号11E,12E,13E……撒腿往前奔,在16E那块雕刻着"Lee

Chia-Ho"字样的墓碑前站住了。

一股无法抑制的悲哀从心底涌出,仿佛看见二叔从墓碑后走了出来,还是那么的年轻,穿着我所熟悉的长衫。我抱紧墓碑哭着对二叔说:"对不起!二叔啊,我来晚了!"

家里的那些老相册、二叔的故事、父亲临终前的嘱托、憋在心里几十年的亲情一齐涌上心头……一件件、一桩桩浸透着血和泪的往事都活了起来,不停地在脑海中翻腾,让我泣不成声。

我把远道带来的两盆白菊花安放在二叔的墓前,望着眼前一座座排列整齐的墓碑群,心里如浪花翻转,感慨万千!

美国德州布利斯堡国家军人陵园李嘉禾的墓碑

他们都是中美空军联合抗战历史无声的见证人,当年怀着保家卫国的宏愿来到美国接受飞行培训的空军。虽然没能有机会驰骋疆场,回到祖国的空中与入侵者浴血奋战,然而,他们年轻的生命理应同属于中国抗战空军历史的一部分。

可如今，他们却在遥远的异国他乡，像离群之雁显得那么的冷落、孤寂……

我和先生不忍心让他们默默无闻地躺在这荒凉的美军陵园里，马上开车到附近超市去买花，恭恭敬敬地插满锥筒，安放在每一位空军先烈的墓碑前。

布利斯堡国家军人陵园里的中国空军墓碑群

望着布满彩色花束的墓碑群，心里才感觉好过一些。我相信，如果为抗击侵略者捐献出宝贵生命的英烈们地下有灵，一定会感到欣慰的。

夕阳快落山了，我们还在墓园久久徘徊，不愿意离开。

这些空军还没来得及回到祖国报效国家，就将自己的生命贡献给了祖国和人民。他们同样是英雄，我们有什么理由不把他们带回来，而让他们无声守候在美国那么多年呢？

他们的家庭背景是什么？为何参加空军？如何学习飞行？遭遇到怎样的空难？他们中的每一位应该都有一段精彩的人生故事啊！不知道这些为国捐躯

的空军家人是否知道他们的安息处？是否也像我们家一样走过蜿蜒曲折的寻亲历程？

我在二叔墓前发誓："二叔，您的这些战友都是我的二叔，我不但要把您找回来，也要帮助每一个赴美殉职空军找到亲人！"

2019年空军家属赴美祭拜团在德州艾尔帕索机场聚集

从2018年5月开始，在海峡两岸和美国志愿者们的共同协助下，我们为赴美殉职58位空军中的39位找到了家人，并于2019年5月带领部分家属飞越太平洋，举行跨国祭拜活动。

纪念，为了不被遗忘。

只有让更多的人了解这段艰苦卓绝的历史，为那些抗战空军先烈找到家人，他们在天之灵才能回归故土，得以永生……

2024年12月22日于加拿大温哥华

红岩烈士刘国鋕

刘以治[①]

联大岁月

1937年,全面抗战爆发后,为了保存国家教育文化的命脉,在著名学人傅斯年、胡适和国民党政府教育部部长王士杰等人的动议下,国立北京大学、清华大学和私立南开大学最终内迁至云南昆明,组成国立西南联合大学。自1938年5月4日开课到1946年7月31日复员北上,前后历时8年。

身处当时中国的最高学府,在抗日救亡的特殊环境中,在极其艰苦的条件下,联大的师生仍然坚守着大学的使命,呕心沥血于学术的探讨与研究。正如著名哲学家冯友兰在他所撰写的《国立西南联合大学纪念碑》碑文所评价的:"联合大学以其兼容并包之精神,转移社会一时之风气,内树学术自由之规模,外来民主堡垒之称号,违千夫之诺诺,作一士之谔谔。"概括言之,就是学术自由。

在教学设备极差,师生日常生活极为困苦,讲课经常被日机空袭打断的情况下,西南联大培养出了杨振宁、李政道、邓稼先、朱光亚、黄昆、王浩、汪曾祺、穆旦等多位闻名全世界的大家。甚至有学者认为联大的8年,出的人才比

---

① 刘以治:刘国鋕烈士侄儿,与刘国鋕烈士同年出生,在刘国鋕影响下,加入了中共地下组织的外围组织和中国民主同盟,担任民盟机关报《民主报》副刊编辑。大连大学教授,离休干部,2017年逝世。

其后北大、清华、南开30年出的人才还要多。

1939年，国鋕高中毕业后考上当时最有名的由北大、清华、南开合并而成的西南联大。他认为政治有些空洞，就报考经济系，认为会计、统计这些技术性的东西终归是有用的。由于生病休学一年，1940年才到西南联大叙永分校上学。在分校时，国鋕与同系、同年级、同寝室的罗长有（罗永光，后任四川省政协副秘书长），外文系的袁成源（袁用之，后任云南林学院副院长）二人十分要好，他们一块儿散步、聊天、打桥牌，议论国家大事，讨论抗日战争的前途，并参加各种活动，组成学习小组，政治上推心置腹，无话不谈。

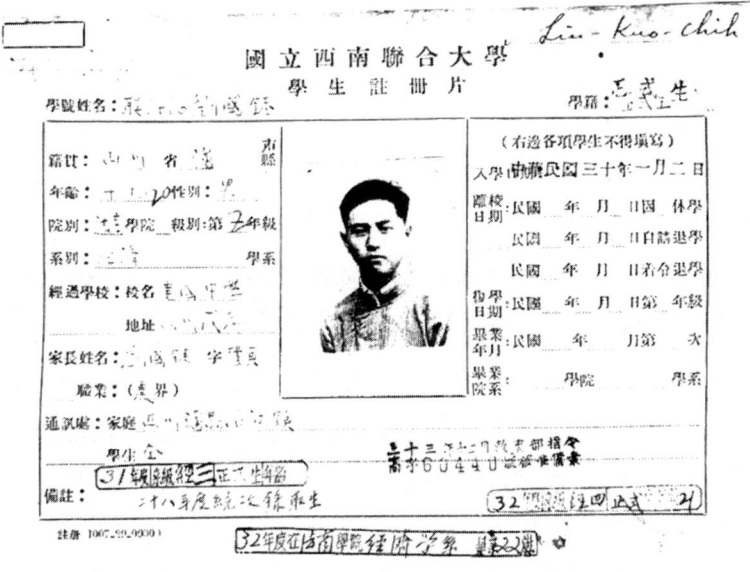

刘国鋕西南联大注册片

从为了救国救民而热切追求真理的强烈感情出发，经历了从感性到理性的反复过程，国鋕终于从亲身体验中认识到：除了共产党，没有任何力量可以救中国！他怀着强烈的爱国热忱，把精力倾注在关心抗战的时局上，除了每天阅读大量报刊外，还利用同乡、同学，上层、下层的各种关系，通过各种渠道了解抗日战争的情况、各方面的动态以及各阶层的反映；他详细地记录各种情况、数字并绘制战局形势图,表明解放区正在不断扩大;他以事实为根据,运用马列主义理论,凭借他丰富的历史、地理、经济等方面的知识,认真去分析国内外的重大事件以及各种力量对比的变化。当他认识到美、英帝国主义的矛盾,英、美怕日本和德国相勾结而可能牺牲中国,同日本妥协时,他急呼:"中华民族已经到了千钧一发的时候!""只有坚持抗战才能自力更生!"当他了解到蒋介石消极抗日、积极反共,正在进攻陕甘宁边区和山西的抗日军队时,他义愤填膺,呼吁"反对内战,抗战到底!"他为共产党不计国民党10年"围剿"的深仇大恨,以国家民族的利益为重而真诚同国民党合作,而感到万分激动。他为国民党军队在日寇的铁蹄下节节败退,丢失大片河山而痛心疾首;他为中国共产党没有在国民党的"围剿"、日寇的进攻之下垮下去,反而在斗争中发展壮大而欢欣鼓舞。他终于认识到:只有中国共产党才是中华民族的救星。他将中国共产党人英勇斗争、壮烈牺牲的一桩桩事实牢记心底。国铤从长时期的学习、观察与思考中,从他的亲身体验中热爱中国共产党、拥护中国共产党。他决心与封建地主大家庭彻底决裂,走革命的道路。他深刻理解要革命就必须参加中国共产党。国铤对党的热爱、信仰和拥护与对真理的热爱、信仰紧密相连,从而使他的信仰十分坚定,在任何情况下都毫不动摇。他认为真理是具体的,在中国,中国共产党就是真理的化身;他信仰中国共产党,不是宗教式的迷信,而是具有独立的见解,他是从感情和理智的交错认识过程中逐步形成他的坚定信仰的。

  1941年3月19日,铤叔在给我的长信中阐述了他的真理观。他写道:"……现在的真理,还不是绝对的真理,就其本质上(而言)它还包含有错误,不过受着时代性的限制,人类还不知道,它也不能显现。所以我们就是对真理,也应该采取批判的态度,学习它、发展它,逐渐发现其错误、克服其错误,使其达到更高的阶段,更接近绝对的真理。如果不采取批判的态度,宗教徒式的信仰,则真理的错误不会被发现,也不可能被克服,终于成为非真理。宗教徒式的信徒,真理是不要求的。""对事物的信仰,尤其要取批判的态度。未经理智的批判而盲目的信仰,是感情的迷信。……必须是经过理智的批判而得到的信仰,才是坚定不移的信仰。""真理需要的是人的理解,而不是人的信仰;而真实的理解,自然会产生信仰。二者的程度的关系是成正比的,而理解是主变因素。"这是辩证唯物主义的真理观,同"四人帮"所鼓吹的那一套"信仰领袖到迷信,服从领袖到盲从"的歪理邪说真有天壤之别!

那时,他们三人都已是共产党员,又都同党组织失掉了联系,但他们三人之间没有公开过自己的身份。在当时情况下,他们都为不知如何开展活动而感到苦闷,不约而同地议论起失掉组织联系后怎样去找

刘国鋕西南联大毕业照

党、求得党的指示的问题。国鋕事后曾感叹道,当时他从正规军一下子变成了散兵游勇,真有点手足无措。经过多次商议,国鋕自告奋勇地表示他愿意出面承担这一重任,因为他家境较富裕,路费不成问题,而且他在重庆有些可以利用的社会关系。

四年的大学生活,不仅使他增加了科学知识,提高了革命理论的水平、联系群众的活动能力,而且也更加深入实际,了解劳动群众的疾苦。我鲜明地记得,鋕叔有一次非常严肃地对我说,在昆明西南联大学习时,五叔让他在川盐银行随意取款之前,他也经常受穷,有时甚至不得不饿肚子。1942年10月4日,他在写给三姑国凤的信中有这样一段话:

病好久没害了,"半载不知药味"。身体近一月来差一些,瘦了一点,并且脸色变坏了,原因说起来可笑也可怜,要钱的信两封都没有交到,差不多一整月身边只

有一只文具盒，借来的钱只够缴膳费、房费。而我参加的伙食团又没有早餐，一天两顿，下午五点吃过晚饭，要到明天中午十一点才能吃饭，中间整整十八小时！而此十八小时内，差不多有七八小时的工作，因此活活饿瘦了！

铳叔只是由于偶然没有收到汇款而饿瘦了，而那些穷学生却成年累月这样挨饿，所以铳叔曾对我说，西南联大的学生，大多数处于半饥饿状态。西南联大的校门口有几个老太太晚上卖烤饵块，还有卖牛肉汤的。卖烤饵块的多，买的人也多；卖牛肉汤的只有一两个人，买的人也很少。1945年春，我同以焕去陆良时，在昆明暂住西南联大学生宿舍。刚坐下不到10分钟，就有人来收稀饭费，袁成源没钱，我马上帮他交了。

铳叔对我说，当自己饿着肚子的时候，眼看着那些在馆子里大吃大喝的人，心里就按捺不住地产生一种仇恨心理！其潜台词就是：劳苦大众为了生存而起来犯上作乱，不仅是可以理解的，甚至是值得同情的！铳叔对于在饭馆里大吃大喝也十分反感，重庆市内有名的SINGSING咖啡馆，他从来不去，那里特务成群。平时进馆子时都是能填饱肚子就行。与众不同的是，他对冷酒馆特别感兴趣，说是有三大好处：一是干净，卖的是花生、豆腐干、卤牛肉之类，没有汤汤水水，桌子和筷子、酒杯都特别干净；二是清静，大家都静静地喝酒，没有猜拳、劝酒的吆喝声；三是价廉物美，很实惠，一点也不浪费，而且三两知己自斟自饮，尽兴而归，还颇有诗意。据说，我们家乡有个《威尼斯商人》中夏洛克式的人物，你要想向他借钱，如果上馆子请他吃饭，那是绝对借不到钱的；如果请他上茶馆，希望也不大；最好是请他上冷酒馆，要个"单碗"（二两白酒，两分钱），还得两个人分吃，借钱才有希望。因为他认为用钱大手大脚的人在商场上是很容易摔跟头的。

在西南联大入党

西南联大是由当时国内最著名的北大、清华、南开三校组合而成的，这就决定了联大在抗战时期在中国教育界的举足轻重的地位。联大迁到昆明不久即建立了党组织，并迅速发展起来。1940年，联大有共产党员83人，占当时云南全省党员的三分之一。因此，中共中央南方局、云南省工委，对联大党的工作一开始就予以高度重视。

曾紫霞虽然历尽千辛万苦，进行了几个月的调查研究，可是，有一个重大问题她始终没有查清，在1983年出版的《刘国鋕》一书中她只得注明："关于刘国鋕同志入党问题，现在还没有查清刘国鋕是何时何地由何人介绍入党。"现在，这个问题已经圆满解决：刘国鋕1940年在四川叙永西南联大分校学习时入党，介绍人是徐京华。徐现年86岁，是上海中国科学院生物化学专家，曾在北京中国科学院物理理论研究所讲学，又去丹麦等国访问过。徐京华出身名门，他的母亲是著名教育家马相伯的女儿。1936年，国民党反动派逮捕沈钧儒等七君子时，黑名单上还有马相伯和宋庆龄，但由于马、宋两人名望太大而不敢动手。

1986年7月，鋕叔西南联大的女同学许冀闽（现年86岁），主动找六叔国铮去说明这个问题。许冀闽与鋕叔在叙永分校同年级，但不同系。许冀闽收到徐京华寄去的一本曾紫霞1983年所写的《刘国鋕》。徐京华1937年入党，刘国鋕1940年入党，许冀闽说她当时参加的是外围组织。徐京华对许冀闽说："我就是刘国鋕的入党介绍人，往哪儿去找？"

1986年8月末，徐京华从丹麦回国路过北京时，国铮六叔又在许冀闽家里会到他（刘家和张家在葡萄园地质部宿舍住同一栋楼），详细询问了关于鋕叔入党的情况。卢沟桥事变前后，徐京华在北京上中学，1937年入党后跑交通，当时年仅16岁。1940年在四川叙永县西南联大分校念书时，发现国鋕表现不错，并知其家境甚裕。当时认为家境富裕者，政治上更可靠，组织上也是这样指示的（这与后来的极左的组织路线刚好相反），因此介绍了国鋕入党。当时的党支部一共四人：1.书记徐树仁（现名徐干），后任陕西机械学院马列主义教研室主任，已离休。他发展了两人，一为袁月如，另一为胡方铭（原名胡文新），系胡乔木之妹。2.徐曰琮（原名徐欣堂），后在新华社工作。3.黄伯申，后在广州市统计局工作。4.徐京华,后在上海中国科学院生物化学研究所工作,他发展了刘国铉。

　　1941年初,皖南事变震动全国,国内形势空前严峻。联大党组织在南方局和省工委领导下,认真贯彻党中央"隐蔽精干,长期埋伏,积蓄力量,以待时机"的16字方针。为了避免遭受更加严重的破坏,他们的活动尽量隐蔽不做横的联系。联大叙永分校迁到昆明后,徐京华的上级联系人陈家康(解放后曾任驻阿联大使)指示,要他们停止一切公开活动。国铉和袁成源等人组织读书会,搞了一些活动。徐京华按上级指示予以制止,袁批评徐"右倾"保守,他们当时还辩论了一通。在联大将毕业时,徐与刘都曾被征调作美军翻译。国铉个子小,穿的军装又长又大,靴子也大,大家都为此觉得好笑。不过,铉叔通过关系搞了张可以免征的假证明,入营受训只一个星期就能堂堂正正地又回到学校念书了。关于这件事情,1943年3月10日,铉叔写给他继母庄则昭的信上是这样说的:"共计做了一个星期的军人,吃了公家二十几顿饭。政府骗我们,我也骗骗它,十多天的努力,总算没有白费!"

1943年冬刘国铉(左)同侄子刘以治(右)摄于泸州

国鋕在西南联大读书时，日渐破落的家境已大为改观，比过去更加富裕。因为他五哥国錤这时已成为刘航琛的红人，在川盐银行当襄理，又利用职权之便，做黄金美钞生意，赚了不少钱，即所谓发国难财。后来又成为四川省建设厅长何北衡的大女婿。国錤深知国鋕生活俭朴，从不乱花一文钱，因此他的一切费用都可以直接在昆明川盐银行支取，数目没有限制。然而，国鋕却始终保持艰苦朴素的生活，他的钱大都用来帮助同志，接济朋友去了。

　　当时，皖南事变之后，组织上为了避免遭受大规模的破坏，原则上对于疏散出去的同志除了保持个别联系外，很少有工作上的实际帮助。那些疏散出去的同学，大都从事教育工作，在滇南泸西、弥勒、建水和磨黑一带建立据点。他们需要书报的供应，工作上的总结，人员的补充和调配。这些任务就落在留校的进步同学身上。国鋕当时和留校的同学积极组织起来出色地完成了这一任务，同时也没有放弃任何一次可以发展斗争的机会。如1941年的反孔（祥熙）运动，1943年的反译员征调，反远征军征调等，他都积极参加进去。

因叛徒出卖被捕

　　郭家是荣昌望族，他家是拥有土地上千亩的大地主，家住县城，乡下还有带碉楼的住宅。国鋕4月13日到的荣昌，曾紫霞两三天后去同他会合。他们商定，只在县城待两天，然后就说同去乡下玩，国鋕借故留在乡下，由紫霞返回县城等候与组织联系，过一段时间看情况再决定是否回重庆。他们万万没有料到事情发展得如此迅速，更没想到冉益智已经被捕而且将他们出卖了！他们焦急地等着与组织联系，还研究着各种方案，准备下一步的工作。

　　1948年4月19日清晨四五点钟，天还是漆黑的，国鋕发觉特务包围了住处，立即跑出郭家后花园，到了城墙缺口处，试图再次脱逃。但特务们已经把郭府层层包围。紫霞躺在床上，听到急促、轻轻的脚步声，只听到有人喊："快！快！跑了！又跑了！"紫霞这时躺在床上一动也没动，只盼望国鋕能跑掉，她是跑不掉、也不想跑了。特务随即闯进紫霞的卧室，掀开蚊帐，喝令她起床，手里还举着相片,不管她回答的是什么姓名,押着她就往外走。这时街上还没有行人,特务将她押进荣昌县政府,她听到国镱的抗议声:"你们凭什么抓人?"进入一间屋子时,她看见国镱已在里面,手上戴着手铐。

刘国镱与曾紫霞(左)

特务们没有在荣昌停留,当即将国镱和紫霞押进一辆小轿车,左右两边和前座一共有三个特务押送,马路上还有大批武装人员,车子前后还有吉普车、卡车,一路浩浩荡荡向重庆驶去。这时,紫霞开始回忆这几天来的每一个细小的情节,可她那天真、幼稚的脑袋,怎么也没想到是国镱的上级、她的入党监誓人冉益智把他们出卖了!她是那么真诚地希望,如果下乡的计划实现了,只有她一个人被捕,她也心甘情愿啊!她感到没尽到保护国镱的职责而十分难过……当她凝视着国镱的时候,他神态镇静、安详,他艰难地伸过戴着手铐的左手,紧紧地握住紫霞的右手,轻声地说:"小东西,坚强些!考验我们的时刻到了!"紫霞感到一股巨大的暖流传到她的全身,她笑了。这时,她才感到,他哪怕成了囚犯,也同样能给她巨大的力量。这是他们最后能紧紧地靠在一起的时光,让温暖永远留在他们身上吧!

国鋕旁边的一个特务拿出一张照片向他们中间递来,向着国鋕说道:"大少爷,你究竟有多少女朋友啊?这个也是吗?"特务用手指着相片,同时奸笑地望着紫霞,她已看清了是自己的相片。国鋕淡淡地哼了一声,向着紫霞深情地一笑,紫霞也领悟地笑了。他们笑得那么香甜,仿佛不是在囚车上。

"我不入地狱,谁入地狱!"

国鋕于1948年4月19日被捕,当晚关在老街32号行辕二处。20日上午转押至渣滓洞,5月转囚于白公馆监狱,直到1949年11月27日壮烈牺牲,历时1年又7个多月。他经历了无数次的刑讯逼供,经受了种种考验,临刑时从容就义,表现了共产党人的崇高品质和英雄气概。

1990年,我离休后第一次回到阔别30多年的老家四川探亲,当时任重庆副市长的冯克熙和他夫人胡甫珊陪同我去参观白公馆。据接待我们的管理人员介绍,有不少鋕叔在西南联大的女同学,在参观时站在国鋕的遗像前哭了!

徐远举抓到刘国鋕这个"要犯"后,说他"如释重负"。他认为刘国鋕这个"大地主、大资产阶级的大少爷"不可能真搞共产党,只不过是青年人"爱新鲜、赶时髦"。因此,他对制服刘国鋕颇有信心。就在逮捕刘国鋕的当天晚上,徐远举和保密局行动处处长叶翔之、渝站站长颜齐这三个特务头子,对刘国鋕进行了审讯。他们提出一连串的问题,国鋕回答一连串的"不知道"。徐远举对国鋕说:"你的上级已将你出卖了,你不说,我们也知道。你这万贯家财的少爷,搞什么共产党啊?只怕你皮肉娇嫩吃不消!"国鋕仍然一言不发。旁边的颜齐自称是国鋕的老乡,也说道:"你家有钱有势,你有吃有喝,你闹什么共产党?你共谁的产?你要知道,这共产是闹不得的,要坐班房,要杀头的!"国鋕冷冷地看了颜齐一眼,仍然没有吭声。徐远举按捺不住,就故弄玄虚地说:"你的上级冉益智、刘国定什么都知道,他们都说了,你说不说其实都一样,这是看你老实不老实。"国鋕冷笑着回答道:"既然刘、冉二公什么都知道,你请问他们好了,又何必来问我呢?你问我什么也不知道。"徐远举反问道:"那你是打算坐一辈子牢吗?"刘国鋕坚定地回答说:"不,坐到你们完蛋的那一天!"徐远举恼怒了,露出了刽子手的狰狞面目,喝令给国鋕用刑——坐老虎凳。徐远举在新中国成立后的交代材料中也承认,国鋕在受刑时"态度非常强硬",吼着质问"你们搞的什么名堂?"徐远举"见刘国鋕太凶的气概",亲自上前"打了他两耳光"。这一夜国鋕被折磨了五六个钟头,直到天亮。第二天上午,特务把国鋕押到院子里,他看见曾紫霞就在旁边的屋里,就不顾一切的伤痛和威胁,用尽力气向她大吼一声:"冉益智叛变啦!"特务喝令他不准说话,把他往前推,紫霞看见他脸色苍白、疲惫不堪,几乎跌倒在地,不由得心中痛楚、鼻尖也酸了!多么坚强的人啊!在受过几小时的酷刑之后,仍然不是只考虑自己个人的安危,而是尽可能给战友们发出警报,提防叛徒的出卖!其实,头天晚上紫霞在被审讯时已经知道冉益智叛变了,但是她因为不承认认识冉益智,只得装聋卖哑,没有回话。

国鋕被押走后的当天下午,胡启芬、李惠民和曾紫霞也被押出老街32号,上了一辆囚车。上车后,紫霞看见车上有三个陌生男子,还有叛徒冉益智。真是冤家路窄,紫霞见到冉益智,心中顿时燃起难以遏制的怒火,心想"好一个上级,好一个监誓我入党的人,竟叛变了党!对我来说,他撕碎了一个年轻党员对上级无限信赖、无限崇敬的心!"她狠狠地盯了他一眼,他狼狈地低下头去。

国鋕被囚禁在渣滓洞之后,徐远举、侦察科科长陆坚如、法官张界等对国鋕进行轮番审讯。由于共产党员的身份已经暴露,为了掩护别的同志,除了承认党员身份之外,他没有交出任何组织和同志。国鋕不止一次地回答道:"我是从哲学研究中找到真理的。我坚信资本主义必然灭亡,社会主义必然胜利!""人类社会一定要走向共产主义,这是不以人的意志为转移的历史规律。""我自愿背叛我的家庭,我不是受任何人指使,而是自觉自愿参加共产党的。我甘愿为实现我的理想,为人民的事业牺牲自己!我的意志是谁也动摇不了的。""我是共产党员,你们没有抓错。杀不杀我,你们有权;交不交组织,我有权。要杀就杀,要我交出组织永远办不到!""我读过几天书,懂得一点做人的道理。我是共产党员,我要成无产阶级的仁,取无产阶级的义。"

国锽十分明白他"罪孽深重",敌人是决不会轻饶他的。被捕前他就曾笑谈过自己的命运,说他如果被抓到,很可能是"就地枪决"!国锽被捕后不久,曾盛传他经不住严刑拷打,已经供出四十几个学生。后来才知道,那是把他跟刘国定弄混了。姓名只一字之差,两人又都身材矮小,刘国定外号"刘矮子",那是比较容易混淆的。

国锽的坚贞不屈激怒了徐远举等大小特务,徐对国锽的强硬态度恨之入骨。5月把国锽等转囚白公馆后不久,他们决定用枪杀来镇压国锽的反抗。家里得到消息后想尽一切办法进行营救工作。刘航琛亲自拜访了徐远举,答应让徐可任意在川康银行和川盐银行随便用款。何北衡托徐远举的爱人的亲舅舅、重庆市市长张笃伦,重庆市参议长胡子昂等向徐远举求情。国锽家里多次宴请成渝铁路局局长、军统特务曾晴初、督警主任吴梦生、特务皮世修,以及行辕二处司法科长周特生等大小特务,希望他们能通通消息,给国锽送食物和药品时给予方便。然而,1948年7月,徐远举在决定枪杀共产党人时,仍将刘国锽和许建业、李大荣一起列入第一批枪杀的名单中。国铮得到消息后,急如星火地从重庆赶到成都,找到刘航琛,刘马上打密电给何应钦,务请刀下留人。经过多方紧急营救,在1948年7月22日枪杀许建业、李大荣和刘国锽三人的名单中,"刘国锽"的名字被勾掉了。

1948年8月,为营救国锽七叔,国錤五叔专程从香港飞回重庆。他前往张家花园徐远举官邸,送上金烟盒、金坤表和时兴衣料,并表示只要徐远举需要香港什么东西,一定效劳。他请求徐远举释放国锽,还要求见一次面。徐远举也正想假借手足之情来软化国锽,就同意第二天上午10时在老街32号让他们弟兄会面。刘国錤准时来到徐远举的办公室,一会儿两个特务押着国锽进来了。国锽一见到国錤十分惊诧地问道:"五哥,你什么时候回来的?"他五哥尚未答话,他轻蔑地扫了徐远举一眼,说道:"今天一早把我押出来,我还以为要枪毙我呢!"国錤向国锽表达了全家日夜思念之情,希望一家人能早日团聚。徐远举一边抽烟，一边假惺惺地说，他对国錤一直都是照顾的，錤叔马上反驳说："你照顾什么？我来之前还一直戴着脚镣！"徐远举被国錤当众揭穿，颇为尴尬，于是马上写张字条，下手令取消国錤的脚镣。然后，似乎十分宽大地说："过去，我要你登报脱离共产党，现在也不要你登报了，只要你签个字脱离共产党，我就释放你。"国錤紧接着劝道："那你就签个字吧！"国錤坚定地说："不行！"并转向徐远举说道："要我脱离共产党办不到！"国錤最后禁不住流着眼泪劝道："你不知道，现在到处都在抓共产党，广州、南京……天天都在杀人！你就签个字吧，你怕什么？签个字出来，我立刻带你去香港，然后再送你去美国，一家人也就放心了。"国錤完全明白徐远举的罪恶目的是什么，就忍着内心的悲痛，毅然结束了这场会见，表示他既不去香港，更不去美国，他的信念、意志和决心是谁也动摇不了的。要他的五哥不要再管他，不用再去看他。临走时只要求他五哥给他送一张全家人的照片去。这些情节都是10年前国錤五叔在北京亲口告诉我的。

1949年8月15日，曾紫霞被保释出狱后，住在大溪别墅8号刘国錤家里。大溪别墅8号原来是市长张笃伦的官邸。张蓉基送给屈义莲的照片，有几张就是在这里拍的。据五叔告诉我，是他从香港汇钱回来买的，为了盖这幢钢筋水泥楼房，当时业主花了8万块银元。连地下室共3层，走廊宽达4米多，楼房的南面有半个足球场那么大的一个草坪。地下室很宽敞，也很凉爽，夏天可以在里面避暑。当时六叔正准备结婚，又把房屋整个修整了一番。七婆和陶姨婆这时也从泸州来到重庆。我和义莲住在大溪别墅时，曾紫霞尚未出狱，她出狱时，我不在重庆。1950年1月，我到重庆时才见到曾紫霞，我们一起筹办錤叔的追悼会。曾紫霞出狱后暂住在大溪别墅，她在送给錤叔的药瓶上写上她的姓名，錤叔一看到字迹当然马上就知道曾紫霞已经出狱。据罗广斌脱难后介绍，錤叔那几天情绪反常，显然是在进行激烈的思想斗争。

敌人仍不死心，又先后派法官张界和感训员白佑生去劝降。国錤对张界说："我死，有共产党，我等于没有死，我活着，牺牲了共产党，还有什么意义呢？"白佑生不止一次地去向国錤攻心，他企图从理论上来降服国錤。可怜的白佑生岂是国铉的辩论对手？国铉用马列主义理论把他驳得张口结舌，哑口无言。

国铉体弱多病，除了胃病还患甲亢，常失眠。他收到家里托人送到二处转来的一点奶粉、罐头和鱼肝油之类的食物，他不仅嘱咐家里也给曾紫霞送去一份，有时还从他那份里分出一部分转送给曾紫霞。他剩下的那点东西也从未独享，总是与同牢房的战友们分享。国铉的亲属为了营救他，一直没有停止活动。1948年冬，何北衡在南京通过蒋介石的侍从武官、警察总署副署长唐毅，当面拜会了特务头子、保密局局长毛人凤，请求释放刘国铉，毛人凤答应保全刘国铉的性命，刘国铉的名字两次从决定实施枪决的名单中被划掉。国铉的六妹国鸾在重庆和成银行工作，后与同事党启泰（民盟盟员）结婚。党启泰的姐夫周特生是中美合作所的法官，家里多少了解一些国铉在狱中的情况，主要依靠他的帮助。国錤五叔在徐远举的办公室同国铉七叔会过一面之后，六姑国鸾和七姑国湘还通过周特生的关系去白公馆希望能同铉叔见一面，可惜她们由党启泰的姐姐领着，去到白公馆，结果仍然没能见到铉叔。因此后来误传国錤五叔是在白公馆同铉叔会面。新中国成立后周特生被镇压。

"你们有今天，我们有明天！"

国铉在忘我地进行险恶的地下斗争时，曾不止一次微笑着说："我干的事情几乎每一样都是死罪，如果我被抓到很可能就地枪决！"因此，他对被捕、坐牢甚至牺牲都是早有思想准备的。但他和难友们也没有放弃各种应变工作。据说，许晓轩、谭沈明曾同国铉商量过越狱计划，并为此积极进行准备。1949年10月28日，陈然、王朴、成善谋等在大坪被杀害的消息传到白公馆后，国铉向大家说："陈然、王朴他们被杀害了，可能不久就要大屠杀了。大家要有光荣牺牲的思想准备，当然也要有行动的准备，要争取活着出去。"据说，当时有同志提出是否应该写个遗嘱，国铉认为没有必要，他只是语重心长地说：

"新中国成立以后,局势稳定了就应该把工作中心转移到经济建设上,迅速提高广大劳动人民的生活水平。"他不愧是研究经济学的共产党员,在生死关头仍然念念不忘经济工作的重要性,念念不忘劳苦大众的苦难生活!

刘国鋕烈士塑像(2018年11月23日王立摄于重庆渣滓洞看守所旧址)

大屠杀从1949年11月27日下午3时杀害黄显声将军开始。晚饭后,每间牢房的人都一个个地被分别提出去了。当同志们被押赴刑场时,他们高呼"中国共产党万岁!"屠杀的时间越缩越短,狱外的枪声、口号声连续不断,最后牢房内外的口号声、《国际歌》声汇成一片,震撼了白公馆、响彻歌乐山,展现出一幅千古未有的英雄就义的雄伟、悲壮的画面。特务用枪口对着同志们高喊:"不许唱!"然而谁也没有理睬,谁也没有屈服。白公馆监狱看守长杨进兴气急败坏地号叫道:"死到临头了,还唱什么?"国鋕在牢房里横眉怒目,冲着特务吼道:"你们这些狗东西也活不了几天啦!你们的头头都跑不了啦,你们算什么东西?"杨进兴狂叫道:"马上枪毙你们,看谁活不了!"国鋕昂首高呼:"你们有今天,我们有明天!"表现了共产党人对胜利的坚定信念和大无畏的英雄气概。

全副武装的特务到了楼下二室门前,开了门上的锁,吼道:"刘国鋕,出来!"国鋕处之泰然,不紧不慢地说:"我早就知道有今天。不忙,等我写首诗嘛!"特务吼叫着:"刘国鋕,要枪毙你了,还作他妈的啥子诗?"国鋕却坐在床铺上没有动,慢条斯理地说:"急什么,等我写首诗喽!""他妈的,都什么时候了,你还有心思写诗!""老子诗兴大发,关你什么事!"刘国鋕不慌不忙地站起来,与难友们一一握手告别。被押出牢房时,他又回过头来向罗广斌、毛晓初等同志说:"再见吧!同志们,我先走一步了。如果哪位同志活下来,一定要把刽子手今天凶残的屠杀向人民公布!"国鋕在被押赴刑场途中,痛骂国民党、蒋介石、徐远举直到白公馆的特务,他高呼:"反动派一定要灭亡!""人民就要胜利了!""中国共产党万岁!"等口号。从容就义时他再一次宣称自己是共产党员,为革命而死无上光荣,死而无憾,死而无愧!同志们把他就义时的话连成一首《就义诗》:

> 同志们,听吧!
> 像春雷爆炸的
> 是人民解放军的炮声
> 人民解放了!
> 人民胜利了!
> 我们——
> 没有玷污党的荣誉,
> 我们死而无愧!

国鋕在隆隆炮声中向松林坡刑场走去,和他合戴一副手铐的是同室的难友谭谟。特务们对他恨得咬牙切齿，骂道："你不痛快，老子也不给你痛快！"特务们对他真是恨得要死，怕得要命。

重庆解放后，六姑国鸾看见从万人坑里挖掘出来的铤叔的尸体，头被打扁了，眼珠子流出来了，肚子被打穿了，嘴唇被割掉了……惨不忍睹！

刘国铤烈士追悼会　1949年12月28日

国铤和在中美合作所被囚禁的300多位同志一起牺牲了，他当时还不足29岁。千百万烈士用鲜血和生命赢来我们今天的幸福生活。国铤的"有共产党，我等于没有死"是他们共同的心声。是的，烈士们没有死，他们同党永远在一起，他们永远活在人民的心里！

刘国鋕（右）和三姐刘国凤（中）六哥刘国铮（左）在何北衡公馆合影

节选自《我的叔父刘国鋕》

附：安眠吧，烈士！
——敬悼七叔国铣

刘以治

当我听到你壮烈成仁的消息，
我没有眼泪，
愤怒与仇恨的火焰已烧干了我的心。
蒋介石匪帮在绝望中疯狂，
他的独裁王朝①都为你的牺牲殉葬。

你在革命斗争中始终表现了共产党人的坚贞不屈，
你的灵魂是那么纯净美丽！
你用生命为革命青年竖立了一块碑石：
"勇敢、坚强、宁死不屈"
这就是你鲜明的指示。

十几年以来，
一直感召着我向上的只有你，
十几年以来，
不断教育着我进步的只有你，
你曾对我说过：
"坚持真理、不断努力是达到成功的唯一途径。"
这将永远铭记在我的心底。

---

① 原文为"他的法西斯王朝"。

是你，使我认识到生命的意义，
是你，使我懂得了革命的道理，
靠你的鼓励，我走进了革命的阵营，
靠你的指示，我投身于为人民求解放的斗争中，
我永远跟着你走，
没有你，我就会感到彷徨无主。

就在一九四八年四月里那个可怕的夜晚，
你不幸被敌人剥夺了人身自由，
我心里无时无刻都在为你的生命安全担忧。
好多次我在梦中与你会面，
醒来后又陷入了深深的思念，
好多次我听说你失去了生命，
让我从噩梦中惊醒。
我有千言万语向你倾诉，
我有千万个问题要向你提出，
我日日夜夜祈盼着春天的到来，
我心思念得发痛，
我的眼迸发出盼望的泪光，
我希望你永远引领着我，
为人民多做些贡献。

令人振奋的日子终于要来临了！
但是独裁者①在垂死之前更加残忍，
向革命者举起了屠刀，

---

① 原文为"法西斯"。

你在就义前显得那么从容,
还把没写完的"就义诗"大声朗诵,
你英勇地倒下了,
你同上百名烈士一起英勇地倒下了。

你们用鲜血写成了壮丽的诗篇,
你们的生命在烈火中得到永生,
你们的坚强不屈感召了千百万革命青年,
我们要向蒋匪帮讨还血债,
我们要擦干眼泪化悲痛为力量,
我们要继承革命先烈的遗志,
在自由的土地上努力耕耘,
建立一个充满幸福的美丽国度,
安眠吧,我最敬佩的七叔,
安眠吧,人们敬仰的烈士。

写于1949年12月26日半夜

附：纪念七公刘国鋕烈士

刘善锤[①]

泸州刘府莽公子[②]，叛逆丹心革命程，
《海上述林》[③]尊马列，西南联大党旗擎。
助资编发《挺进报》[④]，战友紫霞生死情，
同陷敌牢齐抵抗，抛颅洒血诞英名。

---

① 刘善锤：刘国鋕烈士侄孙，刘以治先生长子，大连理工工程监理公司监理工程师，项目总监，已退休。

② 莽公子：国鋕最小，排行第七，是大家庭中幺房的幺儿。他因此受到异常的娇宠，从小养成了固执、倔强的性格，家里的长辈都喜欢叫他"七莽子"，在四川话中表示不苟言笑，性格特犟。

③ 《海上述林》：刘国鋕遗物。《海上述林》是民国时代著名革命家、翻译家瞿秋白的译文集，由鲁迅先生亲自编成。此书分上下两卷，上卷系文艺论文，下卷包含诗歌、小说、戏剧等翻译作品。1935年6月18日，瞿秋白在福建长汀遇害，鲁迅先生非常愤慨，决定编订瞿秋白的译文集以资纪念。无论在编辑上，还是此书的装帧设计上，鲁迅先生均投入极大的心力，使此书呈现出无与伦比的考究。《海上述林》以"诸夏怀霜社"名义出版，用重磅道林纸印成，配有玻璃版插图。当时仅印制了500部，其中100部为亚麻布封面，以皮革镶书脊，书名烫金，书口刷金，美轮美奂；另外400部为蓝色天鹅绒封面，书口刷靛蓝，书名烫金。鋕叔收藏的这部是全绒面，蓝顶。鋕叔对自己非常节省，坐飞机竟被误认为搬运工。有一次他曾经打算买件当时最流行的麂皮夹克。后来他麂皮夹克也没买，却买了西南联大一位教授割爱出售的《海上述林》。他说，他要珍藏这部名著来纪念鲁迅和瞿秋白两位伟人。长辈们决定这部书由我珍藏，现在保存这部书是为了纪念三个人——瞿秋白、鲁迅和刘国鋕。

④ 《挺进报》：1947—1948年中共地下组织重庆市委机关报。
（以上注解文字均摘自刘以治著《我的叔父刘国鋕》）

联大弦歌永不辍（后记）

王 立

着手写这本西南联大叙永分校的书，已经是六七年前的事儿了。

在西南联大的历史上，叙永分校存在仅一年，知道它的人并不多。最初听四伯父王康（子寿）说起他在联大叙永分校读书的那些事儿，并没怎么上心，只当是众多长辈亲友谈论他们抗战期间西迁南渡或求学或工作的家常话。

我家祖籍湖北黄冈，祖父清末即到北京求学，学成后至南京工作，家眷随往，住南京新街口。我父亲1922年在南京出生，1935年暑假小学毕业即回到武昌胡林翼路老宅，考入湖北省立第二中学。1938年武汉沦陷前夕，湖北省47所公私立中等以上学校合组"湖北省立联合中等以上学校"，父亲随校西迁，至建始三里坝的"湖北联中建始高中分校"就读，后转至四川长寿以收容湖北籍流亡学生为主的国立十二中，高中毕业后去昆明，先在西南联大图书馆当管理员，一年后考入西南联大。我的四伯父直到1937年南京沦陷之前才回到武昌。1938年初，四伯父和他的几个从南京来的同学相约，过江到设在汉口市立一女中的"苏浙皖京沪沦陷区省市立中小学教职员及公私立中等学校学生登记处"报名登记，被编入第三大队，3月下旬从汉口出发，前往设在铜仁的国立贵州中学（后为国立三中）就读，1940年考入西南联大，赴叙永分校就读。我母亲及众亲友抗战期间多就读湖北联中，众亲友中学毕业后分别考入中央大学、武汉大学、复旦大学、交通大学、重庆大学、四川大学等高校，我母亲则考入华中大学（教会大学）就读。

联大弦歌永不辍（后记）

我对川南小城叙永的关注，缘于10多年前寻访湖北联中老校友时，他们谈及的有关叙永的人和事。

一

2010年底，拜访北京大学张世英教授，张伯伯和我聊起抗战期间他在湖北联中求学，以及后来他和夫人彭兰阿姨就读西南联大的往事。张伯伯说彭兰阿姨联大一年级是在叙永上的，他回头要去叙永看看。2013年10月，张伯伯的小儿子特地陪同父亲到叙永去了。他们抵达叙永的当天，春秋祠没开放，中午父子俩在饭馆吃饭时说起联大叙永分校，正好邻桌的一位当地干部听到了，于是主动帮着联系，下午带他们参观了春秋祠。张伯伯告诉我，他没有在叙永分校上过学，当年的情况他不是很清楚，其实这趟来叙永，他最想看的是彭兰阿姨曾经住过的地方，可惜已经找不到了。

2011年4月，我去武汉看望从前在长江流域规划办公室工作时的老同事老前辈郎昌清高级工程师，郎伯伯娓娓讲述了当年他从湖北联中建始高中分校转学到四川长寿的国立十二中，以后考取西南联大去叙永分校上学的经过，以及在小城叙永的一些趣事。1940年夏，郎昌清参加国立大学统一招生考试，得到西南联大录取的消息后，英文老师告诉他，自己原来在武昌湖北省立一女中的学生彭兰从沦陷区逃出来，暂时住在他家。彭兰两年前就被西南联大录取，因武汉沦陷没有及时看到发榜，前些时候得到消息后辗转投奔过来，现正等候联大报到的通知，到时候你们结伴一同去联大上学。过了几天，武汉沦陷前在湖北省一女中读书的杜继彦，自湖北联中恩施女高分校考取西南联大，也来到国立十二中她的老师处，和彭兰联系上了。与郎昌清同班的龚道钰也被联大理学院录取了，四人均是湖北老乡，于是约定同行。1940年11月初，他们接到了去西南联大叙永分校报到的通知。临行前，郎昌清得到国立十二中陶尧阶校长奖励他去西南联大上学的旅费，四个人高高兴兴地在重庆乘船赴泸州。船到泸州，西南联大叙永分校新生接待站前来接他们的是一位先到校的印尼华侨同学，帮忙安排他们转乘汽车到叙永。

我拜访的另一些湖北联中建始高中分校的校友，则讲述了他们的同学陈以文、张国维（文江）两位红岩英烈的故事，他们说："你知道《红岩》中的刘思扬吧？陈以文、张国维和他都是地下党的战友，他们前后被捕，都在重庆'11.27'大屠杀中英勇牺牲了。"我们那代人，对小说《红岩》中的英烈无比崇敬，加上伯父曾经告诉我，《红岩》中刘思扬的人物原型是他们叙永分校的刘国鋕同学，这种崇敬更加强烈。此后在我查阅的资料中，还真发现了陈以文、张国维与刘国鋕在川东从事地下活动中的交往。从而，我的目光慢慢聚焦西南联大叙永分校，由此切入西南联大研究。

2018年2月，拙著《黉府弦歌烽火中——抗战烽火中的湖北联中（1938-1946）》出版后，我即动手写这部西南联大叙永弦歌。然而起笔之后，发现此非易事。我研究湖北联中起步虽晚，但仍寻访到了一百几十位海峡两岸的湖北联中校友。而此时，不仅难觅联大叙永分校校友，就是联大校友后代中，知道叙永分校的也极少。2021年6月，20来位联大校友后代相聚清华大学荷清苑会议室追怀联大前辈。当我提到联大叙永分校时，只有蒋本珊给予了回应，她父亲蒋大宗是西南联大"叙永哥"。蒋本珊展示了其父捐献给中国人民抗日战争纪念馆的5件文物（系蒋大宗参加中国驻印军时用过的美军工具箱、蚊帐、汤匙、剥线钳、刀具）的照片后，到会的"联二代"始知联大曾经有个叙永分校。

好在自1990年叙永分校部分师生重返叙永双城隆重纪念西南联大叙永分校建校50周年后，陆续编印了多部西南联大叙永分校纪念集和《1944级通讯》，留下了极其珍贵的史料。为避免叙永分校的史实湮没于世，2024年10月4日，我建了一个"西南联大叙永分校校友后代"微信群，尝试着联络后代共同追忆西南联大叙永前辈。但因种种缘故，迟迟没有推进。

2024年11月21日，参加在北京大学档案馆举行的"张世英、彭兰先生人物档案捐赠仪式"，张伯伯、彭阿姨的长子张晓岚兄鼓励我，将这件有意义的事情做下去。正是进退维谷之时，晓岚兄的鼓励给我增添了勇气，于是立即向联络到的叙永校友后代发出倡议：

2025年，适逢西南联大叙永分校设校85周年，当年风华正茂的他们几近故去，追忆前辈足迹，让鲜有人知的西南联大叙永分校载入史册，这一任务历史地落在了我们这些已不再年轻的校友后代肩上。让我们这些叙永分校校友后代一同追忆缅怀曾经在叙永分校执教和求学的联大师生的人生轨迹、奋斗历程及其成就，作为对前辈学人的纪念。

所幸，我的这一倡议得到了叙永分校校友后代的响应和支持，更有叙永分校校友后代彼此联络入群。为着传承西南联大精神，几个月来，我们携手成就了本书《西南联大在叙永（1940-1941）》。

二

西南联大1944级学生，曾经远离昆明联大校本部，得益于山城叙永多处祠庙的荫庇，得益于联大师长的倾心培育，他们更能体会到教育对国家对民族对个人成长的重要意义。1990年，筹备重返山城纪念叙永分校建校50周年活动之初，他们就商议如何使西南联大的优良传统和"刚毅坚卓"的精神留传后世。1994年适逢西南联大1944级毕业50周年，岁末寒冬之时，几位"叙永姐"聚集在关英家中，秉承"联大弦歌永不辍"的信念，讨论发起倡议西南联大校友捐建希望小学，设立西南联大教育奖励基金等事宜。不久，关英、许冀敏、杨乂、张家环、鲍纫秋、徐惠英、王亦娴7位叙永校友起草的《倡议书》，得到百余位师长和校友的支持，"叙永姐"们信心大增，立即成立起联络组和监督组，开展筹集资金的工作。1995年2月25日，由133名联大校友签名的《为捐赠"西南联大希望小学"筹款告校友书》（以下简称告校友书）印制4000份，开始寄给海内外联大校友。《告校友书》写道：

回想我们那一段不平常的大学生涯，生活那么艰苦，学习条件那么简陋，而我们能在联大精神哺育下、在名师教导下，终于完成了学业，学会了做人，怀着"中兴业，须人杰"的豪情，步入了社会，半个多世纪来，每人都以自己所学，在各自岗位上做出了贡献，于今已为人祖父母了。作为联大人，我们无比幸福和骄傲！可是面对着这千百万失学的孙辈儿童，我们能无动于衷吗？他们也是祖国的花朵、祖国的明天啊！

…… ……

希望工程自建立至今的5年中，共接受海内外捐资3.58亿元，资助失学儿童101.5万名，援建希望小学749所。诚然，这些数字对我国的基础教育的发展仍然是微小的。但我们认为：教育是建国之本，要解决我国的贫困，要使我国成为真正的强大国家，根本措施之一是增加教育投资，提高人民素质，特别是提高贫困地区教育文化水平。但目前我国仍较落后贫穷，人口又众多，仅靠国家教育经费来改变当前的教育情况，较为困难，作为民间力量的"希望工程"，在这方面还是能起一定作用的。

……正如一位校友来信所说："这不仅是提高我国人民素质，增强国力之根本，也是我们对那一段难忘的大学生活的最好纪念。"校友们，让我们在垂暮之年，再伸出双手，为托起"祖国的明天"尽一份力量吧！[①]

海内外西南联大校友收到这份热情洋溢的《告校友书》，迅速响应，捐款从海内外汇集到北京联络站，关英、鲍纫秋等"叙永姐"及其家人为此忙碌起来。

"叙永姐"杜继彦毕业后，与联大校友、印尼华侨白纯瑜喜结连理，不久随丈夫回到马来西亚。去国数十载的杜继彦一接到《告校友书》，立即寄来3000元捐款。1995年秋，杜继彦生病住院期间，一再向丈夫白纯瑜表示："我自幼受祖国教

---

① 《1995：西南联大希望小学捐款活动总结及捐款名单》清华校友总会网页，2012年11月1日。

1944级西南联大校友捐款表

登记日期	捐款人	捐款金额	对换后	登记日期	捐款人	捐款金额	对换后
2007-8-20	许冀闽	20000.00	20000.00	2007-10-25	顾越光	1000.00	1000.00
2007-8-20	徐惠英	4000.00	4000.00	2007-10-25	关英	2000.00	2000.00
2007-8-20	吴铭绩	500.00	500.00	2007-10-25	项一飞	600.00	600.00
2007-8-20	陈炎创	200.00	200.00	2007-10-25	肖庆穆	2000.00	2000.00
2007-8-20	陆其璧	1150.00	1150.00	2007-10-27	李衍	200.00	200.00
2007-8-20	帅子凤	200.00	200.00	2007-10-27	李锡龄	300.00	300.00
2007-8-20	吴世英	5000.00	5000.00	2007-10-27	蔡兰英	1000.00	1000.00
2007-8-20	方为表	10000.00	10000.00	2007-10-27	李循棠	200.00	200.00
2007-8-20	于绍方	2000.00	2000.00	2007-10-27	沈师光	1000.00	1000.00
2007-8-20	严怀煦	100.00	100.00	2007-10-27	张文仲	1000.00	1000.00
2007-8-20	李钦安	500加元	3690.90	2007-10-27	王式中	4000.00	4000.00
2007-8-21	李世忠	5000.00	5000.00	2007-10-27	宁大年	8000.00	8000.00
2007-8-27	秦泥	300.00	300.00	2007-10-27	朱绍仁	1500.00	1500.00
2007-8-28	杨永明	200.00	200.00	2007-10-27	蒋大宗	3000.00	3000.00
2007-9-10	朱晔	200.00	200.00	2007-10-27	汪人和	1500.00	1500.00
2007-9-17	鲍纫秋	2000.00	2000.00	2007-10-27	王伯惠	5000.00	5000.00
2007-9-24	钟香驹	5000.00	5000.00	2007-10-27	刘育伦	4000.00	4000.00
2007-9-24	程耀德	200.00	200.00	2007-10-29	方祖望	1000.00	1000.00
2007-9-24	龙尧霖	4000.00	4000.00	2007-10-29	傅加民	2000.00	2000.00
2007-10-10	由其文	5000.00	5000.00	2007-10-29	陈丽芬	2000港币	1909.80
2007-10-16	王祖唐	10000.00	10000.00	2007-10-29	黎模慎	2000港币	1909.80
2007-10-18	彭国涛	1000.00	1000.00	2007-10-29	马豫	2000港币	1909.80
2007-10-19	吴达文	400美元 380港币 15加元	3459.57	2007-10-29	井绍文	1000.00	1000.00
2007-10-19	施再生	10000.00	10000.00	2007-10-29	李循棠	1000.00	1000.00
2007-10-20	卢少忱	6000.00	6000.00	2008-1-29	许钟瑶	1000.00	1000.00
2007-10-22	麦紫光	300加元	2224.00	2008-2-13	杨先健	2000.00	2000.00
2007-10-22	李修能	150美元	1113.00	2008-2-27	徐光伟	355.00	355.00
2007-10-25	张咸恭	5000.00	5000.00		江国采	17000.00	17000.00
2007-10-25	张家环、杨义	5000.00	5000.00		卢其柏	20000.00	20000.00
2007-10-25	王亦娴	2000.00	2000.00		合计		201921.87

1944级西南联大校友捐款表（2007年8月20日-2008年2月28日），由张磊提供

养,大学毕业后,半生国外,一天也不曾为祖国做贡献,实有遗憾。至今仍想对祖国的教育事业有杯水之捐……"①

1996年1月杜继彦病逝,其夫白纯瑜为完成妻子遗愿,不顾年老多病,毅然于1996年秋,由长女树椿陪同来京,为捐建"西南联大希望小学"再捐1万元。一年后,长女树椿汇来1000元捐作教育基金。

西南联大毕业后定居香港的"叙永姐"江国采除了参与校友们的捐建筹款外,还独自一人捐款建了一所"西南联大希望小学"。至2012年底,西南联大校友在国内捐建了13所"西南联大希望小学",其中叙永2所。

2004年适逢西南联大1944级校友毕业60周年,江国采怀着对母校西南联大的感念和对恩师陈岱孙教授的崇敬,捐出100万元,设立"西南联大国采奖学金",奖励北大、清华和南开三校的优秀研究生。2007年西南联大建校70周年、2011年清华大学百年校庆,江国采各增资100万元,使基金总额达到300万元。

还有不肯留名的叙永校友设立了"西南联大1944级奖励基金",深情无限地接续西南联大弦诵。

三

作为他们的后代,我们深深理解他们那种发自肺腑的对西南联大的感念,感念在中国抗日战争的艰难岁月中,西南联大承载着国家重托,为国育才,造就人杰。

作为他们的后代,我们深深理解他们对教育能够托起中华民族希望的执着信念,他们坚信西南联大就是最好的榜样,他们心心念念着让联大精神代代相传。

秉承他们的宏愿,我们奉上这本《西南联大在叙永(1940-1941)》,祈盼西南联大精神世代赓续,唯愿中国教育事业发展进步。

短短几个月完成本书,甚感欣慰。致敬!西南联大强大的感召力,让我们迅速

---

① 杨义:《高风亮节的一对夫妇——悼杜继彦》,《国立西南联合大学1944级通讯(二)》,1997年3月,北京,第75—76页。

集结起来。致敬！所有伸出援手的各方好人，让我们心生无限感激。

感谢我们所处的网络时代，比现代科技更宝贵的是传递信息的人们的热情与诚挚，许多接到我咨询信息的人们不厌其烦地接力找寻。2024年12月4日深夜，突然收到一条关于张咸恭先生之子张磊联系方式的短信。事后才知这位素不相识的发信人是兰州大学土木工程和力学系的刘教授。他晚间下课后，得知我在寻找张教授亲属，一刻未缓解我所急。2025年1月6日中午，接到《我的叔父刘国錱》的作者刘以治先生的长子刘善锤打来的电话，距我上午致电他父亲单位大连大学离退休工作处的刘老师只有3小时。类似的事例不胜枚举，无法一一道来，一并向给予我帮助的人们致以谢忱。

感谢新结识的叙永当地友人热情地为我介绍他们所熟悉的有关叙永历史、地理方面的信息，并为本书提供珍贵照片。叙永县委宣传部退休干部周世华先生全程参加了1990年5月西南联大叙永师生重返山城纪念叙永分校建校50周年的活动，拍摄了大量照片，留下了宝贵的历史瞬间，成为历史永久的记忆。四川大学中国史专业硕士生刘朝勇同学，是我认识的最年轻的叙永人，从高中起，他周日常去听当地的历史文化讲座，逐渐对西南联大叙永分校产生了兴趣，开始自费收集叙永分校校友编印的资料，并时常穿行于老城街巷，寻访联大叙永分校遗迹，并通过公众号分享相关信息。与他交流，常可得到真诚的帮助。叙永城郊中学和西南联大许玉卿希望小学一直是我的牵挂，从叙永城郊中学曾彬老师发来的照片，看到了阳光沐浴下的许玉卿纪念园，纪念墙上关于"西南联大叙永分校"的介绍以及矗立的许玉卿塑像，西南联大精神激励着朝气蓬勃的中学生们励志前行，永续西南联大弦诵。

感谢家人给予我的理解和支持，尤为欣慰的是，儿子能够对我这本该颐养天年的母亲专注西南联大研究、热衷西南联大校友联络工作助一臂之力。犬子吴嘉在北京大学校园学习生活的七年中，每年"五四"北大校庆，都有不少联大老校友前来同庆。他的祖父、外祖父都是西南联大学子，他自小听闻了不少联大往事，耳濡目染，不知不觉生发出对学脉相承的西南联大的亲近感，加上不时帮我查询资料、陪我拜访校友，逐渐感受到传承西南联大精神的意义所在。本书写作中，时常同他探讨问题、寻求帮助，对我也是鼓舞。查找与核实资料，得到了他的那些留在北大、清华工作的学兄学弟、学姐学妹的热情相助，着实让我感动。从他们身上，看得到不辍的西南联大弦诵。感谢北京大学档案馆、清华大学档案馆的老师为我查阅西南联大档案资料给予的帮助。

本书付梓之时，感到欣慰的，还有责任编辑张茜的理解和支持。从我们认识开始，她便不厌其烦地倾听我讲述抗战期间湖北联中以及多所国立中学、西南联大以及叙永分校的陈年往事，讲述中国抗战教育研究的意义。正是在我的絮絮叨叨中，我们的话题逐渐聚焦于西南联大叙永分校，且有所共识。感谢年轻的张茜编辑以出版人的眼识和担当力促本书出版，感谢团结出版社领导给予本书出版的鼎力支持，让渐行渐远的西南联大叙永分校流传于世。

短短几个月完成本书，尚存遗憾。至今，许多叙永校友后代亲属仍在持续找寻中。那些当年考入中国航空公司，驾驶飞机飞行于中缅印之间，飞越青藏高原喜马拉雅山脉举世闻名险象环生的驼峰航线的"叙永哥"的后代至今无一人联系上，其中在飞机失事中牺牲的朱晦吾，以及在与日机空战中牺牲的王文、吴坚等联大叙永分校校友，他们殉国时那样年轻，找寻他们的亲属倍加困难，不过我们不会放弃。

短短几个月完成本书，诚惶诚恐。收入本书的文章，只见西南联大叙永分校一斑，挂一漏万，不足之处多多，恳请读者批评指正。期待朋友们提供相关信息资料，期待尚未联络上的西南联大叙永校友后代速速联系，期待我们继续书写联大叙永分校前辈们的人生历程，携手拓展和深化西南联大乃至中国抗战教育研究。

王　立

2025年5月18日于北京

参考文献

1. 张闻博、何宇主编,《国立西南联合大学叙永分校建校五十周年纪念集1940–1990》,1993年,叙永。
2. 西南联大1944级北京联络站编,《国立西南联合大学1944级毕业五十周年纪念集》,1994年9月,北京。
3. 国立西南联合大学1944级编,《国立西南联合大学八百学子从军回忆》,2003年11月,北京。
4. 西南联大1944级北京联络站编,《国立西南联合大学1944级毕业五十周年纪念活动特刊》,1995年3月,北京。
5. 本刊编辑委员会编,《国立西南联合大学1944级通讯》(一),1996年4月,北京。
6. 本刊编辑委员会编,《国立西南联合大学1944级通讯》(二),1997年3月,北京。
7. 本刊编辑委员会编,《国立西南联合大学1944级通讯》(三),1998年8月,北京。
8. 本刊编辑委员会编,《国立西南联合大学1944级通讯》(四),1999年12月,北京。
9. 本刊编辑委员会编,《国立西南联合大学1944级通讯》(五),2001年3月,北京。
10. 本刊编辑委员会编,《国立西南联合大学1944级通讯》(六),2005年4月,北京。
11. 本刊编辑委员会编,《国立西南联合大学1944级通讯》(终篇),2006年8月,北京。
12. 政协四川省叙永县委员会、中共叙永县委党校编,《不忘来时路》卷四,西南联大在叙永,成都:四川民族出版社,2023年4月第1版。
13. 西南联合大学北京校友会编,《西南联大北京校友会简讯》,1–70期,1984–2022年。
14. 北京大学、清华大学、南开大学、云南师范大学编,《国立西南联合大学史料》(1–6卷),昆明:云南教育出版社,1998年10月第1版。
15. 西南联大北京校友会编,《国立西南联合大学校史——1937至1946的北大、清华和南开》,北京:北京大学出版社,1996年10月第1版。
16. 中国人民政治协商会议四川省叙永县委员会文史资料研究编,《叙永县文史资料选辑第13辑西南联大在叙永》,1990年,叙永。
17. 罗常培,《蜀道难》,郑州:河南人民出版社,2008年9月第1版。
18. 梅贻琦,《梅贻琦日记》,张昌华编,北京:商务印书馆,2019年5月第1版,第28页。
19. 郑天挺,《郑天挺西南联大日记》(全两册),北京:中华书局,2018年1月第1版。

20. 李岫,《岁月、命运、人——李广田传》,北京:人民文学出版社,2006年1月第1版。
21. 李岫,《逝水东流》,北京:北京出版社,2023年3月第1版。
22. 李桂杨、黄柯,《黄宏嘉传》,北京:经济科学出版社,2024年6月第1版。
23. 张咸恭,《山的呼唤——地质道路60年》,兰州:兰州大学出版社,2019年11月第1版。
24. 刘以治,《我的叔父刘国鋕》,北京:群言出版社,2013年12月第1版。
25. 王立,《黉府弦歌烽火中——抗日烽火中的湖北联中(1938-1946)》,北京:九州出版社,2018年2月第1版。